本书系天津市高等学校人文社会科学研究项目暨"'四史'融入艺术类大学生思想政治教育路径创新研究"（2020SK014）资助成果

思想政治教育研究文库

新中国成立初期党对青年学生的思想引领研究

杨美丽 著

光明日报出版社

图书在版编目（CIP）数据

新中国成立初期党对青年学生的思想引领研究 / 杨美丽著. --北京：光明日报出版社，2022.3
ISBN 978-7-5194-6588-9

Ⅰ.①新… Ⅱ.①杨… Ⅲ.①大学生—思想政治教育—研究—中国—1949-1956 Ⅳ.①G641

中国版本图书馆 CIP 数据核字（2022）第 076640 号

新中国成立初期党对青年学生的思想引领研究
XINZHONGGUO CHENGLI CHUQI DANG DUI QINGNIAN XUESHENG DE SIXIANG YINLING YANJIU

著　　者：杨美丽	
责任编辑：刘兴华	责任校对：崔瑞雪
封面设计：中联华文	责任印制：曹　诤

出版发行：光明日报出版社
地　　址：北京市西城区永安路 106 号，100050
电　　话：010-63169890（咨询），010-63131930（邮购）
传　　真：010-63131930
网　　址：http://book.gmw.cn
E - mail：gmrbcbs@gmw.cn
法律顾问：北京市兰台律师事务所龚柳方律师
印　　刷：三河市华东印刷有限公司
装　　订：三河市华东印刷有限公司

本书如有破损、缺页、装订错误，请与本社联系调换，电话：010-63131930

开　　本：170mm×240mm	
字　　数：200 千字	印　　张：15.5
版　　次：2022 年 3 月第 1 版	印　　次：2022 年 3 月第 1 次印刷
书　　号：ISBN 978-7-5194-6588-9	
定　　价：95.00 元	

版权所有　　翻印必究

序

　　我的学生杨美丽博士委托我为她的新书作序，这本书是在她博士论文基础上修改完善后写成的。杨美丽从事思想政治教学工作多年，教学经验丰富，多次在教学比赛中获得优异成绩，并经常围绕教学问题进行改革和创新。她是在从事思政课教学工作10年后选择进一步读博深造，在读博期间，凭借着长期在教学中形成的对青年学生思想政治教育问题的思考，确立了本书的研究对象。在此期间，她广泛地阅读经典文献，积极收集、分析研究各种现存的文献资料，保持着思索探研的精神状态，为这本书的成形提供了理论基础与实践经验。

　　本书的框架是在我的指导下完成的，美丽之所以选取青年学生作为研究对象，是由青年在国家和社会中的地位和作用决定的，青年兴则国家兴，青年强则国家强，谁赢得了青年谁就赢得了未来。青年是国家和民族的希望，也是实现中华民族伟大复兴的开拓性力量，尤其是具有较高素质的青年学生的思想状况，直接关系到中国特色社会主义事业的兴衰成败，因此做好青年学生思想引领的工作不仅关乎国家和民族的未来，还关乎执政党的青年群众基础的稳固，也是新时代国家治理现代化的内在要求。习近平总书记在庆祝中国共产党成立100周年大会重要讲话中指出，新时代的中国青年，应在中国共产党的旗帜下，继承和发扬伟大建党精神，为实现中华民族伟大复兴而不懈奋斗，增强做中国人的志气、骨气、底气，书写永不褪色的青春传奇。

新中国成立初期和新时代虽然在社会环境、主要矛盾和青年学生的思想认识构成等方面有很大的不同，但这两个时期也存在着很多的相似性：如青年学生都处于社会转型时期，都面临着多元文化思潮的冲击，都会受到外来势力的影响和侵蚀等。而历史是最好的教科书，也是最好的清醒剂。事实证明，党以新中国成立初期的经济、政治、文化和国际环境为出发点，坚持思想引领的教育方针和原则，从课程设置、政治运动、社会实践、其他形式等四个维度，构建出逻辑清晰、系统完整的思想引领实践路径是富有成效的，青年学生对中国共产党以及中国共产党执掌的中央政府心怀期待、信心满满，广大青年学生坚信"革命理想大于天""我们是共产主义接班人""到国家最需要的地方去，到条件最艰苦的地方去"成为这一时代青年学生的最强音。这种现状对于谋求实现国家治理体系和治理能力现代化的中国共产党而言，无疑具有重大的吸引力。因为随着新时代的到来，一方面全球化使各种思潮相互交织激荡，给我国经济文化带来了冲击，也给青年学生思想引领工作带来了巨大的挑战。一些学生能够通过吸收新思想不断地成长进步，但也有部分学生由于认知局限和思考方法的不成熟，推崇西方的理念和价值，贬损中国的制度和文明，导致对党的领导和社会主义道路、制度不自信。另一方面，新媒体信息技术重构了人们接收信息的模式，"碎片化"语境弱化了主流意识形态的主导地位，青年学生在更加便捷、多渠道获取信息的同时，也遭受着各种社会思潮与负面舆论的冲击。习近平总书记指出，要牢牢掌握意识形态工作的领导权和主动权，坚持正确导向，提高引领能力，增强主流思想舆论。因此，美丽通过本书对新中国成立初期党对青年学生思想引领问题进行了深入思考和系统研究，该书纵向分析了新中国成立初期党对青年学生思想引领的来龙去脉，即新中国成立初期党对青年学生思想引领的理论基础和实践经验；横向分析了党对青年学生思想引领的必要性、实践路径和效果之间的逻辑关系，对青年学生群体研究与个体分析时既突出共性又不千篇一律，为促进新时代党与青年学生关系的良性循环，做好新时代青年学生思想引领工作提供了重要借鉴和现实启示。

然而，目前学术界对这一时期党是如何对全国范围内的青年学生进行思想引领的专题研究尚不充分，以致成为中共党史研究中一块亟待开发的新领地。美丽通过本书力图全方位展现新中国成立初期党对青年学生思想引领的基本面貌，这一尝试也算得上是一大优长。

如今美丽的新书即将付梓，我不胜欣慰。希望美丽作为一名从事马克思主义理论研究的年轻学者，作为一名肩负新时代重任的高校思政课教师，能把马克思主义的根本立场、基本原理、基本观点学到手，在学习马克思主义和中国化马克思主义理论，把握其科学世界观、方法论上，永无止境，须臾不可懈怠。唯有读好马克思主义和中国化马克思主义这本"真经"，实践才能既守正又创新，特别是在天津美术学院这样一所创造美、崇尚美的大学，让思政课在美的氛围中润物细无声地入脑入心，课上课下结成充满温情的师生命运共同体，使思政课真正成为培育人性之美的铸魂工程，在未来道路上仍需持续不断地努力。

李朝阳

（李朝阳　天津师范大学马克思主义学院副院长、教授、博士生导师。教育部高校思想政治理论课教学标兵、教学能手，全国高校思想政治理论课教师年度影响力人物，入选教育部思想政治理论课中青年骨干教师择优资助计划，入选全国高校优秀思想政治理论课示范课百人巡讲团，"李朝阳全国思政课名师工作室建设"负责人。）

前　言

本书认为，青年学生的思想引领工作是党治国理政的重要组成部分，习近平总书记说："青年一代有理想、有本领、有担当，国家就有前途，民族就有希望。"赢得青年方能赢得未来。因此做好青年学生的思想引领工作不仅关乎国家和民族的未来，还关乎执政党的青年群众基础的稳固，也是新时代国家治理现代化的内在要求。

新中国成立初期，是中国社会急剧变革的过渡时期，也是中国共产党作为全国性执政党对青年学生进行思想引领的肇始期。这一时期，对青年学生而言，一方面，他们对民族的振兴和新社会制度的建立充满渴求与向往；另一方面，部分学生由于出身的阶级性局限以及长期受旧教育的影响，思想中还留有旧社会的痕迹，存在着各种错误消极的倾向，对执政党的理念和新的社会主义制度并不了解，对执政党的治国能力和新政权还心存疑虑。对中国共产党和国家来说，中国革命和建设的实际迫切需要青年学生转变立场，确立新观念，以尽快承担起社会主义各项建设的重任。基于这两方面的主客观原因，中国共产党紧紧围绕巩固新生人民民主政权、恢复和发展濒临崩溃的国民经济这一中心任务，高举马克思列宁主义、毛泽东思想的伟大旗帜，以新中国成立初期的经济、政治、文化和国际环境为出发点，坚持思想引领的教育方针和原则，从课程设置、政治运动、社会实践、其他形式等四个维度，构建出逻辑清晰、系统完整的思想引领实践路径，在实现青年学生政治认同、确立马克思主义世界观、调动他们参与社会主义革命和建设的积极性等方面作出了巨大努力，取得突出成效，为推动党和国家事业发展作出了应有的贡献。

然而，正是由于新中国成立初期环境的异常复杂性，作为党在执掌全国新政权的历史条件下思想引领教育的开端时期，党在民主革命时期对青年学生的思想引领的实践经验对这一时期思想引领既有积极的借鉴作用，但又可能在一定程度上使党继续沿用过去的一些思维方式来处理思想引领实践中面临的问题。这导致新中国成立初期的思想引领表现出极为复杂的情形，即正确中有时又夹杂着错误，特别是进入社会主义改造后期，在对青年学生进行思想引领时也出现了一定的偏差和失误，不过党都对其进行了及时的纠正和总结，因此总体上是正确的思想和实践占优势。

新中国成立初期党对青年学生的思想引领只是人类思想政治教育发展长河中的一个短暂瞬间，但却是马克思主义青年观思想和思想政治教育理论中国化的重要阶段，也是党的青年思想政治教育发展史上承上启下的一个重要历史阶段，在社会主义革命、建设中发挥了重要作用，为我们提供了许多可供吸收、借鉴的经验和教训。新时代条件下世情、国情、党情和青年学生思想特点都发生了深刻的变化，党对青年学生的思想引领工作面临着巨大的挑战。因此，党如何在新形势下，提升青年学生对中国特色社会主义理论、道路和制度的认同，需要在认清当前青年学生思想引领工作面临的形势与挑战的基础上，积极地吸收和借鉴新中国成立初期思想引领工作的经验与教训，如坚持马克思主义在意识形态领域的指导地位，遵循教书育人规律和学生成长成才规律，创新和完善思想引领的方法和手段，发挥学校共青团和社会实践对青年学生的正向引领作用，这些做法都是对新中国成立初期党对青年学生思想引领经验的继承与发展，对于促进新时代党与青年学生关系的良性循环，推动新时代青年学生思想引领工作向前发展提供了重要的借鉴价值。

  总结历史，面向世界，启迪未来，是青年学生思想引领发展的必然要求。面对新世纪新阶段，国际国内形势的新特点和未来发展的新趋势，以及我们所面临的建设中国特色社会主义伟大事业，党对青年学生的思想引领的任务将变得更加重要而艰巨。这要求我们要更好地把握思想引领和思想政治教育的基本规律，促进思想引领理论与实践的交互发展，这既是思想引领自身发展的内在要求，也是新时期思想引领工作者的应有责任。

目 录
CONTENTS

导 论 1
 一、选题依据与选题意义 1
 二、国内外研究综述 5
 三、研究思路与研究方法 22
 四、研究的创新点、重难点及不足 23
 五、基本概念的界定 25

第一章 新中国成立初期党对青年学生思想引领的理论基础与实践经验 31
 第一节 新中国成立初期党对青年学生思想引领的理论基础 31
  一、马克思恩格斯关于青年思想的论述 32
  二、列宁关于青年思想的论述 35
  三、斯大林关于青年思想的论述 39
 第二节 新中国成立初期党对青年学生思想引领的实践经验 43
  一、新民主主义革命时期党对青年学生思想引领的实践经验 ... 43
  二、苏联对青年学生思想引领的实践经验 52

第二章 新中国成立初期党对青年学生思想引领的时代环境及必然要求 ················· 58

第一节 新中国成立初期的时代环境及其对青年学生思想引领的影响 ················· 58
一、政治环境及其对青年学生思想引领的影响 ········· 59
二、经济环境及其对青年学生思想引领的影响 ········· 61
三、文化环境及其对青年学生思想引领的影响 ········· 63
四、国际环境及其对青年学生思想引领的影响 ········· 65

第二节 新中国成立初期党对青年学生思想引领的必然要求 ······ 67
一、各种思想混杂，需用统一意识形态来引领 ········· 68
二、肃清唯心主义、个人主义等错误思想需要引领 ····· 73
三、纠正逃避政治、单纯追求技术的消极思想需要引领 ······· 76
四、消除旧社会遗留的不良习气、习惯等腐朽现象需要引领 ··· 78

第三章 新中国成立初期党对青年学生思想引领的方针原则与实践路径 ················· 81

第一节 新中国成立初期党对青年学生思想引领的方针与原则 ··· 81
一、思想引领的基本方针 ······························· 82
二、思想引领的基本原则 ······························· 86

第二节 新中国成立初期党对青年学生思想引领的实践路径 ······ 92
一、课程设置：通过政治课、业务课、时事政治课进行思想引领 ··· 93
二、政治运动：结合政治运动实现对青年学生的思想引领 ···· 102
三、社会实践：组织青年学生参加社会实践实现思想引领 ··· 133
四、其他形式：采取读书、讲座、展览等方式进行思想引领 ··· 137

第四章 新中国成立初期党对青年学生思想引领的经验、成效与不足 ………… **140**

第一节 新中国成立初期党对青年学生思想引领的基本经验 …… 140
一、重视确立马克思主义在意识形态领域的指导地位 ……………… 140
二、坚持教育与生产劳动实践相结合 ………………………………… 143
三、充分尊重和照顾青年学生的利益 ………………………………… 146
四、注重发挥青年团的组织动员作用 ………………………………… 156

第二节 新中国成立初期党对青年学生思想引领的成效 ………… 161
一、赢得了青年学生对执政党和新政权的支持与认同 ……………… 161
二、帮助青年学生确立了马克思主义世界观 ………………………… 164
三、调动了青年学生参与社会主义革命和建设的积极性 …………… 166

第三节 新中国成立初期党对青年学生思想引领的不足 ………… 169
一、教学内容和形式存在单一化倾向 ………………………………… 169
二、教育目标要求过高和教育步骤急于求成的倾向 ………………… 173
三、教育方法上存在着简单粗暴的做法 ……………………………… 177

第五章 新中国成立初期党对青年学生思想引领的当代启示 ……… **180**

第一节 新时代青年学生思想引领面临的挑战 …………………… 180
一、全球化给青年学生思想引领带来的挑战 ………………………… 180
二、社会转型给青年学生思想引领带来的挑战 ……………………… 181
三、新媒体给青年学生思想引领带来的挑战 ………………………… 182
四、政治意识复杂化、政治参与多样化给思想引领带来的挑战 …… 184

第二节 新中国成立初期党对青年学生思想引领的启示 ………… 187
一、坚持马克思主义在意识形态领域的指导地位 …………………… 187
二、遵循思想政治教育工作规律与学生的成长规律 ………………… 189

三、创新和完善新时代背景下思想引领的手段和方法……191
四、充分发挥学校共青团和社会实践对青年学生的思想引领
　　作用……198

结　语……205

参考文献……208

后　记……230

导 论

一、选题依据与选题意义

（一）选题依据

习近平总书记在党的十九大报告中明确指出，加强党的建设，必须要增强"四力"，即政治领导力、思想引领力、群众组织力、社会号召力，而思想引领力则是提高党的领导能力和维护党内团结统一的重要思想基础。毛泽东也指出："思想教育和引领，是全党团结起来进行伟大斗争和完成一切政治任务的中心环节和关键任务。"[①] 思想是行为的先导，坚持党的领导，首先是坚持党的思想领导，发挥思想对人们的引领和推动作用，因为人们只有在正确思想的引导下才会采取正确的实践行为，这也是本书选择思想引领的主要依据。

新中国成立初期，是社会性质、经济制度、社会关系以及阶级关系都产生剧烈变化的社会转型期。面对社会的巨大变革和变迁，青年学生的政治观点、思想观念以及价值取向并没有随着社会制度和社会结构的变化进行同步转化，而是表现出滞后和错乱的状态。一方面他

---

① 毛泽东文集：第2卷 [M]. 北京：人民出版社，1993：1094.

们长期饱受帝国主义和反动统治的侵蚀和影响，缺乏对社会主义事业和党的教育方针政策的正确理解，在思想上存在着唯心主义、个人主义以及自由主义的倾向；部分青年学生缺乏正确的政治立场，对马克思列宁主义心存疑虑，甚至还有小部分青年学生对旧社会心存留恋，不欢迎新社会的到来。这些错误的思想倾向极大地影响着新中国的建设和新政权的稳固。另一方面，青年学生是国家和社会发展的主要力量，也是最富有生命力和创新意识的群体，是传承接力的开创新力量。但他们自身也有局限性和不成熟性。马克思在《1848年至1850年的法兰西阶级斗争》中指出："他们的性格在受临时政府征募的青年时期是极不稳定的，虽能做出轰轰烈烈的英雄勋业和自我牺牲，但同时也能干出最卑贱的盗窃行为和最龌龊的卖身勾当。"[①] 斯大林也认为："我们的青年不总是一个类型，有积极向上、意志坚定和为获得胜利不屈不挠的，也有消极懈怠、甘于沉沦的。"[②] 事实上，青年在成长过程中都会有思想上的困惑和彷徨，而且它并不会随着年龄的增长自然地消失，但青年的思想和行为直接体现了中国整体的精神风貌，特别是对于有一定科学知识和文化素养的学生，他们的思想状况将直接影响中国未来民族事业的发展。因此，如果不能妥当处置青年学生群体因新政权的建立而产生的认知偏差和价值混乱，就会引起社会的震荡。塞缪尔·P.亨廷顿曾指出："转型中的社会，价值准则和信仰体系的变化是导致社会不稳定和冲突的重要因素。"[③] 著名法国思想家托克维尔提道："一个社会要是没有共同价值，就不会蓬勃发展，甚至可以这样说，一个没有共同价值和信仰的社会，是根本无法存在的。"[④] 因此，要让青

---

① 马克思恩格斯全集：第1卷[M].北京：人民出版社，2015：408-409.
② 斯大林全集：第12卷[M].北京：人民出版社，1955：152-153.
③ [美]塞缪尔·P.亨廷顿.变革社会中的政治秩序[M].李盛平，杨玉生，译.北京：中国社会出版社，1999：342.
④ [法]托克维尔.论美国的民主[M].董果良，译.北京：商务印书馆，1998：524.

年学生接受新的社会价值体系和确立共同的政治信仰，就需要党对青年学生进行思想引领，帮助青年学生对社会变革的必要性及社会未来发展的前景有一个正确的认识和判断，从而对新政权和社会主义制度在思想认识上达成共识。正如列宁所说："一个拥有远大使命的政党，首要的任务就是想尽办法，让民众认可和相信它所宣传的纲领和政策。"[①] 毛泽东曾指出："对于知识分子和青年学生而言，既要学习专业知识，更要追求思想和政治上的进步，如果没有正确的思想和政治观点作为引领，就相当于没有灵魂。"[②] 胡耀邦在谈到青年时也指出："不能说青年都是好的，也不能说青年都是坏的，客观地说，我们党认为绝大部分的青年是好的，本质上是简单、蓬勃向上的，只有极少数是不好的。但一般而言，人在青年时期，涉世未深容易轻信而上当。"[③] 因此，党必须根据青年的这一特点，采取切实有效的方法，用主流意识形态武装他们的头脑、统领他们的思想，使他们认同和支持新政权和新制度，为统治者和现存制度提供理论和道义上的支撑，并激发他们干事创业的积极性。

（二）选题意义

青年学生的思想引领工作是党治国理政的重要组成部分，而目前学界对这一问题的研究还比较缺乏，本书以新中国成立初期党对青年学生的思想引领为研究对象，对这一时期党的思想引领工作进行全面的总结和梳理，以历史观照现实，以理论服务实践，对于做好新时代青年学生的思想引领工作，具有重要的理论意义与现实意义。

---

① 列宁全集：第 27 卷 [M]. 北京：人民出版社，1990：220.
② 毛泽东著作选读 [M]. 北京：中共中央党校出版社，1986：780.
③ 三中全会以来重要文献选编（上）[M]. 北京：人民出版社，1982：366.

1. 理论意义

第一，有助于进一步充实马克思主义青年观。中国共产党向来重视青年工作，并善于把实践经验总结后上升至理论高度，极大地丰富和扩充了马克思主义青年观。学界亦对此十分重视且取得了丰硕的成果，但已有的研究更多地聚焦在新中国成立以前或改革开放后党对马克思主义青年观的发展，而对于新中国成立初期党的青年思想研究比较缺乏，因此，对新中国成立初期党对青年学生思想引领工作的研究，可以进一步充实马克思主义青年观思想。

第二，有助于丰富和深化中共党史和国史的研究。青年思想引领工作是中国共产党党史研究的重要内容，但已有的中共党史研究对这部分内容关注还不够，尤其是以新中国成立初期青年学生的思想引领为对象的研究更少。本书以新中国成立初期的历史背景作为史实依据，通过对新中国成立初期的大量相关文献资料梳理分析，运用中共党史、国史、政治学科和思想政治教育学科等相关学科的理论进行研究，力图全面呈现新中国成立初期社会转型条件下党对青年学生思想引领的基本面貌，一定程度上丰富和深化了中共党史的研究内容，也有助于深化中华人民共和国国史的研究。

2. 现实意义

新中国成立初期和新时代虽然在社会环境、主要矛盾和青年学生的思想认识构成等方面有很大的不同，但这两个时期间也存在着很多的相似性：如青年学生都处于社会转型时期，都面临着多元文化思潮的冲击，都会受到外来势力的控制和侵蚀等。因此，为解决这一问题，我们既可以从现实社会转型的角度寻求依托，也可以从历史中寻找借鉴，客观梳理和总结新中国成立初期党对青年学生思想引领的历史经验，可以为解决当下的现实问题提供借鉴和启示。

一方面，可以为新时代党的青年学生思想引领工作提供经验支撑。

新中国成立初期，党对青年学生的思想引领工作做出了富有成效的探索，积累了丰富的经验，当然也因时代的局限性出现了一些偏差和失误。这些起始于新中国成立初期的经验和教训，虽因时代的发展产生了一些变化，但主要框架没变，对今天依然具有重要的借鉴和参考价值，对新时代实现执政党与青年学生关系的良性循环，更好地培养时代新人肩负起他们的职责与使命，为实现中华民族的伟大复兴提供智力支撑和人才保障具有重要的现实意义。

另一方面，本书从新中国成立初期党对青年学生思想引领的历史高度，探讨了新时代青年学生思想引领工作的创新发展之策，可以为破解新时代思想引领工作困境，提升党对青年学生思想引领工作的针对性和实效性，开创青年学生思想引领工作新局面提供行动指南。

二、国内外研究综述

（一）国内研究综述

通过查阅相关文献、数据库等资料，目前以新中国成立初期党对青年学生思想引领为对象的研究还没有，但与本研究相关的成果有很多，主要包括三个方面：一是新时代提升和增强党的思想引领力研究；二是新中国成立初期党的青年思想工作相关研究；三是新形势下党对青年思想引领工作的研究。具体研究内容如下：

第一，关于新时代提升和增强党的思想引领力研究。该研究主要是以学术论文和报纸文章呈现出来的，研究内容主要包括以下几个方面：

对于党的思想引领力内涵的研究和界定。学者们对党的思想引领力内涵认识基本达成统一，即党运用不断发展和创新的理论武装头脑，在共同思想的引领下从事实践活动，排除错误思想阻碍和干扰的能力。在此基础上不同学者的侧重点有所不同。比如有学者把思想引领力理解为是思想方面的创新与认同，如艾医卫指出，党的思想引领力就其本质上来讲是解放思想与统一思想，主要就是通过理论创新来武装头脑，具有鲜明的创新性和实践性特征。① 张凌林则指出，党的思想引领力，主要表现为人们对党的指导思想认同后自觉地践行，因此其核心是政治认同。② 骆郁廷教授则把党的思想引领力理解为党治国理政的能力，指出党的思想引领力在新时代就是党不断创造、传播、运用新思想，并运用这种新思想积极地改造人们主客观的能力。③ 奚洁人认为，思想引领力集中体现在引航指路的作用上，即帮助人们解决举什么旗、走什么路的问题。④

对于增强党的思想引领力意义的研究。学术界一致认为，增强党的思想引领力无论从历史层面还是从现实社会发展层面来看，都具有重要的作用。从历史上看，李玉良指出，它是革命战争中战胜敌人的关键因素。⑤ 也有学者说，思想引领力建设是中国共产党近百年来总结出来的宝贵经验。在现实意义上，金筛成提到，增强党的思想引领力有助于形成共识，为做好新时代各项工作提供思想基础。⑥ 戴焰军从中国梦的实现阐述了思想引领力的意义，指出提升党的思想引领力是保证我们实现中国梦这一伟大目标的基本条件。⑦ 总而言之，学者们认为，增强和提

---

① 艾医卫. 科学理解和提升党的思想引领力［J］. 中国领导科学，2018（2）：67-70.
② 张凌林. 入心化行：新时代增强党的思想引领力的基本维度［J］. 中共云南省委党校学报，2019（4）：107-111.
③ 骆郁廷. 新时代如何提升党的思想引领力［J］. 人民论坛，2019（12）：15-17.
④ 奚洁人. 牵住"牛鼻子"增强思想引领力［N］. 解放日报，2018-09-11（1）.
⑤ 李玉良. 新时代党的思想引领力建设路径研究［J］. 观察与思考，2018（3）：96-103.
⑥ 金筛成. 新时代提升党的思想引领力重要路径探析［J］. 学理论，2020（8）：96-98.
⑦ 戴焰军. 不断增强党的思想引领力是实现党的全面领导的内在要求［J］. 中国党政干部论坛，2018（3）：20-22.

升党的思想引领力，是抵御和克服各种错误思潮干扰，牢牢把握意识形态领导权和主动权的首要任务。

对于增强党的思想引领力路径问题的研究。关于这个问题学者们贡献出了多种方案，概括起来主要有两种思路：即通过加强理想信念与强化理论武装。比如双传学提出，增强党的思想引领力，从根本上就是要筑牢信念、坚定理想。① 黄相怀则指出，通过理论创新，体现思想引领的时代性，才能发挥出思想引领力的作用。学者们还结合所研究的视角提出了多种途径，如黄相怀提出，在进行思想引领时，一定要把政治问题和学术、思想问题区分开来，对待各种错误思潮和观点一定要有明确的立场和态度。戴焰军指出，思想引领力的发挥离不开各级党组织和广大党员干部，因此各级党员干部要率先垂范，只有自己先吃透理论，了解民众所需所求，才能使党的思想理论有说服力和引领力。从群众接受思想引领的规律和特点出发，张丽莉指出，增强党的思想引领力需要提高思想理论的说服力。李玉良认为保持党的先进性，不断推进全面从严治党，是新时代增强党的思想引领力建设的重要途径。

第二，关于新中国成立初期党的青年思想工作相关研究。这方面还是有大量相关研究成果值得借鉴，主要集中在"党和国家领导人青年观研究""青年团组织的重建以及青年动员的研究""中国共产党与青年（或青年运动）之间关系的研究""党对青年学生思想政治教育工作的研究"等四个板块。具体研究情况如下：

关于党和国家领导人在新中国成立初期的青年工作思想研究。目前学界对于新中国成立初期毛泽东青年思想工作的研究分为零散和专题两类。零散的研究主要是指通过青运史、团史以及毛泽东思想等方式呈现出来。如郑洸在《中国青年运动六十年（1919—1979）》第十一章第

---

① 双传学. 坚持思想建党 增强党的思想引领力 [J]. 党建研究，2018（5）：21-22.

三节就阐述了新中国成立初期毛泽东青年工作思想，阐述了党和青年团的关系，对于二者关系的论述，可以说成为迄今为止青年团开展工作的根本遵循。① 除此之外，对毛泽东的青年思想进行研究的著作还有《中国青年运动史》《毛泽东邓小平江泽民论青少年和青少年工作》等。专题类的研究主要是刘海飞编写的《毛泽东的青年思想研究》，作者在本书里比较系统地分析了毛泽东的青年思想形成的个体条件、时代背景、理论渊源、哲学依据，阐述了不同时期毛泽东青年思想的发展脉络和主要内容，还从创新性、民族性、实践性这三个方面对毛泽东的青年思想的特征进行了具体分析，充分肯定了毛泽东青年思想的实践价值，对党开展青年工作提供了重要的指导作用。同时客观评价了毛泽东晚年在青年思想上的失误和局限性。② 此外专题类的研究成果还有一些代表性的论文：如肖志伟在文中认为，毛泽东要求青年团要巩固地向前发展以及尊重青年人的特点，是党做好青年工作必须坚持的重要方针，并指出青年团需在党的领导下开展独立工作；③ 蒋道平在文中总结了毛泽东青年观的基本内容、特点以及对马克思主义青年观的发展等问题。④ 这些成果对毛泽东青年观思想进行了梳理和总结，为本书研究积累了丰富的素材。除毛泽东的青年工作思想研究，这一时期还有任弼时、周恩来、邓小平、胡耀邦等的青年思想研究成果。比如柳建辉、郑雅茹在《任弼

---

① 郑洸. 中国青年运动六十年（1919—1979）[M]. 北京：中国青年出版社，1990：421.
② 刘海飞. 毛泽东的青年思想研究[M]. 北京：中国社会科学出版社，2018.
③ 肖志伟. 新中国成立初期毛泽东的青年工作思想与实践[J]. 湘潭大学学报（哲学社会科学版），2014（3）：9-12.
④ 蒋道平. 论毛泽东的青年观[J]. 西南科技大学学报（哲学社会科学版），2007（5）：46-49；相关的研究还有：代红凯. 社会主义全面建设时期毛泽东的青年教育观[J]. 河北青年管理干部学院学报，2014（3）：10-14；史全伟. 试论毛泽东的青年教育思想及其实践：2012年中共中央文献研究室个人课题成果集[M]. 北京：中央文献出版社，2013：80-90.

时与中国青年》一书的第十章，专门阐述了任弼时的青年工作思想；①胡献忠在文中立足于任弼时关于青年团和青年关系论述，论述了青年团开展青年工作的原则、路径和方法问题。② 崔玉佩、崔蕾在《周恩来青年观》中，总结了周恩来青年观的形成、周恩来青年观的特点和主要内容以及提出全党都应该关注青年和青年工作，根据青年特点开展青年工作。③ 秦筱萌探讨了周恩来青年思想形成和发展的历程、产生的理论基础，概括了周恩来青年思想的基本特征和重要意义。④ 关于邓小平青年思想研究成果，主要有郑洸的《邓小平青年思想研究》。郑洸在书中第八章专门论述了要注重对青年思想的引导与教育，并提出疏导是教育青年的基本原则，坚持摆事实、讲道理的教育方法，注重思想教育的系统性与经常性。⑤ 关于胡耀邦青年思想研究，主要代表性成果有《亲历重大历史事件实录》、陈志刚的《胡耀邦对青年团工作的探索和贡献》等。如在《亲历重大历史事件实录》（第四卷）一书中论述了胡耀邦与青年团的工作，指出胡耀邦在担任团中央第一书记期间，做了很多重要的青年工作。⑥

关于新中国成立初期青年团的重建及青年动员的研究。目前这方面的研究主要有何启君的《青年团的初建》和《青年团重建史料集萃》

---

① 柳建辉，郑雅茹. 任弼时与中国青年［M］. 沈阳：辽宁人民出版社，1994：288-312.
② 胡献忠. 任弼时关于青年工作的若干理论及其现实意义［J］. 中国青年研究，2014（5）：41-45，50；此外相关研究还有：刘牧. 任弼时对青年工作的理论贡献［J］. 阜阳师范学院学报（社会科学版），1996（3）：99-103；唐军. 任弼时青年工作思想及对青年工作的启示研究［D］. 绵阳：西南科技大学，2017；梁爱君. 任弼时青年工作思想初探［D］. 长沙：湖南师范大学硕士论文，2006.
③ 崔玉佩，崔蕾. 周恩来青年观［M］. 长沙：湖南人民出版社，1998：29-229.
④ 秦筱萌. 周恩来青年思想研究［D］. 重庆：西南师范大学，2005.
⑤ 郑洸. 邓小平青年思想研究［M］. 天津：天津人民出版社，1994：209-229.
⑥ 中共党史资料辑部. 亲历重大历史事件实录：第4卷［M］. 北京：中国文联出版社，2000：397.

两本著作。在这两本著作中，作者搜集整理了大量中央指示、讨论记录包括相关人员笔记、讲话，系统阐述了青年团的重建经过，同时也梳理了中共领导人对青年工作的关注、中央青委会关于青年团创建的系列讨论以及不同地区建团的过程等。① 在《中国共青团团史简编》中，李玉琦对新中国成立初期青年团的重建和发展过程做了总结和梳理，对青年团的工作也进行了详细的概括。② 郑洸、罗成全在论文中，回顾了新中国成立初期青年团的主要工作内容，重点是论述了青年团重建的原因及在青年工作中所起的作用。③ 此外对于青年动员的研究，以刘新玲、顾方园的论文为代表，他们从青年团动员的三个维度：即动员策略、动员方针和动员结构探讨了青年团的动员能力。④

关于中国共产党与青年（或青年运动）之间关系的研究。目前，这方面研究的主要代表性著作是郑洸主编的《中国青年运动六十年（1919—1979）》，作者在第十二章中论述了青年在中国共产党的领导下参加了各种蓬勃的运动，青年在运动中得到了教育和成长，中国共产党对青年形成了凝聚力和向心力，发挥了青年在社会主义建设中的作用。⑤ 此外代表性论文有胡献忠、郗杰英的《中国共产党与中国青年关系论略》。该文揭示出了党与青年的关系，同时指出在新的历史条件下，处理好党与青年、青年运动关系的具体方法和策略。⑥ 闵小益在论

---

① 何启君. 青年团的初建［M］. 北京：中国青年出版社，1987：61-89；何启君. 青年团重建史料集萃［M］. 北京：中国青年出版社，1996：164-169.
② 李玉琦. 中国共青团团史简编［M］. 北京：中国青年出版社，1997：13.
③ 郑洸，罗成全. 中国共产主义青年团的光荣道路［J］. 历史教学，1982（4）：2-10.
④ 胡献忠. 九十年青年动员结构的变迁与启示——基于中国共青团的视角［J］. 中国青年研究，2012（5）：12-19；任园，赵文. 口号变革. 共青团青年动员的考察［J］. 山东青年政治学院学报，2012（6）：45-49.
⑤ 郑洸. 中国青年运动六十年（1919—1979）［M］. 北京：中国青年出版社，1990：421.
⑥ 胡献忠，郗杰英. 中国共产党与中国青年关系论略［J］. 青年探索，2013（1）：50-57.

文中从三个方面论证了中国共产党与青年运动二者互相促进、互相需要的关系，同时也分析了中国共产党要做好青年工作的必要性，指出青年必须在中国共产党的领导下才能建功立业，有所作为。但是已有的成果更多的是对二者关系概括性的论述和总结，缺乏系统和深入的探讨。①

关于新中国成立初期党对青年学生思想政治教育工作的研究。新中国成立初期，为巩固新生政权和执政党合法地位提供思想基础，中国共产党采取了多种方式和手段对民众开展了思想政治教育工作，学界对这一领域也有一些研究，成果比较显著。如王树荫在书中第六章提到，面对新中国经济、政治和文化的剧烈变化，需要在全社会范围内对全员开展思想政治教育，才能为国民经济的恢复和社会主义事业的建设奠定思想基础，以及提供智力支撑和人才保障。②石云霞在书中第一篇论述了从新民主主义到社会主义转变时期思想理论教育的主要内容和基本特点，以及开展思想理论教育的重要性。比如为了消除封建的、买办的、法西斯主义残余思想给高校青年学生的影响，需要让青年学生学会用科学的唯物主义世界观观察和分析问题，发展为人民服务的思想。③王员在论文中系统地概括了这一时期党开展思想政治教育的内容和经验，同时指出了新中国成立初期思想政治教育的经验对当前的借鉴和启示。④但这些关于新中国成立初期党的思想政治教育的代表性著作，是以党员和广大群众而不是以青年学生为特定研究对象。而以学生思想政治教育为研究对象的主要见于一些论文：如张蕾以华东师范大学青年团为例，

---

① 闵小益.中国共产党和青年运动［J］.上海青年管理干部学院学报，2011（2）：5-7.
② 王树荫.中国共产党思想政治教育史［M］.北京：高等教育出版社，2016：289-349.
③ 石云霞.新中国成立以来中国共产党思想理论教育历史研究（上下）［M］.北京：中国社会科学出版社，2007：53-55.
④ 王员.建国初期党的思想政治教育及其基本经验［M］.北京：社会科学文献出版社，2013：71-267.

探索了这一时期学生的共产主义道德品质的塑造过程,并提出了对学生改造的对策和路径。① 覃政力则以新中国成立初期广州市的青年工作为视角,分析了共产党在此阶段所做的富有特色的青年工作模式,为新时代青年工作提供了重要参考。② 韩华以大学生群体为研究对象,总结了这一时期大学生思想政治教育的工作内容,并概括了这一时期大学生思想政治教育工作带给我们的经验和启示。③ 这些研究阐述的视角虽有不同,但关注的焦点都是党如何推动青年思想政治教育工作,并且这一时期党对青年开展的思想工作原则、方法均为今后党的青年工作奠定了基础。与此同时,目前学界关于新中国成立初期高等教育改造研究中,涉及了对大学生思想教育的问题,如刘颖在《除旧布新——新中国成立初期中共对高等教育的接管与改造》一书中,探讨了中共接管和改造高等教育的动因、实践以及对中国高等教育带来的影响。④ 芮鸿岩重点关注了新中国成立初期党的教育方针政策,描绘了党在这一时期的教育方针政策特征、价值以及评价了中共的教育方针政策的问题,对于厘清和认识中国教育问题具有重要的指导价值。⑤ 贺平是以新中国成立初期高校思想政治理论课为研究主旨,梳理了思想政治理论课在高校是如何运行的,发挥了怎样的作用,以及应当汲取的经验和教训是什么等问题,

---

① 张蕾. 建国初期学生共产主义道德品质之塑造——以华东师范大学青年团为例 [D]. 上海：华东师范大学, 2011.

② 覃政力. 新中国成立初期广州市青年工作研究 [D]. 广州：华南理工大学, 2018.

③ 韩华. 建国初期大学生思想政治教育的历史考察及其启示 [J]. 思想教育研究, 2010 (8)：62-65；贺平. 新中国成立初期"三大运动"中的大学生思想政治教育 [J]. 安阳工学院学报, 2017 (3)：19-22；赵艳霞. 建国初期高校学生思想政治教育 [D]. 西安：西安交通大学, 2008；朱效梅. 建国初期高校思想政治教育考察 [J]. 学校党建与思想政治教育, 2004 (7)：20-22.

④ 刘颖. 除旧布新——新中国成立初期中共对高等教育的接管与改造 [M]. 北京：人民出版社, 2010：30-212.

⑤ 芮鸿岩. 新中国初期中共教育方针政策的三维向度 [M]. 北京：社会科学文献出版社, 2011：4.

对当下高校提升思政课教学的实效性和针对性具有重要的借鉴价值。

第三，关于新形势下青年学生思想引领研究。通过查阅新形势下青年思想引领相关的文献资料，发现这方面的研究集中表现在高校共青团关于青年学生思想引领层面。主要有蔺伟、方蕾所著的《高校共青团思想引领工作研究与实践》，还有系列相关论文。具体研究内容如下：

首先，蔺伟、方蕾认为，通过对青年学生思想引领，引导他们确立正确的世界观、人生观和价值观，能够运用马克思主义的立场、方法和观点分析和解决问题，并坚定走社会主义道路的理想信念。[①] 对此，刘佳在论文中提出思想引领更多地表现为一种"隐形的力量"，这种力量可以推动学生更好地投入到社会主义现代化建设中去。[②] 因此在内涵上，学界基本上一致认为，思想引领是通过宣传或动员引导青年学生认同社会主义道路和制度，从而激发他们在社会主义建设中贡献青春能量。其次，对于思想引领的意义，蔺伟、方蕾认为，思想引领为巩固党的执政地位和实现人民团结提供了思想基础，也是完成培养塑造时代新人的内在要求。[③] 对此，周飞提出的观点是，思想引领的价值是多维的，既有政治层面的价值，也有道德层面以及发展层面的价值，并指出高校共青团工作的方式方法包括内容都要与时俱进，才能不断满足青年思想不断蜕变的实际，更有针对性地引导青年。[④]再次，对于当前思想引领所面临的挑战，蔺伟、方蕾总结了两个方面：一方面，部分团组织存在着轻视思想引领工作，淡化意识形态工作的倾向；另一方面，共青

[①] 蔺伟，方蕾. 高校共青团思想引领工作研究与实践 [M]. 北京：北京理工大学出版社，2015：3.

[②] 刘佳. 高校共青团思想引领基本问题研究 [J]. 广东青年职业学院学报，2016（4）：15-23.

[③] 蔺伟，方蕾. 高校共青团思想引领工作研究与实践 [M]. 北京：北京理工大学出版社，2015：4-8.

[④] 周飞. 浅议共青团组织在高职院校思想引领中的作用与实践路径 [J]. 武汉船舶职业技术学院学报，2013（1）：77-80.

团工作阵地滞后，思想引领工作质量有待提升。王新晓、王凯则从三个方面提出了当前高校共青团思想引领的问题：一是意识形态领域在西方文化的渗透和冲击下，形势异常严峻和复杂；二是受市场化的影响，学生中出现了拜金主义、享乐主义等错误思想，一定程度上削弱了学生的责任感和使命感；三是新媒体、新技术的普及和使用，使传统的教育教学模式无法满足学生多样化的需求。①蒋诚钢指出，一些高校的团组织对教学内容投入度不够，学生认同度不高，年轻教师讲授内容缺乏理论深度，达不到预期效果。虽然一些高校共青团适应时代的发展，建立了微信公众号、微博等宣传媒介，但是内容和形式缺乏吸引力，没有得到学生的关注和青睐，未充分发挥其作用。②最后，对于青年学生思想引领的对策和路径研究，蔺伟、方蕾在书中指出，把主题教育活动作为推动青年学生思想引领工作的有效载体，把激发基层活力作为推进思想引领工作的强大动力，把培养青年马克思主义者作为促进青年学生思想引领工作的着力点，把社会实践作为思想引领的重要途径。③叶城均认为，应该着力提高育人能力、增强服务水平、创设有效的活动载体和育人实践形式，以此来团结、服务学生，提升教育的感染力，让学生在潜移默化中接受教育。④冯乐安、辛文波、何瑛则从改进和加强共青团的工作内容和工作方式的角度，提出了一些可行性建议，从而达到对青年

---

① 王新晓，王凯. 高校共青团组织在大学生思想引领工作中面临的挑战及实践探索［J］. 桂林航天工业学院学报，2013（2）：66-68.
② 蒋诚钢. 当前高校共青团思想引领工作的挑战及创新［J］. 丽水学院学报，2015（6）：131-134.
③ 蔺伟，方蕾. 高校共青团思想引领工作研究与实践［M］. 北京：北京理工大学出版社，2015：1.
④ 叶城均. 高校共青团组织对大学生思想引领途径研究［J］. 浙江青年专修学院学报，2013（4）：33-36.

学生思想引领的目的。① 李骥则站在"大思政"格局下，探讨如何做好大学生思想引领的工作，提出了大学生的思想和心理状况的解决和满足才是共青团工作的重心，破解学生学业、就业中存在的困境和难题，精准施策方能彰显思想引领的优势和作用。②

总的来说，目前学术界对于以上三个方面的研究成果还是非常丰富的，对于本书进一步探讨党对青年学生思想引领的路径和策略提供了方向和思路，积累了丰富的素材。但现有的研究还有不足和需要进一步提升的空间，主要体现在以下几个方面：

首先，关于思想引领力的研究，从内涵、意义到路径选择等方面都取得显著的成果，为本书界定思想引领的内涵、概括党对青年学生思想引领工作策略方针提供了方向和思路。但还存在着一些不足：一是偏重于宏观研究，针对微观性、对策性的研究不足。如作为意识形态前沿阵地的学校，党的思想引领力建设和发挥不同于别的领域，青少年正处于人生成长的关键阶段，如何更好地发挥党对高校青年学生思想引领的研究，而目前以青年学生作为具体引领对象的研究甚少。二是问题意识不够，提出的策略比较泛化，可操作性不强。目前复杂的国内外形势对主流意识形态带来了巨大的冲击，国内多种社会思潮并存以及因社会转型带来的思想变革，这些都在不同程度上消解着党的思想引领力建设，因此，具体分析不同情况，提高对策的可执行性，无疑是提升党的思想引领力的重要抓手。对此本书将立足于新中国成立初期这一背景，探讨新时代条件下青年学生思想引领的创新型对策。

其次，关于新中国成立初期党对青年思想政治教育工作的研究。应

---

① 冯乐安，辛文波，何瑛. 高校共青团组织对大学生思想引领现状及路径探寻——来自甘肃6所高校的调查研究［J］. 山东青年政治学院学报，2011（1）：48-51.
② 李骥. "大思政"格局下高校共青团思想引领的优先策略［J］. 思想教育研究，2017（5）：118-121.

该说这方面的成果跟本书的研究关联度最高，研究成果对于本书研究具有直接的参考价值和意义，但也有一些不足和缺憾。具体体现在：一是关于领导人的青年思想工作研究，既探讨了领导人对青年工作的目标和展望，也提及了开展青年工作应该采取的具体方法和措施，为本书研究提供了理论基础。但已有的成果多数只关注到了领导人对青年工作的目标和设想，但对于这些目标和设想在实际工作中的执行情况考察不够。还有就是以往的研究更多的是中国共产党领导人对于青年时期具体行动的研究，或者是民主革命时期青年工作思想的研究，而对新中国成立初期这个历史时期党对青年思想引领的专题研究比较缺乏。二是对于新中国成立初期青年团的重建及青年动员的研究，让我们对青年团组织重建的经过及各项工作的开展有了清晰的认识和把握，也为本书研究论述青年团开展青年学生思想引领工作奠定了基础。但已有的研究对于青年团在建团不长的时间内就能获取成功，缺乏深入地剖析，青年团如何有效地动员和组织青年的策略性研究也不够深入。青年运动研究让我们了解了青年学生、青年工人在运动中的表现，也展现了青年团在不同运动中的动员作用，但动员的任务最终要落实到具体的个人，前期的研究对动员组织者、执行者与被组织者的心理之间的互动过程缺乏必要的关注。三是对于新中国成立初期思想政治教育的宏观研究比较丰富，而以青年学生为研究对象系统性研究比较缺乏；以新中国成立初期的巨大社会变迁为出发点，探讨党的策略、政策与执行效果内在关系的系统性研究不足；借助于历史学、政治学、社会学等相关理论，探讨中国共产党是如何将党的思想主张、政治纲领和价值理念等信息传递给青年学生，从而实现党对青年学生思想引领目的的研究也不够。故本书将在前期研究成果的基础上，对这些方面进行探索，以期完善现有研究的不足。

最后，关于高校共青团思想引领的研究。虽对新形势下青年学生思想引领的内涵、意义、面临的挑战以及解决路径从不同方面做了总结和分析。但已有的研究成果深度还有待加强，比如对现在的困难和挑战分析时，缺乏心理学、社会学和政治学的视角，尤其是很多对策和路径的可行性和有效性缺乏验证和反馈。因此本书将更加深入系统地分析影响党对青年学生思想引领的原因，提高党对青年学生思想引领的实效性和针对性，提升青年学生对党和社会主义制度的认同，促进党和青年关系的良性互动。

（二）国外研究综述

从查阅的资料来看，国外对于新中国成立初期的历史研究成果颇丰，但以新中国成立初期党对青年学生的思想引领为研究对象的还没有。跟本书研究相关的成果有一些，主要包括三个方面：一是关于青年和青年观的研究；二是关于中国共产党（政党）与青年关系的研究；三是关于新中国成立初期党的思想政治教育研究。主要内容如下：

第一，关于青年和青年工作的研究。在20世纪70年代以前，国外对青年工作的研究主要关注的是青年某一方面的特征和规律，20世纪70年代以后，才提出了"青年学"的概念，主要以马赫列尔的《青年问题与青年学》为代表，论证了青年学学科的必要性，关注青年人的本质特性、青年本体存在的独特价值等。[①] 比如，他提出，青年的自我价值在社会中实现的程度和在社会发展创造性作用的发挥，是受多方面因素影响的，包括青年自身对未来目标的设定、所受的教育情况和价值追求，社会发展的水平和为青年提供的条件等，而其中起决定作用的是社会发展的水平和青年在社会中的地位，因此，只有打破和改变经济、政治和代际之间的关系上的对立格局，创建能够为青年发展提供公平和正义的社会，青年才能按照自己的意图实现自我价值，并在各方面获得

---

① [罗] F. 马赫列尔. 青年问题与青年学 [M]. 陆象涂，译. 北京：社会科学文献出版社，1986：294-295.

充足的发展。马赫列尔对青年特征的分析是建立在辩证基础上的,即他认为青年在所处的这个阶段,不可能全都是积极向善向好的,也有可能是消极退化的,因此,他们成长成才的过程不是简单的好或者坏的过程,无论从个体的发展情况还是对社会所产生的影响,都是复杂多变的,所以片面地看待他们的优点和缺点,都会使青年在社会中所处的地位被边缘化,这种观点容易使人们忽视他们的作用和地位,把他们作为依附的群体来看待。"[①] 对此,有很多学者发表了自己的主张和观点,对青年要理性客观地看待,既不简单地吹捧,也不歧视和贬低,比如1972年联合国秘书长在《关于青年状况的报告》中指出,随着工业革命的发展,青年的作用必然会越来越突出,因此,要为青年的发展提供政策和教育的支持,使他们的作用能够得到更加充分地彰显。

国外学者探讨青年观从理论向实际应用转化的研究,主要以理查德·弗拉克斯的《青年与社会变迁》为代表,他指出,现代社会的发展给青年人思想心理带来了巨大的影响,反过来青年作为社会变迁的力量也同样会作用于社会文化,关注了二者之间相互影响和相互作用的关系。[②] 对于"青年观"这一问题的研究,当前西方社会的研究更加侧重于青年与社会之间的关系,而对于青年和政党之间关系的专门研究并不多,他们从不同角度对青年本质进行探讨和解析,并形成了不同的理论,诸如生命历程理论、代际理论、角色冲突理论等,如曼海姆在《代的问题》中,提出了"代单元"的概念,这一概念对研究青年同辈

---

① [罗] F·马赫列尔. 青年问题与青年学 [M]. 陆象涂,译. 北京:社会科学文献出版社,1986:294-295.
② [美] 理查德·弗拉克斯. 青年与社会变迁 [M]. 李青,何非鲁,译. 北京:北京日报出版社,1989:51-126.

间的互动和影响机制起到了重要的作用。①同时也为中国共产党对于青年问题的研究提供了借鉴。

第二,关于中国共产党(政党)与青年关系的研究。当前,西方社会已有的研究成果,如罗贝塔马丁的《中国的党员吸收问题:模式与前景》,关注的都是中国共产党吸纳新成员、培养接班人、选拔青年进班子以保持自身活力的角度,探讨中国共产党的组织建设和政党的延续。也有学者从政党与青年的关系进行了论述,他们在分析青年群体对于政党存在的影响时,既看到了青年群体身上所蕴含的活力与希望,这对于政党的发展和社会秩序的构建是一种积极因素,也看到了青年群体的思想存在着风险,这对于政党和社会秩序的发展是一种消极因素。但总体上他们认为青年群体更代表着社会和政党未来的希望。例如西班牙学者马丁·克瑞阿多对本国的青年进行了调查分析,根据分析的结果,他们制定了全新的青年政策,并成立了"青年协会",这个协会阐明了他们对青年群体的看法,即青年群体的想法和特点会使他们感受到压力,而解决这一问题,必须要采取多种技术相结合的方法。同时作者分析了青年的政治理念以及宗教信仰等调查数据,阐述了青年群体对意识形态问题比较冷漠的原因,指出导致这一问题的主要原因是青年人对政党统治的合法性不够认同。

第三,关于新中国成立初期党的思想政治教育研究。这方面的研究成果还是非常丰富的,主要包括以下三个方面:

首先,对新中国成立初期的知识分子思想改造的研究。关于知识分

---

① 《美国政要热读》编译委员会译.[美]彼得·科利尔,戴维·霍洛维茨.破坏性的一代——对六十年代的再思考[M].北京:文津出版社,2004:40-212;格伦·H.埃尔德.大萧条的孩子们[M].田禾,马春华,译.南京:译林出版社,2002:90-167;[日]陈映芳."青年"与中国的社会变迁[M].北京:社会科学文献出版社,2007:53-77.

19

子思想改造的动因，不同学者的理解和判断有所不同，如史景迁认为，知识分子思想中有一些错误的倾向：对西方过分推崇、认识不到革命的紧迫性和严峻性以及对国家和人民的处境缺乏感同身受。通过改造知识分子，旨在彻底消除他们头脑中的封建主义和帝国主义思想的侵蚀。①弗朗西斯·苏则认为，对知识分子的改造，其实是祛除其头脑中的封建传统思想文化，建立起一种对社会平等更有利的新思想和新价值。②

其次，关于新中国成立初期农民思想教育问题。美国著名学者费正清在《美国与中国》一书中提出了这样的观点，我们必须要公正客观地评价中国共产党对农民的改造，因为农民在参与现代生活、从事现代化的生产劳动以及融入当地的政治活动的过程中行使了作为一个公民的权利，而且中国共产党通过合作化运动的方式，用社会主义公有制的观念改变了农民头脑中的私有观念，而且极大地解决了农民中的文盲和不团结的现象。③施拉姆提出，从1933年的查田运动开始，事实上，中国对农村的改造过程更多的是思想改造和政治改造的展开。④洛伊宁格尔认为，毛泽东从中华人民共和国成立后，就一直把教育和改造农民作为他的目标。

最后，关于新中国成立初期党对意识形态的教育与控制问题。以费正清为代表的学者指出，在中国共产党获得了全国执政党地位以后，毛泽东便把社会秩序和个人的改造提到了日程，用主流的社会意识形态来统一大家的思想，直到知识分子认同接受为止。⑤施拉姆提出，新中国

---

① ［英］史景迁. 天安门·知识分子与中国革命［M］. 尹庆军，译. 北京：中央编译出版社，1998：333-334.
② 萧延中. 外国学者评毛泽东系列之第二卷［M］. 北京：中国工人出版社，1997：51.
③ ［美］费正清. 伟大的中国革命［M］. 刘尊棋，译. 北京：世界知识出版社，2000：359.
④ ［美］斯图尔特·施拉姆. 毛泽东［M］. 王应一，唐秀兰，何祚康，等译. 北京：红旗出版社，1987：224-245.
⑤ ［美］费正清. 美国与中国［M］. 张理京，译. 北京：世界知识出版社，2000：362.

成立以来的十几年中,思想改造方法被广泛普遍地使用,可以说是这个时期中国的基本特征。① 当然,费正清等人对这一时期的思想改造也提出了异议,认为中共的思想教育与改造一定程度上削弱了知识分子的积极性。他指出,知识分子因排斥改造不再创造新的成果后,中共又不得不放松对知识分子思想上的管控,而当放松管控对政治控制带来威胁时,中共会再次加强改造和控制,陷入循环反复。施拉姆等学者则从社会学和社会结构重构的角度进行解读,指出中国共产党用一种对新政权的新孝道,代替传统中国道德价值观念,建立自我意识。② 甚至有学者指出,中国共产党统一意识形态的根本目的在于让知识分子服从管控。

从整体研究来看,国外学者肯定了中国共产党这一时期思想政治教育的形式与效果,并指出思想教育改造运动是由社会转型所引起的社会巨大变革所决定的。通过思想教育和改造培养出了符合社会需要的国民,对社会的发展的确起到了推动作用。然而西方学者所持的立场是非马克思主义的,加之所掌握资料的有限性,使得研究成果和所作出的结论难免有失公允,如费正清等学者将新中国成立初期的思想改造运动等同于镇压反革命、"三反""五反"运动,并批判地指出这些运动方式过于激烈,让整个社会置于紧张和焦虑之中。基于此,笔者将坚持马克思主义的立场、观点和方法,以使研究成果更加客观和科学。

---

① [美]斯图尔特·施拉姆. 毛泽东 [M]. 王应一, 唐秀兰, 何祚康, 等译. 北京: 红旗出版社, 1987: 241.
② [美]斯图尔特·施拉姆. 毛泽东 [M]. 王应一, 唐秀兰, 何祚康, 等译. 北京: 红旗出版社, 1987: 235-236.

三、研究思路与研究方法

（一）研究思路

本书在论述过程中充分吸收和借鉴已有的研究成果，通过对党史、国史、重要报刊和文章等文献资料的整理，对新中国成立初期青年学生的思想引领理论与实践进行了梳理和概括。首先，以马克思主义经典作家的青年思想理论为指导，总结了新民主主义革命时期党对青年学生思想引领的经验和苏联对青年学生思想引领的经验。其次，以新中国成立初期社会的时代环境为出发点，分析了这一时期经济、政治、文化环境和国际环境对青年学生思想带来的影响，论证了党对青年学生开展思想引领的必要性，在此基础上，坚持党对青年学生思想引领的方针原则，从课程设置、政治运动、社会实践、其他形式四个维度，系统梳理了这一时期党对青年学生思想引领的实践路径。再次，科学总结了新中国成立初期党对青年学生思想引领的基本经验，合理评判了这一时期党对青年学生思想引领工作的成效与不足。最后，分析了新时代背景下青年学生思想引领工作所面临的新挑战，从历史经验中，探讨了党对青年学生思想引领工作的对策。

（二）研究方法

1. 系统分析法

本书把党对青年学生的思想引领作为一个系统去考察，以中国共产党为引领主体，以新中国成立初期为时代背景，以青年学生为引领对象，全面、系统地探讨中国共产党对青年学生思想引领的规律性方法与现实性路径。本书中党对青年学生的思想引领包含相互联系的四个要素：一是党，二是路径和经验，三是青年学生，四是目标任务（青年认同）。故本书对青年学生思想引领问题的研究是围绕"党—实践路径（基本经验）—青年学生—目标任务"这个系统展开的。

2. 历史考察与逻辑分析相统一的方法

本书通过对新中国成立初期纷繁复杂的历史现象去探寻其背后隐藏的理论本质，而不是简单地还原历史事件。新中国成立初期党对青年学生思想引领的历史实践是进行历史经验研究的深厚基础，党对青年学生思想引领的历史起点正是党对青年学生思想引领历史经验研究的逻辑起点，逻辑和历史在此基础上实现了完美的统一。

3. 文献分析法

研究新中国成立初期中国共产党对青年学生思想引领必然离不开对国史、党史文献的研究。本研究对新中国成立初期的教育文件、文献汇编、档案资料、报纸杂志等进行查阅和分析，以便厘清党对青年思想引领的一系列线索轨迹，同时还参考了这一时期的个人回忆录、校友集、日记、纪念文集等文献资料，通过对这些资料的掌握，在"去伪存真、去粗取精"的基础上，对新中国成立初期党对青年学生思想引领状况力求作出客观的描述和评价。

四、研究的创新点、重难点及不足

（一）研究的创新点

1. 力图对新中国成立初期党对青年学生的思想引领作出全面的实事求是的研究

目前学术界关于这一领域的研究，大多集中在改革开放以后，而关于其他历史时期的研究甚少，虽然新中国成立初期对党的青年工作有一定的研究，但以全国范围内的青年学生为研究对象的思想引领研究几乎没有。本书在查找和阅读相关文献、档案资料前提下，采用历史考察和现实关照相结合，宏观把握和个案相联系的方法，将新中国成立初期党对青年学生思想引领的时代背景、引领的缘由及实践路径、基本经验等，比较客观全面地展示出来，并在此基础上进行了正反两方面的评述。

2. 多学科研究方法上的创新

本书在充分吸收和借鉴已有研究成果的基础上，综合运用了多学科研究方法，包括历史学、社会学、政治学、青年心理学等，力求在对青年学生群体研究与个体分析时既突出共性又不千篇一律，试图用历史唯物主义观点对这一时期党的青年学生思想引领工作，作出经得起历史检验的客观分析和评价等。

3. 研究视角的创新

一是通过纵向和横向两个角度对新中国成立初期党的思想引领进行研究。纵向分析了新中国成立初期党对青年学生思想引领的来龙去脉，横向分析了思想引领的必要性、实践路径和效果之间的逻辑关系。二是在总结党对青年学生思想引领的基本经验和对当下的启示时，注重与时代背景相结合，表明这一时期的思想引领是植根于新中国成立初期的思想教育实践中，对新时代党的青年思想引领工作起到了奠基作用。

（二）研究的重点、难点及不足

本书研究的重点是以新中国成立初期时代环境的变化为出发点，剖析党对青年学生思想引领的深层次原因，然后从课程设置、政治运动和社会实践等多维度梳理和总结党对青年学生思想引领的实践路径，从中概括出这一时期思想引领的基本经验，为新时代党对青年学生开展思想引领工作提供借鉴和启示。难点在于对新中国成立初期青年学生思想引领工作的论述，离不开对大量相关文献资料的分析和整理，才能从中得出关于本书研究的相关内容，而这项工作存在一定难度。并且当前思想引领这一概念更多指的是共青团思想建设的话语体系的核心词，超出这一领域的内涵，目前学界还未有统一明确的界定，因此，笔者也只是参考前期的一些相关研究做了进一步的阐述，而要厘清其中相关内容的逻辑关系仍然存在一定的难度。不足之处在于，由于笔者能力有限，对于新中国成立初期党对青年学生思想引领的逻辑梳理和分析还不够系统和深入，还有待进一步深化、细致的研究。

五、基本概念的界定

（一）新中国成立初期

本书中新中国成立初期是指从中华人民共和国成立到社会主义改造完成的这个阶段。目前学术界对新中国成立初期的时间范围主要有三种看法：一种是把1949—1952年称为新中国成立初期，一种是把1949—1950年称为新中国成立初期，还有一种是把1949—1956年作为新中国成立初期。之所以会有这三种不同的划分方法，主要是学者在研究某一对象时，往往会依据对象发生和结束的时间来确定。如朱薇研究新中国成立后中国共产党对知识分子思想改造的运动时，认为这项运动起止时间为1949—1952年，因此就把这段时间作为新中国成立初期；[1] 谢忠强研究新中国成立初期上海市反轰炸斗争发生的时间为1949—1950年，因此就把这段时间作为新中国成立初期。[2] 但综观学术界的研究，把1949—1956年作为完整的历史时期占绝大多数，并把这一时期称之为

---

[1] 朱薇.中国共产党在新中国成立初期对知识分子的思想改造——对历史文献的解读与思考[J].当代中国史研究，2011（4）：37-44.
[2] 谢忠强.新中国成立初期上海市反轰炸斗争述略[J].军事历史研究，2012（4）：66-74.

过渡期或是社会主义改造期。对此,《关于建国以来若干历史问题的决议》中指出:"从1949年新中国成立到1956年,我国在党的领导下实现了从新民主主义向社会主义的转变,基本上完成了对生产资料私有制的改造。"① 邓小平评价说:"新中国成立后头七年所取得的成绩是大家有目共睹的,……今天仍然需要我们从理论上进行阐述。"② 习近平总书记回顾这段历史时谈道:"新中国成立后,以毛泽东同志为核心的党的第一代中央领导集体带领人民,在迅速医治战争创伤、恢复国民经济的基础上,不失时机提出了过渡时期总路线,创造性地完成了由新民主主义革命向社会主义革命的转变,使中国这个占世界四分之一人口的东方大国进入了社会主义社会,成功实现了中国历史上最深刻最伟大的社会变革。新民主主义革命的胜利,社会主义基本制度的确立,为当代中国一切发展进步奠定了根本政治前提和制度基础。"③ 由上可见,把新中国成立初期范畴界定为1949—1956年,是有历史依据和现实支撑的,也规定了本书研究的时间跨度。

(二) 青年学生

本书中的青年学生群体,主要由两类构成:一是接受中等教育的初中生和高中生,本书把这类学生统称为中学生;二是接受高等教育的专科生、本科生以及研究生,本书把这类学生统称为大学生。据统计,新中国成立后,全国除台湾省外,全国各类高等院校共有205所,学生约有11.7万人,全国各类中等学校共有5216所,学生约有126.8万人。其中中等教育涉及的不仅有普通的中学,为满足国家建设和发展对人才的迫切需要,针对一些因革命和工作而耽误学习的人还开设了工农速成

---

① 关于建国以来党的若干历史问题的决议 [M]. 北京:人民出版社,1981:11.
② 邓小平文选:第2卷 [M]. 北京:人民出版社,1994:302.
③ 习近平. 在纪念毛泽东同志诞辰120周年座谈会上的讲话 [N]. 人民日报,2013-12-26 (2).

中学、业余中学以及中等专科学校等。高等教育主要包括各类大学、专门学院和专科学校。① 这些学校从地域上包括了老解放区和新解放区，性质上既有公立学校，又有私立学校。它们多数是原国民党统治区后来被共产党接受和改造的学校，也有人民自办的和接受外国津贴的私立学校。直到1953年，党和政府通过对中等和高等教育的接管和改造，掌握了对所有中等和高等学校的领导权，实现了从新民主主义向社会主义教育的转变。② 本书根据对资料的占有情况，秉持着普遍性和对实际指导的适用性相结合的原则，故将研究对象主要放在普通中学和普通高等大学的青年学生身上，以期对新时代普通中学和普通高等大学的青年学生思想引领工作提供经验和借鉴。

(三) 思想引领

《辞海》中对"引领"一词的解释是指通过宣传教育和组织动员机制，促使事物跟随他人朝着某一方向发展。其中"引"是牵引、引导之意，"领"即带领、领导之意，突出引导和方向的把控，当出现问题时，引领者要及时给予纠正。这里的引领不是单纯地推动，而是一种动员性和导向性的原则，引领性决定了引领者提供给被引领者的内容一定要具有先进性与超前性，在引领过程中要达到引领的效果，必须要贴近社会、贴近时代、贴近受众者的需求。思想引领是一个开放立体的概念体系，具有十分丰富的理论内涵，并伴随着实践的变化、政党的要求、青年的成长而不断地拓展其理论边界。目前学界对于思想引领的内涵，虽有不同的解读，但基本认同的内涵是：在党的引领下，使广大受众接受和认同党的理论、方针和政策，并能在正确理论指导下投身于中国特

---

① 芮鸿岩. 新中国初期中共教育方针政策的三维向度 [M]. 北京：社会科学文献出版社，2011：11.
② 中央教育科学研究所. 中华人民共和国教育大事记（1949—1982）[M]. 北京：教育科学出版社，1984：31-32.

色的社会主义实践中去。而党对青年学生的思想引领，就是中国共产党在遵循思想政治教育工作规律和青年学生思想成长成才的内在规律基础上，用先进思想引领、教育和动员青年学生，对青年学生进行思想改造和理论武装，帮助青年学生树立正确的世界观、人生观和价值观，进一步坚定青年学生对中国特色社会主义的道路自信、理论自信、制度自信、文化自信，引导青年学生为实现中华民族伟大复兴的中国梦贡献智慧和力量，努力夯实党执政的青年群众基础。具体到新中国成立初期，党对青年学生的思想引领，是指中国共产党用共产主义精神引导、教育和动员青年学生拥护党的领导，拥护社会主义制度，使青年学生的创造力和奋斗精神得到充分发挥，组织动员青年学生为社会主义建设而奋斗，使他们成为热爱祖国、忠于人民、有知识、守纪律、勇敢勤劳、朝气蓬勃、不怕任何困难的青年一代。"[①] 由此可见，思想引领不是空洞的、抽象的"理论说教"和"思想灌输"，而是现实的、具体的"组织动员"和"方向指引"，是理论和实践的统一。从这个意义上讲，本书论述中所提及的思想引导、思想改造和政治动员都属于思想引领的范畴，是思想引领在新中国成立初期时代背景下的表述方式和表现形式。

而思想引领和思想政治教育二者之间的关系是既有联系又有区别。首先，思想引领从本质上属于思想政治教育的范畴，而且是思想政治教育中的关键内容。思想政治教育是人类阶级社会中普遍存在的一种教育实践活动，任何国家的统治阶级为了维护和巩固其统治地位，都会坚持用各种方法和手段宣传推广有利于其加强统治的观点、理念，以使教育对象拥护、认同其政治思想。正如张耀灿所指出的："思想政治教育是指一定的阶级、政党、社会群体遵循人们思想品德发展规律，用一定的思想观念、政治观点、道德规范，对其成员施加有目的、有计划、有组

---

① 李玉琦，李艳. 新中国青年工作编年纪：1949.10—2012.5 [M]. 北京：中国青年出版社，2012：19.

织的影响，使他们形成符合一定社会、一定阶级所需要的思想品德的社会实践活动。"① 由此可见，思想政治教育是对人们思想品德的形成与发展、价值观的建构进行统一指导，为统治阶级所服务的社会实践活动，是理论与实践的统一。因此，党对青年学生的思想引领和思想政治教育的宗旨与目标，都是通过一定的方式和手段，增强青年学生对党和国家的政治认同，更好地维护和巩固统治阶级的青年群众基础。从这个意义上，本书中所指出的思想政治教育和思想引领从本质和内涵上是一致的。其次，二者也有区别，主要是思想政治教育的外延要比思想引领更为丰富，体现在目标要求、受众群体、内容、途径、方法等。思想政治教育的目标较为宽泛，且不具有紧迫性和直接性，过程表现为循序渐进和润物细无声的特点；教育内容不仅包含道德、法治方面的教育和思想观念、意识形态的灌输，还有党和国家方针政策纲领的宣传引导；受众群体既可以对已形成一定世界观、价值观、人生观的成年人进行教育引导，也可以对牙牙学语的幼童、低龄的中小学生、老年人等进行引导，且教育主体和受教育者之间表现为双向互动过程。而思想引领的目标更为明确和聚焦，在对受众进行引领时，更侧重于引领主体的单向引导作用，引领的方式以正向激励为主；受众群体主要是已具有一定思想价值观的人群（主要是成年人），在对他们进行思想价值、意识形态等方面的引导时，通常采取最为行之有效的方式方法，在特定条件下，为服务于现阶段的目标和任务还会采取疾风骤雨的方式进行。最后，鉴于本书研究背景是新中国成立初期，一方面，国民经济的恢复发展以及向社会主义过渡，迫切需要青年学生贡献出自己的智慧与才干，服务于国家建设；另一方面，新中国成立之初，面对新旧思想碰撞，部分青年学生表现出对新生政权的怀疑和不自信，思想上呈现出迷茫与彷徨，加之

---

① 张耀灿等. 现代思想政治教育学［M］. 北京：人民出版社，2006：50.

部分学生由于出身的阶级性局限以及长期受旧教育的影响，头脑中存在着各种错误和消极的思想观念。因此，为巩固新生政权和调动青年学生积极投身到社会主义建设中来，迫切需要中国共产党和共青团、学联等先进组织通过引导、组织和动员等，即思想引领的方式，用统一意识形态凝聚和统领青年学生的思想，消除青年学生中存在的各种反动和错误思想，帮助青年学生树立正确的思想观念，从而增强其对执政党和新政权的认同与支持。故本书用思想引领代替思想政治教育，正是应有之意。

第一章

新中国成立初期党对青年学生思想引领的理论基础与实践经验

新中国刚刚成立时,满目疮痍、一穷二白,一方面,国民经济的恢复发展以及向社会主义过渡,迫切需要青年学生贡献出自己的智慧与才干,服务于国家建设;另一方面,新中国成立之初,面对新旧思想碰撞,部分青年学生表现出对新生政权的怀疑和不自信,思想上呈现出迷茫与彷徨。中国共产党为巩固新生政权,实现向社会主义的过渡,对青年学生的思想引领做了周密思考和详细部署,并确立了新中国成立初期青年思想引领的方针原则、实施路径等。然而这些若干思想的形成不是一蹴而就的,也不是简单地继承和发展某一思想和实践获得的。它是以马克思主义经典作家的青年思想理论为指导,充分借鉴新民主主义革命时期党对青年学生思想引领经验和苏联实践经验的基础上形成的。

第一节 新中国成立初期党对青年学生思想引领的理论基础

马克思主义经典作家的青年思想是指以马克思、恩格斯、列宁、斯大林为代表的经典作家对青年的作用、地位、本质以及如何培养的认识。在马克思、恩格斯的大量著述中,对于青年的本质、历史作用和解放路径等系列问题,都有着直接或间接的论述。列宁和斯大林在马克思、恩格斯去世后,继承了他们的衣钵,进一步发展和深化并提出了诸多真知灼见。

一、马克思恩格斯关于青年思想的论述

(一) 充分认可青年的历史作用和社会地位

马克思、恩格斯认为,青年工人作为工人群体的中坚力量,是受资本家剥削最为严重的群体,也是革命潜力最大的群体之一,工人中的青年群体蕴含着巨大的革命力量,代表着历史前进的方向,未来的发展取决于青年。因此,他们高度重视青年在社会中的作用,并重视对青年的争取、动员、组织以及教育工作。1845年9月,恩格斯指出:"德国要想最终取得变革的成功,必须要充分重视和发挥青年的力量,青年的核心力量需要从工人阶级中去挖掘,而非来自资产阶级。"① 马克思则明确指出了青年群体在人类解放和发展过程中所起的作用,如1866年8月,马克思从人类解放与发展的角度肯定了青年一代的重要作用。他在《临时中央委员会就若干问题给代表的指示》中明确指出:"最先进的工人完全了解,他们阶级的未来,从而也是人类的未来,完全取决于正在成长的工人一代的教育。"② 恩格斯对青年大学给予了很高的期待,1893年,恩格斯在《致国际社会主义者大学生代表大会》中阐明了这样的观点:"过去的资产阶级革命向大学要求的仅仅是律师,作为培养他们的政治活动家的最好的原料;而工人阶级的解放,除此之外还需要医生、工程师、化学家、农艺师及其他专门人才,因为问题在于不仅要

---

① 马克思恩格斯全集:第2卷[M].北京:人民出版社,2015:629.
② 马克思恩格斯全集:第16卷[M].北京:人民出版社,2015:217.

掌管政治机器，而且要掌管全部社会生产，而在这里需要的绝不是响亮的词句，而是丰富的知识。"①表明了青年学生在工人阶级解放中承担着重要的使命。

（二）注重对青年进行思想教育和引领

马克思、恩格斯对于青年思想的认识是辩证的、全面的，一方面对于青年在各个方面所展现出的重要性给予充分的认可，另一方面也意识到在这一时期，很多青年没有足够的经验，所以容易偏激、躁动。在《1848 年至 1850 年的法兰西阶级斗争》中，马克思就曾指出："他们的性格在受临时政府征募的青年时期是极不稳定的，虽能做出轰轰烈烈的英雄勋业和自我牺牲，但同时也能干出最卑贱的盗窃行为和最龌龊的卖身勾当。"② 1893 年 12 月 19 日，在《致国际社会主义者大学生代表大会》中，恩格斯提到了大学生的一些问题，指出他们对体力劳动者有轻蔑的态度，对工人干部不够重视，这些思想都是非常危险的。在青年中能培养出同体力劳动者一起奋斗的脑力劳动者，这样在未来革命中，才可以真正地实现对政治机器的掌控，同时也可以实现对社会生产有效地掌控。③ 因此，在思想和政治层面，必须要关注青年的成长，对青年和青年学生进行必要的思想教育与引导，确保他们能承担起重要的历史使命。当看到俄国青年学生中有很多都接受了巴枯宁主义，同时也有不少青年学生十分认可俄国民粹派思想，并且出现了很多不成熟的大学生时，恩格斯进行了严厉的批评，指出巴枯宁主义和民粹派的思想言论并不可靠，对一些初入社会的青年人来讲，要警惕这些消极的思想，防止受其影响走上轻举妄动的道路。同时恩格斯指出："青年学生在某些情况下对于经济方面十分看重，这种情况导致他们无法深刻地认识及研究

---

① 马克思恩格斯全集：第 22 卷 [M]. 北京：人民出版社，2015：487.
② 马克思恩格斯全集：第 1 卷 [M]. 北京：人民出版社，2015：408-409.
③ 马克思恩格斯列宁斯大林论青年 [M]. 北京：中国青年出版社，1980：60.

问题,对历史的发展有着错误的认识,忽视了现有的条件。强调在对唯物史观研究的过程中,不能单纯进行抽象化理解,或将其理解的十分庸俗。"①

(三)重视教育与生产劳动的结合

马克思认为,劳动者的异化是由资本主义生产分工固化导致的,这种生产方式在很大程度上影响着资本主义教育,使受教育者在发展过程中容易陷入片面性,难以充分发挥他们的全部才能。在《共产党宣言》中,马克思和恩格斯提出:"资产者唯恐其灭亡的那种教育,对绝大多数人来说不过是把人训练成机器罢了。"② 对于资本主义教育的这种弊端,马克思、恩格斯开始尝试从人的全面发展的角度探究如何对青年进行教育引导。1848年,马克思和恩格斯在《共产党宣言》中首次阐述了他们对于青年教育的理念,指出:"对一切儿童实行公共的和免费的教育。取消现在这种形式的儿童的工厂劳动。把教育同物质生产结合起来,等等。"③ 1867年,在《资本论》第一卷中,马克思进一步指出:"半工半读的制度使得两种活动互为休息和调剂,因此,对儿童来说,这种制度比不间断地从事其中一种活动要合适得多。一个从清晨就坐在学校里的儿童,特别在暑天,不可能同一个从劳动中来的活泼愉快的儿童相比。""未来教育的幼芽,未来教育对所有已满一定年龄的儿童来说,就是生产劳动同智育和体育相结合,它不仅是提高社会生产的一种方法,而且是造就全面发展的人的唯一方法。"④ 1875,在《哥达纲领批判》中,马克思认为不能单纯地强调教育,要把教育和生产劳动结合起来,才可以实现对现代社会的有效变革。由此可见,马克思、恩格

---

① 马克思恩格斯选集:第4卷[M].北京:人民出版社,1972:477-479.
② 马克思恩格斯选集:第1卷[M].北京:人民出版社,2015:268.
③ 马克思恩格斯选集:第1卷[M].北京:人民出版社,2015:273.
④ 马克思恩格斯全集:第23卷[M].北京:人民出版社,2015:529-530.

斯认为社会劳动对人是必须的，教育和生产劳动的结合是实现青年全面发展的重要路径，因此，对青年进行思想教育和引领，不能单纯只重视课堂教育，在条件允许的情况下必须要将教育和社会生产劳动结合起来。

二、列宁关于青年思想的论述

（一）肯定青年的作用并强调青年学习的重要性

列宁在继承马克思和恩格斯青年思想的基础上，结合俄国社会发展的实践，对青年的作用进行了阐释。1906年12月，列宁在《孟什维主义的危机》中指出："革命政党中有大量的青年，这些青年所展现出的优势是非常显著的，而这是非常自然的！我们是未来的党，而现在的青年将成为未来社会的主导，并且投入到无私斗争中去的也总是青年。"[1]列宁还详细论述了青年学习的重要性和必要性，指出青年要学习的内容主要包括两个方面：一是要学习关于共产主义的知识。因为只有青年确立了共产主义的理想信念，掌握了共产主义的知识和理论，才能为实现共产主义的伟大事业做出贡献。因此，青年的成长成才和共产主义目标的实现，需要青年深刻地理解和学习这些思想和理论体系。正如列宁在《怎么办》一文中所说："没有革命理论，就不可能有革命运动"[2]，"工人阶级难以产生社会主义民主主义意识，这种意识只能从外边灌输进去"[3]。二是要学习现代科学技术。列宁指出，青年要想在共产主义事业的建设中有所作为，不但要学习共产主义知识，也要具备现代科学技术知识，因为共产主义的建设是要靠着人民点点滴滴的实践才能实

---

[1] 列宁全集：第14卷 [M]. 北京：人民出版社，2017：161.
[2] 列宁选集：第6卷 [M]. 北京：人民出版社，2017：23.
[3] 列宁选集：第6卷 [M]. 北京：人民出版社，2017：29.

现。因此，青年要完成新形势下的经济任务，还需要掌握一定的科学技术和技能。列宁强调说："你们知道，这样的基础就是电。只有全国电气化，一切工业和农业部门都电气化的时候，只有当你们真正负担起这个任务的时候，你们才能替自己建成老一代人所不能建成的共产主义社会。"①

（二）强调教育与生产劳动相结合

这一观点是对马克思和恩格斯青年思想的进一步深化和发展。列宁曾明确指出，实现青年的全面发展是社会主义的奋斗目标。1919年3月，列宁强调说："培养共产主义的全面发展成员，应当是国民教育目前最迫切的任务。"② 这一原则在后来的俄国教育实践中得到了贯彻和执行，如1931年联共（布）中央颁布的《关于小学和中学的决定》，明确了苏维埃学校要强化对人的培养，让学生可以真正得到全面发展。而把教育和生产劳动结合起来，则是实现这一目标的重要途径。列宁指出，教育需要覆盖所有的人，同时劳动也需要覆盖所有的人。1919年12月，在《致我们的接班人》中，列宁指出："青年需要在工作中投入更大的精力，展现出自己的青春力量，以此来实现对新生活的建设。但如果单纯重视学校教育，并只在这一范围内来展开学习、教育和训练，导致在很大程度上偏离了实际生活，这样的教育方式是难以让人信服的。"③ 列宁对于青年教育有着深刻的认识，强调指出："对青年一代的教育如果不能做到教育与生产劳动的结合，将来社会的理想是难以真正实现的。如果把二者割裂的话，未来的社会科学知识也将无法达到期望中的高度。"④ 因此，列宁主张青年学生的第一个任务当然是学习，努

---

① 列宁全集：第39卷［M］.北京：人民出版社，2017：336.
② 列宁选集：第3卷［M］.北京：人民出版社，2012：753.
③ 列宁全集：第38卷［M］.北京：人民出版社，2017：29.
④ 马克思主义经典作家论教育［M］.北京：人民教育出版社，1958：49.

力掌握与社会建设发展相关的知识和技能,不过这种理论的学习不能只局限在课本上。在《青年团的任务》中,列宁明确提出"要善于把学习到的理论和知识,按照共产主义的要求去实践,与日常工作更好的联系起来。对于青年来讲,必须要积极学习先进科学技术,掌握一身本领,从而更好地建设共产主义,这不是口号,而是通过实践才能完成的伟大任务。"[①] 1919年12月,列宁号召青年积极参加社会主义建设实践活动,把学习到的知识用于改造社会实践,推动社会经济的发展。

(三)注重发挥先进青年组织的教育引领作用

列宁在继承马克思、恩格斯青年理论的基础上,结合俄国的具体实践,对于党如何领导先进青年组织做好青年思想工作进行了开创性的探索,并做出了突出的贡献。主要包括以下几点:

首先,坚持党对青年组织的引领,青年组织要在党的领导下做好党的后备军和助手。1903年,列宁在《关于对待青年学生的态度的决议草案》中提出:"对于党的组织来讲,根本任务是要努力提供条件,积极组织青年学生,同时还需要实现对学生团体和小组的科学引导。在实际参与活动的过程中,需先想办法同社会民主党建立联系,以获得社会民主党的指引,避免在工作中犯不必要的大错。"[②] 1905年3月,列宁在《新的任务和新的力量》一文中再次指出,社会民主党要把跟青年组织建立和加强直接的联系作为自己的一项任务,通过自己积累的知识和丰富的经验去带领他们、鼓舞他们,让小组可以真正地协助社会民主工党,服从党的领导,坚定信念。[③] 在如何处理党同青年组织关系的问题上,1916年,在《青年国际》中,列宁指出:"我们主张青年联盟完全独立,但也主张有充分的自由对他们的错误进行同志式的批评!我们

---

① 列宁全集:第39卷[M].北京:人民出版社,2017:336.
② 列宁全集:第7卷[M].北京:人民出版社,2017:235.
③ 列宁全集:第9卷[M].北京:人民出版社,2017:395.

不应当讨好青年"①,并强调"应当尽量设法同青年组织接触和接近,从多方面来帮助他们,但是要善于对待他们。"②

其次,坚持用社会主义思想教育引领青年。列宁和斯大林认为,先进青年组织必须要始终服从党的领导,积极宣传社会主义思想,在革命尚未成功之时,为革命创造良好的思想舆论氛围。1903年,列宁在《关于对待青年学生的态度的决议草案》中指出:"青年组织要承担起培养团员的责任,通过培养和教育,帮助青年团员建立起完整的社会主义世界观,既要掌握马克思主义理论,也要对先进思潮进行研究,如俄国的民粹主义和西欧的机会主义,研究这些进行着斗争的现代各先进思想派别中的主要思潮",并对青年组织提出忠告,"对青年的那些假朋友提高警惕,他们正在用革命的或唯心主义的空话,用革命派和反对派间的激烈争论是有害的和不必要的这种悲天悯人的蠢话,使青年忽视认真的革命教育,因为这些假朋友实际上只是在宣扬无原则性和对革命工作的轻率态度。"③ 可见,列宁在领导和建设社会主义过程中,高度重视对青年组织的领导,并强调青年组织要用社会主义思想去组织和引领青年。

最后,要信任青年并放手发动和有效组织青年。对于青年的动员和组织工作,列宁向来高度重视,常常告诫社会民主党人,对青年人要给予充分的信任,并放手发动青年。党内相当一部分人表示组织内没有足够多的人才,条件允许的情况下需要积极补充新的力量,而很多年轻力量也非常愿意进入到组织内,奉献自己的力量。对此,1905年3月,列宁对组织工作的主要负责人进行了严厉的批评,指出:"这样的组织

---

① 列宁全集:第28卷[M].北京:人民出版社,2017:288.
② 列宁全集:第28卷[M].北京:人民出版社,2017:291.
③ 列宁全集:第7卷[M].北京:人民出版社,2017:235.

家最好引退，让位给年轻人。"①并多次强调"必须更广泛和更大胆地、更大胆和更广泛地、再更广泛和再更大胆地把青年组织起来，不要对青年存戒心。……抛掉一切因循守旧、循规蹈矩之类的旧习气吧。到青年中去建立数以百计的前进派小组并鼓励他们竭尽全力来工作吧。"②

三、斯大林关于青年思想的论述

（一）青年是重要的革命力量，代表着未来和希望

斯大林提出，青年是党队伍中的新鲜血液，可以改善和活跃党的政治生活，因此，他非常重视在党的队伍中扩充青年干部。斯大林认为："我们党目前的生活证明了党的青年一代正在逐步地被培养成为干部，干部队伍的扩充是靠提拔青年，党一向坚持并且今后还是坚持这条原则，坚决抵制把干部队伍作为不让新成员加入的特权阶层小圈子。"③由此可以看出斯大林高度看重青年干部的培养、提拔和使用。并且他从国家发展的角度肯定了青年的作用。如1924年，斯大林在《关于俄共（布）第十三次代表大会的总结》中明确指出："青年（我说的是工农青年）的作用在于他们是建设未来的极良好的基础，他们是我国的未来，他们是我国的未来体现者。"④1925年，斯大林在《致苏联无产阶级大学生第一次全国代表会议》的信中进一步指出：大学培养的各类人才"都是建设新社会，建设社会主义经济和社会主义文化的未来的指挥人员。没有新的指挥人员就不能建设新社会。"⑤可见，斯大林信

---

① 列宁全集：第9卷［M］. 北京：人民出版社，2017：225-230.
② 列宁全集：第9卷［M］. 北京：人民出版社，2017：225-228.
③ 马克思恩格斯列宁斯大林论青年［M］. 北京：中国青年出版社，1980：201.
④ 斯大林全集：第6卷［M］. 北京：人民出版社，1956：219-220.
⑤ 马恩列斯论青年［M］. 北京：中国青年出版社，1980：214.

任青年，确信先进、进步的青年群体决定人类美好的未来。

（二）先进青年组织应担负起建设共产主义社会的重任

首先，斯大林认为，党的组织应加强对青年组织的引领，青年组织应积极寻求党的支持。1925年，斯大林根据党领导共青团开展青年工作的经验对共青团和党的关系作出了明确的界定："共青团在形式上是一个非党组织。但它同时又是一个共产主义的组织。这就是说，共青团在形式上是工人和农民的非党组织，但它同时又应当在我们党的领导下进行工作。任务就是要保证青年对我们党的信任，保证我们党在共青团中的领导。共青团员应当记住，保证党的领导是共青团全部工作中最主要的和最重要的一点。共青团员应当记住，没有这种领导，共青团不能完成自己的基本任务，即用无产阶级专政和共产主义的精神教育工农青年的任务。"[1] 其次，在斯大林看来，先进青年组织的重要使命（尤其是革命尚未成功之时）就是在党的领导下宣扬社会主义思想，为革命营造良好的思想舆论氛围。因此，他和列宁多次强调青年组织做青年思想工作的重要性。1926年1月，斯大林在《论列宁主义的几个问题》一文中明确指出："它（共青团）的任务是帮助党以社会主义精神教育年轻一代。它以青年后备军供给一切管理部门中的所有其他无产阶级群众组织。"[2] 1933年2月19日，斯大林《在全苏集体农庄突击队员第一次代表大会上的演说》中勉励集体农庄中的男女共青团员："正因为青年最容易领会列宁的遗训，所以他们负有引导落后分子和动摇分子前进的使命。……你们的任务就是学习、再学习列宁主义。男女共青团员同志们！学习布尔什维主义，引导动摇分子前进吧！少说空话，多做工作，你们就一定会成功。"[3] 可见，斯大林非常重视用发展的社会主义

---

[1] 斯大林全集：第7卷 [M]. 北京：人民出版社，1958：202.
[2] 斯大林全集：第8卷 [M]. 北京：人民出版社，1954：34-35.
[3] 斯大林全集：第13卷 [M]. 北京：人民出版社，1956：226.

思想教育引领青年组织践行并宣扬社会主义新思想。最后,他提出,要放手发动青年,有效地组织青年。1925年10月29日,斯大林在《论共青团的任务》一文中批评了一些人想通过成立非党农民青年团分裂共青团组织的不良倾向,强调:"必须尽可能把全部工人青年以及贫农和中农中的优秀分子吸收到共青团里来。但同时必须把注意力集中在通过共青团积极分子教育新团员上。……应当进行保证共青团内的无产阶级核心同农民青年结成巩固联盟的工作。不这样,共青团内的无产阶级核心就不可能领导农民青年。"① 1927年3月29日,斯大林在《在苏联列宁共产主义青年团第五次全国代表会议上的演说》中批评了共青团组织内部的不正之风:"你们当然不会否认,在青年团的这些组织里有些彻头彻尾的腐化分子,向这些分子展开无情的斗争是绝对必要的。……我们就拿最近的事实来说,青年团内存在着以个人为对象的无原则的小集团斗争,弄得团内乌烟瘴气。……这个事实不是说明青年团上层机构的某些环节正处在官僚主义的僵化过程中,又是说明什么呢?"斯大林对青年组织工作的批评了有利于共青团组织改进组织工作,更好地引领教育青年。

(三) 正确对待青年的一般性与特殊性的特征

青年从自然属性上来看,是其成长过程中的过渡阶段;从社会属性上来看,青年是社会各个不同阶级、不同政治派别争夺的对象。不管是成长过程中的过渡阶段,还是不同阶级和政党的争夺对象,青年在自身的生理、心理和政治理念方面以及在看待社会革命和建设上,都具有差异性和特殊性。苏共在对待青年一般特征时,并没有忽略他们的特殊性特征。这种特殊性既表现在青年内部的个体差异性,还体现在和老年人的不同特征上。比如1901年11月,斯大林在《俄国社会民主党及其当

---

① 斯大林全集:第7卷[M].北京:人民出版社,1958:203-204.

前任务》一文中指出："青年学生都是在校青年，当他们还没有走向社会占有一定的社会地位时，他们比所有人都热心地追求那号召他们为自由而斗争的理想。目前的大学生大部分都是以首领和先进部队的姿态出现在社会人士运动之中，社会各阶级中心存不满的人，现在都聚拢在他们周围。"① 斯大林对青年有深刻的把握和精准的认识，如他在给高尔基的信中写道："我们中有各式各样的青年，有蓬勃向上的、也有萎靡不振的，有意志坚定的、也有摇摆不定的，有活泼开朗的、也有懒惰懈怠的……青年不可能都是同情群众的，他们中间也有撕裂和分化，他们中间也有来自富家的子弟，也不是每个人都意志坚强，或者认识到摧毁旧事物建设新事物这种景象是理所应当的。因此使合乎心愿的，然又远不是那种让人能够'休息'和'享福'的'四海升平'的天堂般的理想境界。"② 其次，青年群体和老年群体有明显的差别。老年人一般会背负旧包袱、旧习惯和旧生活，时常跟不上党和苏维埃政权。但青年没有这些限制和束缚，能获得与老年人相比的天然优势。但青年人缺乏社会地位和政治权力，经常被冠以"过渡性"和"边缘性"的称号，作为生产力的主要促进者没有相应的社会地位。因此，他们一开始就非常强烈地为自身的政治、经济权利、政治参与和社会批判而努力争取，不可避免地他们会获得一些特殊利益。事实上，整体利益和个体利益的关系问题就是社会整体利益和青年的特殊利益相互作用的必然结果。因此必须要正确处理好二者的关系，才能充分调动青年的积极性和创造性。

总之，马克思主义经典作家根据他们所处时代的国内外局势，在理论层面对青年的地位和作用、青年群体全面解放与发展的途径、党如何引领青年组织做好青年工作等方面作出了一些可贵的探讨，为党对青年的思想引领提供了基本的理论指导。

---

① 斯大林选集：上卷［M］. 北京：人民出版社，1979：10.
② 斯大林选集：上卷［M］. 北京：人民出版社，1979：234-235.

第二节　新中国成立初期党对青年学生思想引领的实践经验

新中国成立初期，党对青年学生思想引领的方针、原则和路径的确立，一方面是根据新中国成立初期的社会实践需要制定的，另一方面是在吸收和借鉴新民主主义革命时期党的思想引领经验和苏联经验基础上形成的。1950年，时任教育部副部长钱俊瑞指出："中国的新教育，即新民主主义的教育，已有二十多年的历史。这种新教育是长期农村环境与战争环境的产物。现在有了新的国内环境和国际环境，有了各种不同的新条件。我们必须以原有良好的经验为基础，吸收旧教育的某些有用的方面，特别要借助于苏联教育建设的经验，来进一步建设和发展新教育。"[①]

一、新民主主义革命时期党对青年学生思想引领的实践经验

新民主主义革命时期，中国共产党结合各个阶段的中心任务，为广泛动员青年学生支持参与民族民主革命，对青年学生进行了思想教育和引领，为新中国成立初期党对青年学生的思想引领提供了重要的经验来源，极大地促进了新中国成立初期的青年思想工作。具体表现为以下几个方面：

（一）充分肯定青年及青年学生的作用和社会地位

新民主主义革命时期中国共产党非常重视青年，认为在民族解放事

[①] 钱副部长在学联执委扩大会议报告 改革旧教育建设新教育[N]. 人民日报，1950-02-26（3）.

业中，青年发挥着巨大的作用，坚持对青年采取团结教育的方针。1939年5月1日，毛泽东在《五四运动》中全面阐述了青年的作用，指出："五四后，青年发挥着先锋队的作用，引领着革命队伍。党和革命队伍如果没有青年，就无法形成合力，因此在党和革命队伍中，必须要积极地吸收广大青年参与，这样党和革命的发展才有强大的动力支持。"① 1939年12月，在《中国革命和中国共产党》的教材编撰过程中，毛泽东对青年学生的社会作用和重大意义给予了充分肯定，他指出："国内知识分子群体越来越庞大，当前还产生了一大批青年学生群，这些学生中的绝大多数拥有资本主义的先进知识，具备良好的政治觉悟，他们在当前的革命中正在起着先锋队的作用。"② 因此，中国共产党需要从各方面对青年学生进行教育和培养，如通过选拔和任用青年干部、运用多种方式培养青年骨干等，吸纳他们到革命队伍中来，真正发挥他们的先锋队作用。国共第一次内战时期，中国共产党也创建了很多干部学校，通过这些学校全面培训青年干部。全面抗日战争时期，为了把青年培养成为抗日战士，党把培养青年干部工作视为决定党事业成败的重要任务。陈云指出："要坚持干部决定一切的原则，对青年积极地教育培养，让青年的目标不要只局限于做游击队员，从长远来看，必须要努力成为党的干部。"③ 为了使广大青年具备军事本领，抗日军政大学及分校等得以建立，为革命队伍培养和输送了一批青年干部。国共第二次内战时期，为了全国解放事业，让广大青年坚定革命信念，构建起完整的共产主义人生观。根据革命发展形势的需要，还为青年干部安排了政策和业务学习。与此同时，中国共产党把一批青年学生送到莫斯科学习先进的理论和军事知识，经过培养培训，广大青年学生成了革命队伍中的

---

① 毛泽东选集：第2卷 [M]. 北京：人民出版社，1991：565.
② 毛泽东选集：第2卷 [M]. 北京：人民出版社，1991：641.
③ 中国青年工作年鉴：1985年 [C]. 北京：中国青年出版社，1986：17.

<<< 第一章 新中国成立初期党对青年学生思想引领的理论基础与实践经验

骨干力量。这样既提升了广大青年学生的素质和能力，也保持了革命队伍的活力。再如，中国共产党还认为青年学生是改造旧中国的关键力量，并对其赋予重任。如抗日战争时期，共产党指示青年学生和知识分子不但要抵抗日本的侵略，还要为争取中国的自由、民主、文明的生活而努力奋斗，希望通过广大青年学生和知识分子来改变中国落后和被压迫的现状。毛泽东曾谆谆告诫青年学生："面对日本的侵略，青年学生要具有顽强抵抗的勇气，要有为社会主义和共产主义的实现而努力奋斗的精神，从而改变中国被压迫、被殖民的处境。"①

（二）重视对青年学生进行思想引领和教育

中国共产党既重视青年群体的先锋队作用，也指出要对他们进行思想引领，毛泽东指出："青年学生包括一些知识分子，当前还没有真正地融入群众的革命斗争中去。在还没有确立为人民服务的前提下，存在一定程度的主观主义和个人主义倾向。思想上比较空虚，行动上不够坚定，尤其是在革命重要关头，很多青学生可能会脱离革命队伍，在态度上十分消极，还有一些人甚至站到了革命的对立面。"② 对于青年学生中存在的这种倾向，中国共产党必须要结合革命目标、任务和青年学生的特点，从三个方面进行引领和教育，以帮助他们确立正确的政治观。

首先，在青年学生运动方面，引领青年坚持正确的革命目标。1938年，毛泽东指明了青年学生应当承担的任务："在一般任务上，青年学生必须要全身心地投入到抗战中，做好持久战的思想准备，摧毁日本侵略，创立新中国，这项任务是要求所有人都要努力去完成的，并没有什么特别之处；但同时青年学生有自身的特殊任务和特殊利益去努力争取，如争取改善教育和学习环境的权利，参加救亡运动的权利，建立救

---

① 毛泽东邓小平江泽民论青少年和青少年工作 [M]. 北京：中国青年出版社，2003：23.
② 毛泽东选集：第2卷 [M]. 北京：人民出版社，1991：641-642.

亡团体的权利，年满十八周岁的青年有选举和被选举的权利，经济困难的学生有免费上学的权利，青年应该积极地上前线等等。"① 毛泽东在纪念五四运动20周年大会上指出："帝国主义、封建主义是当前压在中国人头顶的大山，我们的任务就是必须努力地推翻大山，建立起人民民主的制度，全国青年应该为此而努力。"② 中国共产党正是通过确定革命目标来引领青年和青年学生，尽管中国和青年个人有着曲折的发展过程，不过未来前景广阔，因此广大青年和青年学生要积极奋进，努力抗争，积极投身到中国革命中去。

其次，根据青年的特点进行思想政治教育。1946年8月26日，任弼时在提议建立青年团讲话时指出："青年团以青年作为工作对象，有其自身的特点。如果忽略这一点，青年团将无法开展工作，更不会有什么成效，只有对青年工作方式进行认真研究，才能发挥青年在各项建设和运动中的带头作用。"③ 教育是做好青年工作的关键，所以，采取适应青年教育的方法，对于教育好青年一代至关重要。毛泽东对青年学生的教育工作非常关心，经常向青年学生讲述革命道理，解释当前阶段革命所处的具体形势，解读革命理论，打消青年学生内心的疑惑，鼓励青年学生要保持高昂的斗志。在《时局问题及其他》中，毛泽东指出："1937年、1938年，时间上允许，因此经常与青年学生坐在一起，三天一小讲、五天一大讲。"④ 1937年底，抗战形势十分严峻，周恩来前往武汉大学演讲，指出青年既要在救亡事业中贡献自己的力量，也要在未来建国中积极地承担起自己的责任。对于广大青年学生来讲，必须要到

---

① 毛泽东邓小平江泽民论青少年和青少年工作增订本［M］．北京：中国青年出版社，2003：29．
② 毛泽东选集：第2卷［M］．北京：人民出版社，1991：563．
③ 任弼时选集［M］．北京：人民出版社，1987：404．
④ 吴云才．毛泽东关于青年思想政治教育的理论与实践［J］．湖南社会科学，2012(4)：58．

军队里、战地中、乡村中、敌占区等承担起救亡图存的责任。国共第二次内战时期，中国共产党在总结以往历史经验的基础上，采取了正确的斗争策略和教育方法，学生运动开展得如火如荼，发挥了极大的积极作用。此外，党的其他领导人如刘少奇、任弼时等也经常对青年学生开展思想政治教育，针对他们的一些困惑和思想问题给予解答，这一教育活动帮助青年学生消除了错误的思想，保证了正确的政治方向。

最后，坚持教育与生产劳动相结合的原则。新民主主义革命时期，中国共产党人高度重视教育与生产劳动的结合，如土地革命时期，广大青年在中国共产党的带领下，积极投身于革命根据地的建设中，并做出了巨大的贡献，他们参加农业生产，开展生产竞赛、开垦荒地，既锻炼了身体又接受了教育；抗日战争时期，国民党对革命根据地严格控制，导致很多物资无法运输到延安地区，为此，中国共产党组织了大生产运动，广大青年积极参与各种劳动，展现出了高昂的劳动热情，在这个过程中，他们强健了体魄，也勇敢地对抗了日本侵略者。毛泽东在五四运动20周年讲话中指出："延安的青年们都做了些什么呢？他们一边积极地学习革命理论，广泛探讨如何去实现抗日救国，并提出了很多的方法建议；一边还广泛地参与到生产运动中去，在开垦荒地中作出了自己的贡献。"[①] 在教育与生产劳动相结合的过程中得到了成长和锻炼。

（三）强调青年学生要与工农运动相结合

中国共产党指出，必须要由青年人去主导青年运动，并且在组织青年运动的过程中，要坚持与工农运动相结合的原则。然而作为先锋队的青年们，没有自己的武装力量，单纯凭借自身干革命是无法完成新民主主义革命任务的。党的第四次代表大会指出："通过开展学生运动，让

---

① 毛泽东选集：第2卷［M］.北京：人民出版社，1991：568.

广大青年学生密切联系工农群众,做好工农群众的宣传工作和组织工作。"① 这为青年学生的运动指明了方向。在对"一二·九"运动进行总结时,刘少奇指出:"革命的青年学生需认清这样的事实,即单纯的学生革命运动是难以成功的,并且在反动统治下也不可能坚持很长时间,因此,必须要和广大工农兵团结起来,坚定不移地服从党的领导,这样革命才能取得最终的胜利。"② 1939年5月,毛泽东在《青年运动的方向》中强调:"青年是革命运动的重要方面军,而不是主力军,主力军是广大的工农群众,青年运动方面军的力量不足以战胜反动势力。唯有把二者结合起来,才能形成所向无敌的军队,完全战胜敌人,获得革命的最终胜利。"③ 因此,青年学生要在党的领导下,团结工农大众,向他们经常宣传马克思主义理论和科学知识,动员他们参加革命。在新民主主义的各个时期,青年学生们始终与工农群众相结合,打成一片,在广阔的革命运动实践中磨炼了自己的意志,坚定了必胜的信心。需要指出的是,在解决工农革命运动的任务时,对青年运动中存在的特殊需求也不能忽视,否则,难以发挥青年在革命过程中的积极性,影响青年先锋队的作用,因此,中国共产党非常重视处理好青年特殊利益和人民利益的关系,争取做到既照顾青年的特殊利益,又要照顾到整个人民革命的利益,避免出现顾此失彼的片面化倾向。

(四) 注重用科学理论和思想武装青年学生

党在带领青年参与革命实践的过程中,逐渐意识到青年虽然敢于拼搏,富有创造性和革命性,但缺乏正确的理论指导。为保证青年朝着正确的方向发展,必须要用科学的理论武装他们的头脑。毛泽东曾告诫前

---

① 中共中央青年运动文件选编:上册[M].北京:中国青年出版社,1988:41.
② 中国青年运动史[M].北京:中国青年出版社,1984:156.
③ 毛泽东邓小平江泽民论青少年和青少年工作增订本[M].北京:中国青年出版社,2003:41.

往苏联留学的中国学生,想要取得无产阶级的胜利,就必须在原则上明确列宁主义精神。青年学生应当把研究必要的知识和理解列宁主义理论作为关注的核心。1929年,中国共产党致信留苏学生,让青年学生加强理论学习,同时还要对革命工作进行研究,用所学的理论分析中国的环境。针对国内青年学生,中国共产党同样语重心长地指导他们。如在给抗日军政大学学生讲述学习内容时,毛泽东提出,青年学生要积极学习政治理论,在政治方向上务必要保证正确,要把学习书本知识和实际结合起来,解决革命和生活中的实际问题。朱德提出:"青年干部中有很多都没有主动进行理论学习,这是不对的,必须要对马列主义、毛泽东思想进行学习,以此来武装自己,唯有如此革命任务才能真正地完成。"[1]

为了用科学理论和思想武装青年学生头脑,中国共产党还对一些非马克思主义思潮和路线进行了坚决地批判,比如国家主义派和戴季陶主义思想等,这些思想总是以"民族"和"国家"为幌子,打着"外惩强权、内除国贼"的口号,蛊惑思想不成熟的青年学生,对青年产生了非常不良的影响。对于这种情况,中国共产党和共青团对青年开展了耐心细致的教育工作,帮助他们认清了这种错误思想的本质和真相,提高了辨别是非的能力,端正了政治立场。再如在青年团内部出现的取消主义和先锋主义错误,任弼时对此进行了严厉批判,并对其产生的原因进行了全面分析,明确了先锋主义的危害性,使这两种错误的不良影响及时得以制止和蔓延,也纠正了青年学生运动中的错误思想。此外,还有学生运动中存在的"左"倾关门主义、冒险主义错误,这种思想错误在于幻想通过蒋介石、国民党抗日获得抗日战争的胜利,没有看到国民党和共产党价值观上的根本冲突和政治信仰上的本质差异,经过批判

---

[1] 中国青年工作年鉴:1985年[C].北京:中国青年出版社,1986:9.

和斗争,澄清了青年学生中不切实际的想法,使他们统一了认识,确立了正确的政治立场。

(五)发挥青年团凝聚团结青年的作用

20世纪初青年运动中,青年的作用是巨大的,然而在这一过程中所呈现出的局限性也非常明显,即缺乏统一的组织和引领。中国共产党成立后,对于青年组织和青年运动工作非常重视,并通过这两个载体开展全面的思想政治教育工作。陈独秀指出:"我们重视青年,需要通过成立青年团把青年组织起来,作为党的后备力量。"[1] 因此,中国共产党先后在上海、北京、天津等地成立了青年团组织,一经建立便吸引了广大青年的参与,规模逐渐壮大,成为团结和凝聚青年的重要载体。在中国共产党领导下,青年团团结并引领青年开展青年运动,动员他们积极投身于革命事业,为新民主主义革命培养和输送革命力量。1922年5月5日,青年团第一次代表大会召开,大会指出青年团的奋斗目标要与党保持一致,要配合党完成新民主主义革命任务。此后,各地青年团组织积极动员青年,鼓励他们广泛地参与工人运动。同时青年团还领导了学生运动,组织学生们开展了各种反帝反封建运动,广大学生在青年团的组织和领导下,以打倒帝国主义和封建军阀,实现民族独立为目标,为被压迫的民众获得解放和争取自身利益而努力奋斗。1923年,中国共产党在三大上提出,"社会主义青年团的主要职责就是对青年工人进行教育,对青年学生进行思想引领,动员他们积极投身于反军阀、反帝国主义运动中去。"[2] 再次明确了青年团的任务,即必须要团结革命工人、农民、学生等,吸引他们参加青年团。在接下来的革命实践中,青年团坚定不移地坚持党的领导,实现了对广大青年的引导,在大革命中

---

[1] 李玉琦. 中国共青团史稿:精编 [M]. 北京:中国青年出版社,2010:29.
[2] 中共中央文件选集第一册:一九二一——一九二五 [M]. 北京:中共中央党校出版社,1991:153.

发挥中重要的作用，并让更多的青年投身到了土地革命中去。如1927年8月12发布的《告全团同志书》（又称"八一二会议"），会议指出，青年团要按照党的指示和要求，及时确立自己的方针和任务，成为民主革命时期中国共产党真正意义上的得力助手。抗日战争爆发后，共青团组织根据中国革命形势和任务的要求，对工作方针进行了积极的调整，团结各阶层的青年，投入到全民族解放事业中去，通过一系列的行动，抵抗了日本的侵略，打击了国内的反对势力，为夺取抗日战争的胜利做出了突出的贡献。1935年8月1日，中共中央发表的《八一宣言》对青年学生有着巨大的引导作用，很多青年学生投身到了抗日救国运动中去。同年12月9日，北平学生在共青年团带领下，发动了"一二·九"爱国运动，这一运动也引发了全国各地学生的爱国运动，使学生的运动规模不断地壮大，参加此次运动的不仅有学生，还有社会各界民众，他们对国民党政府批捕镇压北平学生的行为进行了严厉的批判，要求国民党必须马上停止内战，这不仅给国民党施加了很大的压力，也为抗日爱国运动的开展营造了良好的舆论氛围，促进了先进思想的传播，为建立抗日民族统一战线提供了重要的支撑。为适应形势的变化和全民族抗日救亡运动高潮的到来，中共中央对青年团组织改造后成立了青年救国联合会（简称"青救会"），以扩大统一战线的范围。青救会要求国民党停止内战，投入到全面抗战中去，广泛动员青年参与抗日救亡运动。因为在解放战争初期，青救会没有坚持已有的原则和志向，一度出现了无组织的现象，难以充分发挥组织动员作用。因此，中国共产党全面分析解放战争时期的革命形势，总结了青年团的历史经验，并探讨了青年团的重建问题。经过探讨，于1946年6月达成一致意见，进行了先进组织的创建，实现了对青年的团结和需求的满足。

青年团除了团结和教育广大青年学生积极投身革命，还切身地维护青年的利益。虽然青年是广大人民群众的一部分，跟工农群众的根本利益是一致的，但青年群体作为特殊的群体，所拥有的利益和诉求也是比较特殊的，而且他们对青年团也是非常信任的，认为青年团可以维护他们的利益，这也是青年团能够广泛吸引青年加入的重要原因。因此青年团所有的工作都必须在保证不能损害青年本身的利益的条件下开展。任弼时提出："青年团需要对青年进行积极地组织团结，让他们参与到政治斗争中去，在这一过程中，必须要充分关注青年本身的利益，以往青年团没有让青年感受到这一点。"① 事实上，新民主主义革命时期，我们并不能独立地去看待青年的自身利益，它与全民族利益有着十分紧密的关系，青年的利益是全民族利益的重要组成部分。从这个意义上讲，青年团要积极动员引领青年积极参与到新民主主义革命事业中去，为新民主主义革命的成功而奋斗，只有实现国家的独立和民族的解放，青年群体自身的利益才能得到保障。

二、苏联对青年学生思想引领的实践经验

十月革命胜利后，苏联非常重视对青年学生进行马克思主义教育实现思想引领，经过三十多年的发展，积累了比较丰富的经验，这些经验既促进了苏联社会发展和科学技术的进步，也成为中国共产党开展青年学生思想引领工作的重要参考。1949年10月14日，《人民日报》发表社论指出："我们现在实施的国民教育方针虽然还只是新民主主义的，不是社会主义的，但指导整个新民主主义文化教育建设的思想体系则是马列主义的。所以，学习苏联的经验对我们来说，是非常有用且必要的。"②

---

① 中国青年工作年鉴：1985年［C］.北京：中国青年出版社，1986：53-56.
② 认真实施文法学院的新课程［N］.人民日报，1949-10-14（1）.

<<< 第一章　新中国成立初期党对青年学生思想引领的理论基础与实践经验

（一）高度重视对青年学生进行马克思主义理论教育

学校是培养国家建设人才的主阵地，青年学生的素质直接决定着社会的发展和经济建设。十月革命后苏联把对学生实施共产主义教育作为学校的首要任务。对此，列宁在政权建立初期就明确指出："学校不但应当成为一般共产主义原则的传播者，而且应当从思想上、组织上、教育上实现无产阶级对劳动群众中的半无产阶级的和非无产阶级的阶层的影响，其目的在于培养能够最后实现共产主义的一代新人。"① 斯大林指出，一切科学部门中的青年干部，"必须要掌握一门科学知识，即马克思列宁主义关于社会、社会发展规律、无产阶级革命发展规律、社会主义建设发展规律以及共产主义胜利的科学。"② 领导人对培养国家建设人才的高度重视，直接影响着苏联学校思想引领的方向。苏联党和政府曾多次在党的代表大会和有关教育法令中，强调随着苏联社会主义建设的开展，社会发展对全体人民尤其是对青年学生的思想觉悟、决心建设社会的积极性要求越来越高，因此，学校更加注重对学生的思想引领工作。1920年12月31日至1921年1月4日，苏联共产党规定了苏维埃共和国高等教育的首要任务就是必须要从政治上夺取高等学校，保证高等学校工作的革命方向，其次是从政治上教育引领所有经过高等学校学习的大学生。1938年5月全苏联召开的第一次高等学校工作者会议指出："加强对师生的政治思想教育，是当前高等学校面临的首要任务。"③ 1948年10月22日，苏联《真理报》指出："苏维埃高等学校不只是培养熟练的专门技术人才，而是要培养一大批具有思想和文化的共产主义建设者。不只是用专门学科来武装青年学生，而是要给他们最

---

① 列宁论教育 [M]. 北京：人民教育出版社，1990：184.
② 斯大林选集：下卷 [M]. 北京：人民出版社，1979：462.
③ 哈尔滨工业大学教材资料编译室编. 苏联高等学校在1933—1941年 [M]. 哈尔滨：哈尔滨工业大学出版社，1957：53.

有力的武器，就是唯物论的世界观。"

由此可见，苏联从培养新型国家建设者的战略出发，通过思想引领把青年学生培养成为具有坚定共产主义信仰的合格建设者，这是苏维埃政权的首创，对于新中国来说具有重要的借鉴意义。

(二) 通过设置政治课程对青年学生进行思想引领

为培养和造就大量苏维埃知识分子干部和忠于共产主义事业的专家，苏联教育部门通过改造旧课程体系，设置政治课程讲授马克思主义理论，实现对青年学生的思想引领。

列宁指出："对于各级各类学校，最要紧的就是政治理论的讲解"。[1] 党在教育会议中指出："旧式教授们讲授所有的社会科学课程（历史、政治经济学、法律学等），因为这些课程的性质不是狭窄专门的，不是普通的，他们能够形成听取这些课程的青年的思想意识。"[2] 20世纪20年代初，苏联党和政府重新编制了综合大学的教学计划，彻底改组了社会科学教学，设立了社会科学系，包括经济、历史、政治法律科。如1921年3月4日，根据政府决议在几所综合大学组织了由经济、法律和社会教育三门学科所组成的社会科学系，并规定了这是苏联社会主义共和国所有高等学校中所必须讲授最起码的科学基础，要求必须设立社会形态发展、历史唯物主义、无产阶级革命、俄罗斯苏维埃联邦社会主义共和国的政治制度等几门课程。毫无疑问，这些课程的设置为学校尤其是高等学校的无产阶级化，以及为社会主义建设培养新型专家的事业奠定了基础，提供了保障，同时也为新中国成立后大、中学政治课的课程设置提供了重要借鉴。

---

[1] 熊立民. 苏联学校思想政治教育概说 [M]. 上海：上海中华书局出版社，1951：15.
[2] Н·Р. 勃拉斯拉夫斯基. 苏联高等学校的最初十年（1917—1927）[M]. 哈尔滨：哈尔滨工业大学出版社，1957：15.

<<< 第一章　新中国成立初期党对青年学生思想引领的理论基础与实践经验

（三）重视政治课师资力量的培养

列宁认为："学校里有许多旧社会培养出来的教师，这就造成了从资本主义制度向社会主义过渡的困难。"① 十月革命胜利后，苏联在改造旧的社会科学课程的同时，也非常注重对新课程教师的培养。苏联教育会议多次通过决议，探讨如何培养社会科学教师，主要通过三个途径：一是从党员干部中抽调人员壮大教师队伍，从思想上影响青年学生。如1921年1月4日，苏联共产党召开的关于人民教育问题的第一次会议上，通过了《关于培养学校社会科学教师》决议，提出要以马克思主义者代替正在讲授这些课程的资产阶级思想的教师，要"立即开始由相当水平，即或没有受过完整教育的党员青年组成'红色讲授团'速成班"，"为了给这些速成班讲课，立即动员所有党员理论家，并解除并非绝对不可替代苏维埃和党的职务"。② 该措施取得了良好效果，1927年仅高等学校教授和教师中党员和候补党员的数量就达到了9%。二是创办专门学校和教师进修学校。根据列宁的倡议，成立了社会主义科学院，它的任务除了研究和探讨社会主义历史、重大理论和实践问题，还包括系统讲授社会科学的组织工作。1939年苏联共产党第十八次代表大会决定："在马克思列宁主义高等学校下面为各高等学校懂得马克思列宁主义设立半年制的进修班。"③ 这些培训班对于提升全苏政治理论课教师的水平发挥了重要的作用。三是培养研究生提高师资队伍水平。自1925年人民委员会召开会议提出培养研究生，以加强提高师资队伍建设以来，经过十几年的努力，苏联已培养出了一支精通业务的专家队伍，他们既具有学术又有学位。20世纪50年代初，苏联政

---

① 列宁论教育［M］.北京：人民教育出版社，1990：182.
② 哈尔滨工业大学教材资料编译室编.苏联高等学校的最初十年（1917—1927）［M］.哈尔滨：哈尔滨工业大学出版社，1957：15.
③ 斯大林选集：下卷［M］.北京：人民出版社，1979：464.

治理论课教师的学术水平和教学水平都有了巨大的提升。这些经验为新中国成立初期党对青年学生进行思想引领提供了直接参照。

（四）通过教育与生产劳动相结合的方式促进青年学生的全面发展

列宁明确地指出一切人都应该受教育，一切人也都应该参加劳动。列宁深刻地认识到在建设社会主义国家的进程中，青年教育的重要性，他指出没有丰富的知识、技术和文化，就不能建成共产主义。列宁把青年学习科学技术知识与培养劳动技能视为即"武装斗争""经济斗争"后的又一场战役。他认为青年的首要任务就是学习，学习任何与社会建设有关的知识与技术。列宁进一步将人的全面发展引申为人类的普遍的全面发展，特别是青年的全面发展更需要教育与劳动相结合的普遍的发挥。

在苏联，劳动是每一个公民的神圣义务，同时又是光荣、勇敢、荣誉的事业。"各尽所能，按劳取值"——这便是社会主义的基本法则。A. C. 马卡连科曾强调说："正确的苏维埃教育，如果是一种非劳动的教育乃是不能想象的……在思想教育工作中，劳动应当是最基本的成分之一。"在劳动中和为劳动而引领和教育学生，这意味着：要培养他们对于劳动的爱好与尊敬；锻炼他们有计划地及坚韧地工作的能力与习惯；形成自觉的社会主义的劳动态度，培养他们一定限度的实际劳动的经验；使学生们认识在工业和农业中现代生产和技术的基本知识；教导青年学生们重视苏维埃人民的体力和智力的建设性的劳动，使他们尽力参加劳动，热心学习和准备从事未来的劳动活动。[①]

1938年5月17日，斯大林在讲话中指出："老一辈工作者和青年科学工作者结合起来才能实现科学的繁荣与发展，未来是属于科学青年的，之所以当前一部分年轻的专家不适合工作，对工业没有用处，是因

---

① 苏联的劳动教育［N］. 人民日报，1950-03-28（5）.

为青年还只是书本上的专家。缺乏实践经验，脱离生产，自然不会成功，不是我们需要的青年专家，我们需要的专家，既要在理论上，又要在实践上，与生产关系保持紧密联系。对于那些没见过矿井也不愿意下矿井的青年专家以及没见过工厂也不愿意进工厂的青年专家，是无法战胜那些有过实践工作经历的。因此，为了避免青年专家脱离实际工作实践，必须对他们加强教育，从步入高等技术学校开始，就要让他们和生产、工厂、矿井等保持联系。"[1]因此，斯大林提出，青年学生掌握知识后，应该把自己的知识运用在实际斗争上，在现代科学技术基础上改革国家的全部经济。因此他希望青年共产主义建设者每天不管是在城市还是在乡村，都能实际地解决任何一件公共劳动的事情。广大青年积极践行着学习与生产劳动结合的原则，如1954年拿着共青团许可证到西伯利亚、哈萨克、伏尔加河流域开垦荒地的有十几万青年爱国者，他们英勇地在荒无人烟的平原上，克服生活和工作中的一切困难，开垦了一千七百亿平方米的荒地，播种了三百六十亿平方米，卓越地超额完成计划，成为苏联国内一件重要的生气勃勃的事业。[2] 斯大林还提倡共青团积极分子要把实际工作和列宁主义结合起来，只有把理论与实践结合起来，用无产阶级革命主义精神来教育青年，青年才能完成党的任务，战胜困难。借鉴这一经验，新中国成立后，党和共青团、学联广泛组织青年学生积极投身到社会实践中，实现第一课堂和第二课堂的融合，为实现青年学生全面发展提供了重要途径。

---

[1] 斯大林全集：第11卷[M]. 北京：人民出版社，1995：51.
[2] 苏联青年是共产主义的积极建设者[N]. 中国青年报，1955-10-04（4）.

第二章

新中国成立初期党对青年学生思想引领的时代环境及必然要求

新中国成立初期，国内方面无论是社会性质、经济因素、阶级构成，还是思想文化都经历了根本性质的变化，国际方面则呈现出美苏两大阵营对立的局面，可以说新中国成立初期，党面对的是错综复杂、新旧矛盾交织的政治、经济、文化和国际环境。环境的变化一方面给党的思想引领工作带来了巨大的挑战，另一方面，也为党的思想引领工作开创了新的历史局面。因此，抓住这次历史机遇，充分发挥和利用时代环境对青年学生思想引领的积极作用，创新思想引领的理念、内容及工作方式方法，用正确的思想理论武装他们的头脑，成为新中国成立后党面临的一项艰巨任务。

第一节 新中国成立初期的时代环境及其对青年学生思想引领的影响

新中国成立初期是具有丰富内涵的过渡阶段，是需要巩固基础又具有相对稳定性的完整社会。转型中的社会，人们的生产方式、生活方式、思维方式和价值体系等都会发生激烈的冲突和变革。这样的时代环境，要求我们既要注意到社会结构的巨大变化，新的政治、经济和文化

<<< 第二章 新中国成立初期党对青年学生思想引领的时代环境及必然要求

制度已经确立,同时也要看到新民主主义社会的过渡性特征,即它不是一个独立性的社会形态,因此,这使得党对青年学生的思想引领环境极其复杂,全部的思想引领都必须从这一时代环境出发,不能超越也不能落后于这实际情况。虽然党在新民主主义革命时期,积累了一些青年思想教育的成功经验,但是面对新的社会环境带来的深刻影响和巨大变化,还是要采取新的思路和对策。正如列宁所指出的:"思想家,即便受到了卓越理论和纲领的鼓舞,也无法使运动摆脱各种物质因素的制约。"① 列宁还强调:"如果不能善于根据环境的变化进行政治斗争,就不可能有完整的、长期的行动方案,也无法利用环境特点改造社会。"② 因此,党必须以社会转型的时代环境作为思想引领的出发点,确立思想引领的指导方针原则,设计思想引领的实践路径,选择正确的思想引领方法和运用灵活多样的载体,才能实现对青年学生的思想引领。

一、政治环境及其对青年学生思想引领的影响

随着新政权的创立,中国的政治制度和社会阶层结构发生了深层次的变化,中国共产党也从原来被统治、被剿灭的党,转变成为全国性的执政党,同时取得了在全国范围内对青年学生思想引领的合法主体地位,成为青年学生思想引领的领导者和组织者。这种转变不可避免地会给青年学生原有的认知和心理带来冲击,正如塞缪尔·P·亨廷顿所言:"旧制度的瓦解不可避免地会给人们带来心理的混乱。"③ 因此,根据政治环境的变化,中国共产党采取了新的思路和对策。

---

① 列宁全集:第5卷[M].北京:人民出版社,1986:327.
② 列宁全集:第5卷[M].北京:人民出版社,1986:2.
③ [美]塞缪尔·P·亨廷顿.变革社会中的政治秩序[M].李盛平,杨玉生,译.北京:中国社会出版社,1988:49.

一方面，在新的政治环境中，为了巩固新生政权，中国共产党凭借所拥有的资源和权力，依据自己的政治需求，对青年学生思想引领的目标任务、策略内容、方法与载体等施以意识形态方面的影响，并为青年学生思想引领工作提供了法律和制度保障。如《中国人民政治协商会议共同纲领》以新中国临时宪法的形式，规定了思想引领的任务，即消除封建的、买办的和法西斯主义的思想对学生的消极影响，培育学生为人民服务的观点。[①] 为国民经济恢复时期党的思想引领工作提供了法律和政治保证。在国民经济得到恢复后，党开始向社会主义过渡的总任务，并于1954年9月通过了《中华人民共和国宪法》（简称《宪法》），把党在过渡时期的总路线以根本大法的形式确立了下来。根据《宪法》的要求，中央教育行政部门先后规定，各级各类学校都要把培养社会主义全面发展新人作为教育总的指导方针，为这一时期党对青年学生开展总路线教育提供了法律和政治保障。可见，中国共产党不但要通过国家机器铲除旧社会遗留的腐朽的落后的东西，而且还要通过所掌握的资源和权力确立新的意识形态，以统一青年学生的思想认识，为促进思想引领实践的发展创造了有利的政治环境，并获取青年学生对新政权和新的社会主义制度的政治认同。

另一方面，政治制度的变革对青年学生思想引领带来了积极的影响。按照马克思提出的"社会存在决定社会意识"的理论观点，影响乃至于决定一个人的思想和人格特质的因素，除长期存留的文化以及社会习俗外，更重要的因素是所生活的现实环境，而在现实环境的诸多要素中，最具有影响力的就是制度要素。社会制度是人们必须接受的"外部现实"，这种外部现实对人们的价值观念和思维方式产生着不可抗拒的影响，从这个意义上来讲，政治制度实际上是扮演了隐形的思想

---

① 中华人民共和国史稿：第1卷（1949—1956）[M]. 北京：人民出版社，2016：24.

引领者的角色,它具有普遍的、有效的和不可抗拒的教育功能。新中国成立后,中国在政治上实行了各革命阶级联合专政的制度,因此,在思想引领方面,重点是要肃清帝国主义和反动阶级对青年学生带来的消极影响。当然对学生中存在的资产阶级错误观点,诸如散漫性、私有性、轻视劳动、超阶级观点等也需加以改造,否则会妨害他们成为很好的新中国的建设者。结束民主革命的遗留任务后,中国共产党开始通过社会主义改造实现向社会主义的过渡,无产阶级与资产阶级之间的矛盾成为中国的主要矛盾。因此,在过渡时期总路线的精神和社会主义教育原则指导下,党对青年学生的思想引领在原来的基础上继续向前发展,并不断地提高学生的社会主义觉悟。同时为培育学生养成共产主义的道德品质,党还开展了抵制资产阶级思想腐蚀的活动。在党的大力宣传和教育下,广大青年学生开始自觉地以新社会制度的思想和社会规范来要求自己。① 反过来,思想教育引领工作对社会制度的确立和稳固也起着重要的作用。对此,毛泽东提出过这样的观点:"一个新的社会制度的诞生,总是要伴随一场大喊大叫的,这就是宣传新制度的优越性,批判旧制度的落后性。"②

二、经济环境及其对青年学生思想引领的影响

经济发展状况是思想引领的基础,党对青年学生的思想引领是建立在一定的经济关系和由此形成的经济环境基础上的。马克思曾指出,物质资料生产是人类生存和社会发展的基础,人们每次都是在现有生产力所决定和所允许的范围内获取自由的,并不是人们的理想所决定的范围内,所以说经济环境在思想教育引领的实践活动中是起着基础性、决定

---

① 孙其昂. 社会学视野中的思想政治工作 [M]. 北京:中国物价出版社,2002:52.
② 毛泽东文集:第6卷 [M]. 北京:人民出版社,1999:460.

性作用的。

新中国刚建立时，我国在经济上是处于国民经济主导下的多种经济成分并存的状态，呈现出过渡性的特点。思想文化是对经济基础的反映和表现，因此，这一时期党对青年学生的思想引领，也把新民主主义纲领和方针政策作为宣传和教育的重点，明确指出要确立马克思主义的指导地位，就要不断地跟各种反动和错误思想进行坚决的斗争，需要指出的是，对于资产阶级思想，在允许私人资本主义经济存在期间，党实行了分清界限、审慎对待的方针，即在与资产阶级继续保持政治上经济上联盟的同时，也要向青年学生指出资产阶级思想的错误，通过马克思主义的立场、观点和方法，抵御资产阶级思想对青年学生的腐蚀。经过三年的努力，到1952年国民经济得到基本恢复，党正式提出了向社会主义过渡的总路线，并把这条总路线作为党和国家一切工作的指针。与此同时，根据经济任务的变化，这一时期党对青年学生的思想引领工作任务也发生了转变，转向用党在过渡时期的总路线和社会主义的思想来引导和教育学生，各大、中学和学校青年团、学联等组织根据社会主义建设和社会主义改造的任务，结合国内和国际生活中的重大事件，对青年学生开展社会主义思想的教育和引领，宣传社会主义建设，同时，与阻碍社会主义改造和社会主义建设的资产阶级思想进行长期的坚决的斗争。需要指出的是，在从私有制向公有制的经济性质过渡的后期，存在着要求过急、工作过粗、改变过快和形式过于简单化一的缺点，这使得党在对青年学生进行思想引领时，出现了教育目标要求过高，教育过程要求过快的错误倾向，而要解决这一问题，需要党着力化解各种经济发展中的问题和乱象，把工作做实做细，充分尊重教育规律和学生成长规律，才能为做好青年学生思想引领工作创造必要的经济环境。

综上所述，一方面，新中国经济的发展为党开展思想引领工作提供了物质基础和保障，经济的发展状况影响和制约着思想引领的方向和目标，另一方面，思想引领通过服务于经济建设这一中心任务，也为经济和社会的发展提供了思想保障和精神支撑。

三、文化环境及其对青年学生思想引领的影响

新中国成立初期，随着经济基础和政治制度的巨大变迁，社会的文化环境也呈现出新的变化，主要表现在：一方面，新中国成立之初，由于政治、经济发展的不平衡性和经济形态的多样性，思想意识形态和文化也表现出多元化的特点，反映新社会结构的先进文化与代表旧社会结构的落后文化同时存在，这种状况使人们在思想上容易陷入混乱和不知所措，尤其是青年学生，他们处在人生观和价值观形成的关键时期，涉世未深、经验不足，一旦受错误思想影响走上轻举妄动的道路，会对社会带来巨大的危害。因此，党需要根据这一时期文化的新现象、新特点，用马克思列宁主义、毛泽东思想武装青年学生的头脑，消除和肃清一切封建的、买办的、法西斯的思想对青年学生的影响，为青年学生健康发展保驾护航。随着社会主义改造的完成，确立了公有制为主体的新的经济基础，社会主义性质的经济、政治和教育科学文化体制也基本形成，各种不良的社会思潮被极大地削弱，马克思主义的指导地位得到了加强，广大青年学生在党的思想引领下，普遍确立了马克思主义世界观，提高了社会主义觉悟。

另一方面，经济、政治和文化的巨大变革，对社会各阶层的社会心理产生了巨大的冲击。如广大的知识分子和青年学生内心产生了剧烈的变动，表现出十分复杂的心理状态，绝大部分的青年学生和知识分子对中华民族的独立和新中国的成立表示欢欣鼓舞，在思想上、政治上表现出对祖国和人民的极大热爱。如梁漱溟就曾说："国庆日的当天，我感到十分高兴，感受到了中华民族新的生命开始了，而这都是因为中国共

产党的正确领导。"① 和梁漱溟一样的，还有老舍、冯友兰、李四光等为代表的很多知识分子，选择了留在大陆，并立志用自己的知识为新中国的建设贡献力量，这部分知识分子的态度影响着在校的青年学生，他们在思想改造运动中充当了急先锋。不过有部分青年学生和知识分子，被旧的思想影响较深，对共产党的方针存在着误解和偏见，对共产党的执政纲领持怀疑态度。如冯友兰曾坦言说："新中国刚成立时，我对共产党是有犹疑地，觉得自己不是共产党员，跟党也没有直接关系，因此很长时间以来都没有明确声称自己拥护共产党和毛主席。"② 来自河南大学的学生说到，刚开始进行思想改造时，内心充满了疑虑和排斥，觉得短期的政治学习不符合大学的教育目标，对老干部的作风不满。经过一段时间的学习，他们在思想上获得了很大的进步，对党的领导和推行的政策也开始认同，并自觉地进行自我批评和改造。然而在后期进行组织清理时，没有界定好思想改造与组织清理之间的界限，导致一些地方不同程度地出现了思想问题政治化倾向、思想改造方式方法简单粗暴等问题，有的学校甚至发生了乱检查、乱控诉、乱斗争的事件，让很多知识分子和青年学生感觉压力很大，并产生了消极无奈和逃避的心态，如费孝通说："感觉到自己百无是处，恨不得把过去的历史粉刷在黑板上擦得干干净净。"③ 这种心理状态在当时有相当的代表性，反映了知识分子和青年学生面对社会的巨大变迁，内心产生了复杂而又微妙的变化。虽然这种偏差及时得到了纠正，但还是形成了一定的消极影响。特别是青年学生正处于三观逐步形成的阶段，在他们思想深处留下了更为深刻的印记。因此，这要求党在对青年学生和知识分子进行思想引领和改造时，必须了解分析他们的心理活动，而不能简单粗暴地对待，否则

---

① 梁漱溟全集：第6卷 [M]. 济南：山东人民出版社，2005：838.
② 蔡仲德. 冯友兰先生年谱初编 [M]. 郑州：河南人民出版社，1994：359.
③ 费孝通. 我这一年 [N]. 人民日报，1950-01-03 (5).

只会带来适得其反的效果。

四、国际环境及其对青年学生思想引领的影响

新中国成立初期的国际环境,主要表现为美苏两极格局的对立,这种对立也意味资本主义和社会主义两种制度的冲突,在这种格局的支配下,中国必须采取"一边倒"的外交策略。对此,毛泽东强调:"一边倒的策略是建立在孙中山四十年经验和共产党二十年经验基础上的选择,要想获得最终胜利,只能一边倒,不存在第三条道路。"[①] 那么究竟向哪边倒?则取决于美苏两个大国对中国的态度和中国共产党一直以来坚持的意识形态。

美苏两国对新中国的成立态度完全不同,美国凭借其经济和军事上的优势地位,对新中国采取了全面封锁和禁运的措施,企图通过孤立中国达到遏制中国的目的。并于1950年12月,以中国人民志愿军支援朝鲜抵抗美国进攻为借口,挟制联合国对中国实施全面封锁和禁运并最终得逞,让中国陷入异常艰难的国际环境中。而跟美国相反,苏联此时通过强化对东欧的控制,加速了"苏联化进程",希望中国能够加入社会主义阵营,壮大自身力量以抗衡美国的资本主义阵营。因此,新政权刚成立,就得到了苏联政府的承认,苏联对新中国的积极态度,使很多新民主主义国家也很快承认了我们的新政权,这使原本立场不太坚定的人安定了下来,对党和人民政府的实力更有信心了。1950年2月14日,《中苏友好同盟互助条约》正式签字,成为新中国成立后与外国政府签订的第一个建立在平等基础上的条约。这一条约同旧中国与帝国主义列强所签订的一切不平等条约形成了强烈的对比,是中国外交的胜利,成

---

① 毛泽东选集:第4卷[M].北京:人民出版社,1991:1473.

为第二次世界大战后国际政治中最重大的事件。对此，毛泽东评价说："中苏条件的签订意义重大，不仅巩固了两国的关系，也让我们能够更快地投入到国内的建设中。"① 正是新中国成立初期美苏两国对华完全相反的态度，更加坚定了我们"一边倒"的决心。

这样的国际形势和外交策略，对党的思想引领工作也产生了直接的影响，我国相当长一段时间内都把学习和借鉴苏联的教育模式作为我国的重要策略。毛泽东说："苏联共产党就是我们的最好的先生，我们必须向他们学习。"全国第一次教育工作会议指出："在新教育的建设过程中，要特别重视借鉴苏联教育的先进经验。"② 苏联学校的思想教育经验自然也是我们学习的重点内容。如1949年5月5日，俄罗斯社会主义联邦共和国教育部长指出："当前，在学校里开展思想政治教育，最重要的任务，是要用苏维埃爱国主义精神去教育引领学生，使他们掌握马克思列宁主义世界观。不仅政治课程是这样，其他的专业课程的老师们，在讲授时都应注重引领学生增强对祖国的热爱和对共产主义理想信念的坚持。"③ 在借鉴苏联思想教育经验的基础上，中国共产党高度重视学校的政治思想教育，通过在学校开设政治课、业务课以及时事政治课等课程，向学生灌输无产阶级思想和马列主义理论，培养学生成为忠实于社会主义的合格建设者和接班人。如全国第一次中等教育会议指出："使广大青年学生在德、智、体、美等方面全面发展，爱国主义教育不仅是学校教育的基础，而且是当前紧迫而又重要的任务。学校里的政治课要把系统的理论讲授和解决学生思想问题统一起来，最终目标是

---

① 毛泽东文集：第6卷[M]. 北京：人民出版社，1999：67.
② 何东昌. 中华人民共和国重要教育文献（1949—1975）[M]. 海口：海南出版社，1998：8.
③ 俄罗斯社会主义联邦共和国教育部长渥兹捏辛斯基：苏联学校的政治思想教育[N]. 人民日报，1949-05-05（4）.

培养他们成为新民主主义社会合格积极分子。"① 同时我们应该看到,"一边倒"的外交策略使得原本对立和冲突的资本主义和社会主义意识形态进一步加剧,受其影响,党在意识形态上采取了厚此薄彼的态度,即对资本主义意识形态采取了全面否定的态度,这种二元对立思维方式对党的思想引领工作也产生了直接的影响,致使青年学生在对待资本主义的东西时不能采取客观辩证的态度,反而采取了"一棒子打死"的做法。在意识到这个问题后,党对学生思想教育工作及时地进行了纠正,指出,在对待资本主义经验和苏联经验时,要克服全盘否定和照搬照抄的错误倾向,注意吸收外国的一切有益文化成果,努力开创社会主义的民族的、科学的、大众的文化建设工作。

第二节 新中国成立初期党对青年学生思想引领的必然要求

新中国成立所带来的社会转型,使青年学生面临着社会环境的巨大变革和历史性转变,处在复杂环境中的青年学生,思想上难免会有困惑和彷徨。旧的腐朽的封建思想、国民党统治留下的落后的反动思想、资产阶级腐朽思想等都影响着青年学生,加之国际反华势力趁机进行渗透西化,导致非马克思主义、反马克思主义思想的声音屡见不鲜,青年学生意识形态领域极度混乱,思想复杂多样。因此,党必须从新中国成立初期的时代环境出发,用统一意识形态凝聚和统领青年学生的思想,消除青年学生中存在的各种反动和错误思想,从而在共同思想认知的基础上去建设新中国。

---

① 应该重视和办好中等教育[N]. 人民日报, 1951-04-05 (1).

一、各种思想混杂，需用统一意识形态来引领

新中国成立之初，社会的巨大变迁和转型使思想观念领域呈现出多样化和复杂化的特点，各种思想混杂，相互交织、激荡。封建的、反动的和腐朽的资产阶级思想依然存在，并有着广泛的影响，一些非马克思主义观点依然活跃。对青年学生而言，他们一方面对新中国的建立和民族的独立欢欣鼓舞，充满自豪，另一方面，受阶级出身和旧教育的影响和制约，在他们思想中不同程度地留有旧社会的痕迹，对执政党的理念和新的社会主义制度并不了解。新中国成立以来，他们中有些人以前对马克思主义有所了解，也有些人对马列主义根本是一无所知，甚至还有很多人对马克思主义和共产党心存误解。如1950年2月，北京市人民电台广播对一年来师生的教育情况做了总结："当国家接管旧的教育机构时，部分师生因受国民党的蛊惑和蒙蔽，对共产党和人民政府心存疑虑，对中国和苏联之间的关系以及土地改革都存在着一些偏见和误解。"因此，从原有旧社会遗留下来的非马克思主义、反马克思主义包括国民党统治区的反动宣传，依然在对新中国成立后的青年学生产生着影响。这些主要表现在以下几个方面：

首先，新中国成立初期，广大青年学生特别是大学生相当一部分出身于剥削阶级家庭，受家庭环境的影响，不可避免地具有封建落后的思想，甚至有不同程度的资产阶级思想存在。1950年2月20日，钱俊瑞副部长指出："目前，从全国范围内的高校来看，学生中的主体还是来自剥削阶级家庭，出身工农家庭的学生只占很小一部分。"[①] 周恩来也曾指出："新中国成立前，除非你出身于地主或资产阶级家庭，通常是

---

① 钱副部长在学联执委扩大会议报告 改革旧教育建设新教育［N］.人民日报，1950-02-26（3）.

没有机会接受大学教育的。即便是今天,大学学生的身份基本上还是资产阶级或者是地主阶级。"① 这些学生一方面受剥削家庭环境的影响,经常与剥削阶级接触,思想上容易产生情感,而跟劳动人民之间却有隔膜,因此,难以分清剥削与被剥削阶级的界限,缺乏明确的阶级立场;另一方面,他们之前接受的旧政权教育内容中,充斥着封建思想和资产阶级思想的内容。如新中国成立初期封建思想的残余在全国各校表现得还很突出,对此,1952年12月22日,李士和在中学团员团课中提道:"学校团内中究竟还有多少封建残余思想?封建残余思想还影响着很多团员和同学,当然程度、角度不同,但是总体来说还是很多的。比如有的男女同学不敢接近,跳集体舞时男和男,女和女跳,有的队员跳也不拉手,有的同学特别是女同学,在集体场合,不愿单独和男同学接触,但在学校中又不太能这样,有时就碰在一起,有的同学就起哄。有学校一个女同学追求进步申请入团,找男生借团章,大家纷纷质问,借团章为什么非要找男生借呢?这样造成很大的压力,使她不敢接近男生。不少女同学包括女团员不敢或认为不应该和男生在一起,和男生接近就是搞恋爱,恋爱就是不正当的,就是乱搞男女关系。包括不少团员干部虽没有公开宣传三从四德,但认为妇女应该守规矩,主张走路别到处看和别人不熟别借东西,这种现象比较普遍,一部分同学中有这种思想,另外一些同学也认识不清而迁就、屈服。这种现象说明学生深受封建宗法思想影响,认为作为妇女就应该温良恭俭让,认为活泼一点就是失身份。在一些男同学中存在着男尊女卑的思想,认为大丈夫要比女流之辈强大得多,甚至有少数男同学对女同学采取侮辱讽刺态度,封建思想很浓。"② 可见,封建思想的残余还在影响着青年学生,必须要对其进行

---

① 周恩来选集:下卷[M].北京:人民出版社,1984:16.
② 青年团员要和封建宗法思想作斗争[A].天津:天津市档案馆,X0048-C-000305-017.

思想教育和改造。

其次,受资产阶级腐朽思想的影响。因为新中国成立前即国民政府统治时期的教育,深受西方资产阶级教育影响,教育制度大多都是借鉴资本主义国家的。资产阶级为了培养一批为资产阶级服务的雇佣技术人员,在教育中贯彻了单纯重视技术、轻视劳动、轻视政治的教育观点。并且美国不断地发动文化宣传,在宣传攻势下,学生们对资产阶级的生活方式充满了向往与追求,主要表现在:一方面崇拜美国的物质文明,觉得美国科学技术好,生产力强。学科学只有学英文,苏联没有纯科学,觉得美国的钢笔好、手表好、卡车好、歌谱好。这种思想特别是在理工学院同学中间存在比较普遍,他们反对美帝国主义侵略,但不能正确地认识美国的科学技术,夸耀敌人的物质力量。一部分进步同学对这种思想也没有正确认识,如天津大学化工系同学,暑假到大连实习,参观石油展览会时,见到石油世界产量是美国第一,有的同学就说,还是美国好,进步同学也颇以为然。另一方面崇拜美国的生活方式,主要是在落后同学中,他们向往美国的享受、自由恋爱的资产阶级堕落生活,如天津大学有一同学床头上一直挂着美国电影明星照片,屡经劝导不听,自己还常看美国小说,如《基督山恩伯爵》幻想有一日变身为富翁,可以随意玩弄女性。津沽大学有一些同学仍常看美国生活画报,听美国唱片。河北医学院几个女同学在谈喜欢穿什么衣服时,有同学就说,瘦腿裤、港式头、高跟鞋,有的视美国装饰品如宝物,经常买美国货。① 这些崇美思想存在的背后原因是对美帝国主义的制度和本质缺乏深刻地认识。崇拜美国的物质文明往往成为恐美思想的基础,对美国机器、钢铁的崇拜在战争问题上就表现为恐惧美国飞机、大炮;崇拜美国生活方式又往往与亲美思想有着密切联系,因此崇美思想未解决,恐

---

① 大学生政治思想情况通报 [A]. 天津:天津市档案馆,X0048-C-000289-008.

美、亲美思想也不能彻底肃清。因而这部分接受过西方资产阶级教育的学生，尤其是在英美等资本主义国家受过教育的归国留学生，他们对共产党执政的认识和广大劳动人民的认识，无疑是有巨大差距的，他们中相当一部分对原有的旧的意识形态还有难以忘怀的感情。社会主义在新中国还是一个新生事物，对他们而言需要一个接受和消化的时间，但青年学生思想深处对旧意识形态的不舍和对共产党执政的怀疑、偏见，不利于青年学生发展成为各条战线上的专门人才和领导骨干，鉴于此，必须对其进行教育和引领才能更好地服务于新中国的建设与发展。

再次，国民党反动势力的蛊惑和争取，使一部分学生对国民党心存幻想。在国民党统治时期，他们为争取广大青年学生，曾一度通过集体吸收的方式接收青年学生加入三青团组织，在国民党的大力扶助下，绝大多数的高等和中等学校都设立了三青团组织，吸收了大约一半甚至有的学校是三分之二的学生加入该组织，然后对其进行反共教育，导致这些青年学生一开始就对共产党抱有排斥和恐惧的态度。对此，1937年5月15日，在关于抗日民主与北方青年的谈话中，毛泽东有过阐述："北方青年在资产阶级改良主义的影响下，逐渐地从前线退到后方，从积极奋进转向平凡安静，从领先地位被拉到尾巴地位，他们在民族民主革命中的领导作用正在一步步地被浇灭。"[1] 解放以后，共产党对加入三青团组织的学生进行过甄别，但仍然有少部分政治历史有问题的学生混入了共产党的各种学生组织中，这部分学生立场摇摆不定，对国民党还抱有很大的期望。如有学生就说："蒋介石还是有能力的好人，抗战就是在他领导下取得胜利的，只不过是下面的人在做歹事。"[2] 1954年，河南大学学生王宝善在《自传》中写到，当开封解放后，我跟随同学前

---

[1] 毛泽东邓小平江泽民论青少年和青少年工作［M］.北京：中央文献出版社，2000：6.
[2] 李国芳.初进大城市——中国共产党在石家庄建政与管理的尝试：1947—1949［M］.北京：社会科学文献出版社，2008：25.

往江南，沿路中看到解放军对铁路、电线等进行破坏，当时就不理解，认为国家之所以贫苦，是因为共产党导致的，后来画了很多漫画，并写上"共匪"的字样。

最后，一部分青年学生立场不够坚定，存在着严重的超阶级观点。因此，在党组织和发动的政治运动过程中，质疑和反对共产党的政策，对共产党能否治理好国家以及社会主义制度是否适合中国，都有深深地怀疑和不自信，有的同学认为"共产党在军事上和政治上是有办法的，但在经济上恐怕是没有办法了"。同时思想深处对共产党政权和局势的急剧变化表现极为恐惧。如当时有学生认为共产党会实施所谓的"三十六杀""八大刑"，会杀死中学生，烧死大学生，建立工农社会。因此在石家庄市被占领的前一天，一些学校体育主任、训育主任、教务主任和教员等就带领学生逃到正定，试图去北平。① 再如在镇压反革命运动中，学生表现出超阶级观点，立场不够坚定，学生一般说是拥护镇压反革命，拥护政府和公安局的，认识到反革命分子是人民的敌人，但是存在的主要问题是对反革命分子的认识缺乏阶级观点，不认同反革命分子的反革命立场，同时存在小资产阶级个人主义思想，突出表现在当镇压反革命牵涉到自己的家庭时，不能站在人民立场。比如天津大学一位同学曾说道："父亲原为伪满汉奸，镇反时被枪毙，我虽同意政府的措施，但我父亲是一个慈祥的老人，枪毙有些过苛。"也有的同学认为"父亲只是一般的国民党员，为什么要管制？"他们对反革命亲属的理解是：动机是好的，只是效果不好，向上爬、人不坏，在旧社会没办法；有的则不满政府没收反革命分子财产，觉得自己生活要苦了，强调政府应照顾。相当多的同学表现为超阶级的人道主义，对镇压反革命分子觉得残忍，流露出对被镇压的反革命分子的同情，由于这些思想，在

---

① 贺平. 新中国初期高校思想政治理论课研究［M］. 郑州：郑州大学出版社，2018：48.

<<< 第二章 新中国成立初期党对青年学生思想引领的时代环境及必然要求

镇压反革命以来,广大同学很少有检举反革命分子亲友的事发生。再如武汉水电学院的学生陆德民进行总结时说:"解放前,一直拥护地主阶级,对共产党又爱又恨,入团也是为了满足自己的私心,是抱着入了团将来学校分配工作时各方面会受到特殊照顾,也能得到领导的信任。除此之外也有随大流的原因,因为团的威信在当时很高,害怕被大家说落后。对革命的认识也是比较肤浅的,解放前认为革命就是两个党派之间的争斗,对孙中山和蒋介石非常仰慕和崇拜,认为中国没有他们不行,盲目相信反动宣传,在看到共产党获得了辽沈战役、淮海战役、平津战役等一系列胜利后,逐渐意识到国民党已经回不来了,同时也看到了国民党的腐败,通货膨胀严重。但也不信任共产党,思想上是对国民党和共产党都不关心,得过且过,其实是不敢面对现实,思想上与反动派还有割不断的联系。"①

正如毛泽东所说:"我们应当批评各种各样的错误思想。不加批评,看着错误思想到处泛滥,任凭它们去占领人们的头脑,当然不行。有错误就得批判,有毒草就得进行斗争。"② 因此,面对社会转型带来的各种思想混杂的局面,党需要汲取革命时期的经验,对各种意识形态进行整合,用主流意识形态统领青年学生的思想,解决社会转型给他们带来的价值冲突和思想观念的困惑,保证青年学生沿着正确的方向,克服前进中的各种困难。

二、肃清唯心主义、个人主义等错误思想需要引领

新中国成立初期,青年学生大多受到国民党反动"党义"的教育,在平时的学习生活中具有明显的资产阶级唯心主义思想,他们认为自己

---

① 大学生政治思想情况通报 [A]. 天津:天津市档案馆, X0048-C-000289-008.
② 建国以来重要文献选编:第10册 [M]. 北京:中央文献出版社, 1994:92.

的学习跟社会主义建设没有任何关系，学习的目的不是建设好社会主义，也不是服务人民。这种脱离中国具体实践和人民需要的资产阶级思想，其本质是封建的、落后的甚至是反动的。不但滋长青年学生的唯心主义学风，也让个人主义思想在学校的意识形态领域占有了一席之地。比如在土地改革过程中，同学们虽然拥护土改，但同情地主，替地主申辩。有这种思想的同学占地主家庭出身的多数，他们理论上认识到土改对国家有利，但觉得国家有前途，我家没前途，我家是好地主，勤劳起家，分田何必斗争。我们对农民不苛，农民今天对我们倒有些苛刻。父母老了，劳动不了了，因而对土改家庭土地被分感到一种凄凉、惋惜，情绪低落。提出要站在人民立场上时，就觉得不管父母，心里不忍，人心是肉长的。他们主要是对地主阶级特别是自己家庭的封建剥削罪恶认识不清，受家庭的影响，因而不能从劳动人民立场去看土改，存在着小资产阶级个人主义思想。从个人家庭利益出发，同情家庭，也就是同情了地主。因此有的也说，干部掌握政策不好，对政府怀疑。对于那些反对土改的同学，主要是地主家庭出身的落后分子和有反动思想的同学。如南开大学东院经济系两班有八个地主出身的学生，其中有三个反对土改，并造谣说，农民生活与解放前没有两样，反而不如以前好了，干部坏透了，他们所认识的地主没有坏的。① 这些同学思想深处还是没有站在广大劳动人民的立场上，而是站在地主阶级立场上，为了维护自身利益反对土改，是个人主义的表现。再如华北人民革命大学第一、二期学员，他们中有相当一部分是来自北京和天津的青年学生，这些学生一方面在旧教育中受反动统治教育和宣传的影响，另一方面受到了剥削阶级家庭和社会环境的影响，因此，相当一部分学员还抱有个人主义和脱离工农的剥削阶级思想；也有少部分学生受反动思想影响比较严重。然而

---

① 大学生政治思想情况通报［A］.天津：天津市档案馆，X0048-C-000289-008.

随着革命形势的变化,他们的思想也在不断地转变。他们之中绝大多数要求学习改造自己。一些思想比较纯粹的青年知识分子,主动提出要改造自己的思想,为人民的革命事业而献身。这就为教育和改造提供了有利条件。①

还有些青年学生不是从过渡时期国家各方面的需要来进行学习或科学研究,反而是根据个人的兴趣和爱好来选择,个人主义倾向极其严重,认为自身的喜好和本身的专业课程胜于政治理论课的学习,对马列主义正确的人生观和价值观漠然置之。当个人利益与国家利益冲突时,个人利益不能服从国家利益。如天津大学采矿系一年级学生有二分之一想转系,因为觉得采矿系毕业要下矿、生活苦、有危险,河北医学院同学在思想上不能接受返回保定,原因是怕离开城市,怕学习受影响。南开大学东院有不少同学羡慕教授的薪金和生活,为成为教授而努力学习。② 因为学习不是从国家利益出发,在军校动员时,有些同学不能响应国家的号召。还有一部分青年学生标榜自身"保守",借机宣扬跟时势不相符的旧思想、旧文化,固守着腐朽错误的思想止步不前,拒绝接受新事物、新思想,成为当下严重的保守主义风潮。

不难看出,有些同学口头上是爱国的,但经不起实际行动的考验。1951年9月12日,蒋南翔在中华全国学生第十五届代表大会上的报告中说:"有些同学在共产党领导的政治运动中立场不够坚定,态度不够坚决,经常出现摇摆不定的情况,对政府分配的工作表现出对立情绪,敌我界限不够清晰;只关心自己的前途,对国内外发生的时事关注甚少,这种思想背后的根源,就是对个人利益和集体利益之间的关系缺乏正确的认识,没有集体意识,因此要用正确的思想理论引导和教育他

---

① 华北人民革命大学 教育改造大批知识青年[N].人民日报,1950-05-08(3).
② 大学生政治思想情况通报[A].天津:天津市档案馆,X0048-C-000289-008.

们，帮助他们克服各种错误的思想和习惯。"① 所以，要使青年学生成为彻底的爱国者，必须要对他们进行思想引领。

三、纠正逃避政治、单纯追求技术的消极思想需要引领

新中国成立初期，对于处在迷茫和彷徨中的青年学生而言，由于追求自由，骨子里又比较清高，不想涉及政治问题，让他们在政治上做出选择是非常困难和痛苦的。因此，有一部分知识分子和青年学生对政治干脆就不闻不问，一心钻研学术。可以说任尔东南西北风，是很多青年学生和知识分子当时的表现。他们希望用单纯的科学技术来服务于国家的建设和发展，而单纯技术观点的背后是他们对政治的不知所措，是逃避主义的表现，可以说，新中国成立初期很多青年学生和知识分子基本上都是这样的态度。如湖南郴州师范大学的欧阳辉谈到自己的经历时说："我在郴州师范学校学习，只管读书，报纸也不大看，我对当前的阶级斗争情况一点也不了解。有一次回到农村，听见有人说不满意统购政策的话。我想我是个青年团员，应该搜集些群众信息，谁知富农分子就趁机在群众中进行挑唆，要我批评干部。我在他们的唆使下，向乡政府提出了不正确的批评。经过这么一搞，乡政府在群众中的威信降低了。后来经乡政府的调查，证明是富农分子在搞乱破坏。而他统购统销的实际情况，却并非他们所说的那样。通过这件事，我意识到我没有用阶级观点看问题，没有嗅一嗅这些意见是善意的，还是恶意的，以致在处理问题时丧失了立场。吸收了这一次沉痛的教训后，我了解了当时的阶级斗争情况，用党的政策武装自己。"② 清华大学的仰知在谈到自己

---

① 目前学生运动中的几个问题——在中华全国学生第十五届代表大会上的报告［N］. 人民日报，1951-09-12（3）.
② 嗅觉不灵的结果［N］. 中国青年报，1955-11-19（3）.

的学习成绩下降时说道:"我会认为学工的应该与学政治的分工,因此对于社会主义建设不关心。在学习目的上渐渐渗入了个人主义的成分,一心想当工程师、专家,做个有地位有名望的人。这就使我想找一条捷径赶快学好,对着学习中的困境,不是去克服,而是发怨言。集体的事不管,新鲜事提不起兴趣。同学们老管我叫小老头,自己也觉得一点乐趣也没有,甚至有时产生了厌世的念头,结果学习成绩反而下降了,有的甚至不及格。这才使我逐步认识到政治与业务学习是不可分的。"①来自济南铁路运输机械学校的王振明提道:"我们班有些同学认为只要学好业务,将来就能当个好技术员,对大家的事情漠不关心。上政治课不专心听讲,下课也不复习,说政治课是副科。在日常生活问题上,政治空气也不浓。同学之间不能团结友爱,有的经常闹意见,甚至打架,对班级的事情也不热心,极大地影响了班集体的形成。"② 此外在功课较好的同学中则存在有不问政治想做专家的思想。有同学提出,现在学业务,将来再学政治。他们不重视政治课,不关心国内外大事,不愿参加政治活动和社会工作。认为政治是空道理,技术是真本领。实际上是怕学习政治妨碍个人的学习,思想根源是个人主义。这种错误的认识和做法发展下去,显然是非常有害的,一个新型技术人员必须要把政治和业务紧密结合起来。只有树立了共产主义的人生观和价值观,才能够真正用自己的技术服务于人民和国家。

  以上青年学生中逃避政治的消极思想,从本质上看,是青年学生内心彷徨无措地外在表现,一方面对国民党的腐败无能深感失望和痛恨,另一方面对共产党执政能力又不自信,所以抱着纯学术的观点为研究而研究。虽然初衷是好的,但是正如马克思所说,人的本质属性是社会性,我们摆脱不了社会对我们的影响,个人价值的实现需要社会给我们

---

① 学习成绩反而下降 [N]. 中国青年报, 1955-11-24 (3).
② 影响了班集体的形成 [N]. 中国青年报, 1955-12-03 (3).

提供平台和条件。技术是需要的，尤其是新中国的发展对技术的需求更加紧迫，然而技术不是孤立存在的，技术作用的发挥需要与革命政治相结合。对于新中国而言，需要的是为人民服务的科学家，青年学生只有站在人民的政治立场上，他的技术业务才能得到提高。[1] 在政治上做出选择是每个人都必然面对的，每个人在是非对错中必须有自己的立场。斯大林明确地指出，不是任何的工程指挥人员和技术人员都被我们所需要，我们需要的是对国家工人阶级政策有所了解，并下定决心去实施的人才。我们的学校时刻围绕着"为什么培养人、为谁培养人和怎样培养人"的任务来开展，我们要培养的是具有坚定工人阶级立场，具备马克思主义理论水平的技术人才。所以只有在党的教育和引领下，帮助逃避政治的青年学生走出迷茫和彷徨，认同共产党的政策和社会主义制度，才能把自身所蕴含的知识潜能充分地发挥出来，为新中国的发展和人民的幸福贡献青春正能量。

四、消除旧社会遗留的不良习气、习惯等腐朽现象需要引领

新中国的成立，并不意味着旧的习气、习惯等腐朽现象一同成为历史，马克思的社会意识相对独立性告诉我们，当社会存在变化了，社会意识并不会同时同步发生变化。虽然经过伟大的社会主义建设和社会主义改造的广泛开展，以及党对人民群众的社会主义教育的深入，广大青年的政治觉悟和道德品质有了显著的提高，但是旧社会遗留下来的不良现象，除上述所说受资产阶级腐朽思想的影响，部分学生对美国的物质文明和生活比较崇拜，进而产生崇美、亲美、恐美的现象。在青年中，还存在着偷窃、赌博、贪污腐化、破坏公共秩序等现象，大中城市的青

---

[1] 清华大学史料选编：第5卷（上）[M]. 北京：清华大学出版社，2005：65-66.

年尤为突出。据统计,1953年,上海犯偷盗罪的青年就有1216人,到1954年上半年就已经达到了986人;天津流氓分子中青年就占三分之二;北京市统计,1950年4—6月逮捕的612名严重流氓人员中,青年占380多人,1951年全部偷窃犯中,少年儿童占百分之四点七,1952年上升到百分之八点七,而1953年则上升到百分之三十五点六。[①] 青年犯罪和腐化堕落是有多方面原因的:一是旧社会遗留下来的残余和糟粕影响深远,且无法在短时间内消除。国内外的反动势力也不会无动于衷,他们把青年学生作为反抗的牺牲品,纵容和包庇青年犯罪,并从生活方式上腐蚀拉拢他们。二是一些大中城市的书店、旧书摊以及一些青年人经常去的娱乐场所,成了宣扬封建迷信、色情和暴力的场所和阵地,可以说是藏污纳垢,没有得到彻底的整顿和改造。据统计,仅上海就有2500多家的旧书摊,这些旧书摊把一些不健康的书籍租给或者卖给青年,从而使青年走上堕落犯罪的道路。三是青年团所开展的思想政治教育跟社会发展形势脱节,而且对青年的共产主义道德教育也没有给予足够的重视,一些地方的文教机构还没有将青年的道德品质教育纳入教育内容中去。因此青年批评说,青年团只管八小时,不管二十四小时,这也为资产阶级腐朽思想提供了可乘之机。

正是因为旧社会的渣滓依然存在,目前我们对资产阶级还采取联合的政策,因此,资产阶级和一些残余的反动势力就会对广大的青少年不断地腐蚀、分化和瓦解,这是我们巩固新政权和建设社会主义道路上必须正视的一股逆流。青年学生普遍存在的问题就是,认为学生的任务是学习,所以劳动可有可无,缺乏吃苦耐劳的品质,有畏难情绪,纪律松懈,尤其是一些大城市青年的腐化堕落、犯罪行为,不仅对社会稳定带来了巨大的隐患,摧毁社会公德,还极大地影响着青年学生的身心健

[①] 中共中央文件选集:1949年10月—1966年5月(第17卷)[M]. 北京:人民出版社,2013:354-355.

康，这是我们社会主义事业建设中的危险敌人。而要彻底消灭这个危险的敌人，需要伴随着整体的社会主义建设和社会主义改造的任务才能解决，认为大叫几通或通过一次运动就万事大吉的想法是不现实的。① 因此，对青年学生思想道德领域出现的这种问题进行有步骤有计划地引领和教育尤为重要。正如斯大林所指出的那样："旧社会遗留下来的不良习气、偏见以及习惯等，是社会主义最危险的敌人，欲战胜这些敌人，需要我们在工作中用无产阶级思想教育和引领年青一代，这项任务得不到执行和解决，社会主义的胜利就无法实现。"②

除上述原因外，青年学生对新中国"一边倒"的外交政策持怀疑态度。认为苏联是"赤色帝国主义"，占领中国"旅顺大连，搬运东北机器"，质疑"苏军在东北是否有强奸中国妇女"，关心"中苏合作开采新疆稀有金属金矿"，等等。③ 青年学生对于西方资本主义制度的好感以及对苏联不信任甚至反感的思想倾向，在当时两大敌对阵营对峙和两种意识形态斗争的时代背景下，是难以立足的，因此，对青年学生中存在的这种思想倾向也需要进行教育和引领。

---

① 培养青年共产主义的道德 反对资产阶级思想的侵蚀［N］.中国青年报，1954-11-02（1）.
② 斯大林全集：第6卷［M］.北京：人民出版社，1956：219-220.
③ 贺平.新中国初期高校思想政治理论课研究［M］.郑州：郑州大学出版社，2018：49.

第三章

新中国成立初期党对青年学生思想引领的方针原则与实践路径

新中国成立初期,党依然面临着严峻的形势和艰巨的任务。要继续铲除和消灭国内外的反动势力,巩固新生政权,为国民经济的恢复和发展创造有利条件,并实现从新民主主义向社会主义的过渡。因此,党对青年学生的思想引领工作必须要服从和服务于这一时期国家的中心任务,在坚持思想引领方针和基本原则的基础上,积极构建严密有效的实践路径,为实现新中国成立初期的社会变革和稳定奠定思想基础和青年群众基础。

第一节 新中国成立初期党对青年学生思想引领的方针与原则

新中国成立初期,为更好地开展学生的思想引领工作,党和国家先后制定了思想引领的方针和原则。在新民主主义和社会主义的思想引领方针和基本原则指导下,各学校和青年团都把开展思想政治教育工作作为思想引领的重要内容,为青年学生思想引领工作提供了基本的遵循和行动指向。

一、思想引领的基本方针

"一定形态的政治和经济首先是决定那一定形态的文化的",马克思主义的这一真理正确地揭示了政治、经济和文化的内在关系。因此,思想引领作为文化教育的重要表现方式,在不同的历史时期,其内容和目标也各不相同。新中国成立后,党和国家根据国民经济恢复时期和社会主义改造时期的不同目标和任务,分别确立了以新民主主义教育、社会主义教育为内容的思想引领方针,为做好党的思想引领工作指明了方向。

(一)确立了以新民主主义教育为内容的思想引领方针

从1949年10月到1952年年底,新中国处于刚刚成立后的国民经济恢复时期。新中国思想引领的基本任务是为继续完成民主革命遗留任务和恢复发展国民经济服务,实现从半殖民地半封建思想向新民主主义思想的转变。为此,党和国家继承和发扬老解放区学校思想引领和长期形成的思想政治教育工作的优良传统,在吸收旧教育某些有用的经验和借鉴苏联教育经验的基础上,确立了以新民主主义教育为内容的思想引领方针,主要锋芒指向封建的、买办的、法西斯主义的思想。

1949年9月21日至30日,中国人民政治协商会议第一届全体会议在北平举行。会议一致通过了《中国人民政治协商会议共同纲领》(简称《共同纲领》)。在当时,《共同纲领》起着临时宪法的作用。对于新中国思想教育的性质与任务,《共同纲领》明确规定:"中华人民共和国的文化教育为新民主主义的,即民族的、科学的、大众的文化教育。人民政府的文化教育工作,应以提高人民文化水平,培养国家建设人才,肃清封建的、买办的、法西斯主义的思想,发展为人民服务的思

<<< 第三章 新中国成立初期党对青年学生思想引领的方针原则与实践路径

想为主要任务";"给青年知识分子以革命的政治教育";"提倡爱祖国、爱人民、爱劳动、爱科学、爱护公共财物为中华人民共和国全体国民的公德";①《共同纲领》的一系列规定,是开展学校思想引领工作的基本指导方针。这一基本指导方针要求学校的思想引领,必须是"民族的",即彻底反对帝国主义侵略,主张民族尊严、独立和解放的,肃清殖民地买办奴化思想和民族投降主义思想,树立爱国主义思想;必须是"科学的",即着重宣传马列主义普遍真理,反对一切封建思想、唯心论和迷信思想,主张实事求是,主张客观真理,主张理论与实践一致,努力发展自然科学,普及科学知识,树立"爱科学"的国民公德;必须是"大众的",即是为人民服务的,主要是向工农开门,为占全国人口百分之九十的工农服务,切合工农利益的需要,反对为帝国主义、封建势力与官僚资产阶级服务的反动教育,树立"爱人民"、为人民服务的思想。

1949年12月23日至31日,全国第一次教育工作会议指出,新解放区的教育应充分吸收和借鉴老解放区的新教育经验、旧教育中的成功经验以及苏联教育中的成功经验,对于新解放区待学校工作安顿后,要在师生中开展思想政治教育工作,帮助他们建立起革命的人生观。同时指出,新解放区安顿后的教育,从性质上来讲,应该是新民主主义性质的,而非社会主义性质,因此,应把反封建的、买办的和法西斯主义的思想作为教育的主要内容,帮助学生树立为人民服务的思想,促进马克思列宁主义和毛泽东思想的学习,其目的是为当前的新民主主义建设服务,而非马上实现社会主义。②

这次工作会议的召开,标志着中国从半殖民地半封建教育向新民主

---

① 中国人民政治协商会议共同纲领 [N]. 人民日报,1949-09-30 (2).
② 何东昌. 中华人民共和国重要教育文献:1949—1975 [M]. 海口:海南出版社,1998:7-9.

主义教育的根本转变,此后,从中央到地方统一的教育行政系统启动,在全国范围内开始了新民主主义教育的伟大实践。

1950年2月,新民主主义青年团第一次全国学校工作会议指出:"新中国学校开展思想政治教育,是要进行新民主主义教育,并帮助学生建立唯物主义世界观和历史观,使青年学生既要掌握科学知识,又要具有进步的思想和健康的体魄。"① 1950年2月20日至22日,全国学联召开会议指出:"中国学生现在的主要任务就是要在党的领导下,团结广大学生,进行新民主主义教育和学习,任何阻碍正课或者不重视思想政治教育,完全重复旧的做法都必须给予纠正。"② 这次会议后,新民主主义的教育方针被有效地贯彻执行。1951年7月24日,教育部对于思想政治教育的任务作出明确指示,即进一步消除封建的、买办的和法西斯主义的思想在青年学生中的影响,把爱国主义思想教育放在首位,使学生树立为人民服务的思想,学校里的政治课要把系统的理论讲授和解决学生思想问题统一起来。

由此可见,在国民经济恢复时期,党和国家、青年团、学联等组织在对青年学生开展思想引领工作时,紧密结合这一时期的中心任务,贯彻执行《共同纲领》的规定,高度重视思想政治教育工作,并通过各项会议制定了以新民主主义教育为内容思想引领方针,为这一阶段的思想引领工作指明了方向。

(二) 确立了以社会主义教育为内容的思想引领方针

为了使思想引领发展适应过渡时期总路线的需要,坚持教育事业发展的正确方向,中央教育行政部门先后规定,各级各类教育都要把培养社会主义全面发展新人作为目标,使学生不仅要掌握科学文化知识,还

---

① 金铁宽.中华人民共和国教育大事记:第1卷[M].济南:山东教育出版社,1995:25-26.
② 改革旧教育,建设新教育[N].人民日报,1950-02-26(3).

要具有健康的体魄和积极向上的精神。具体规定如下：

1953年1月，政务院制定了文教工作方针，提出要把培养社会主义经济人才作为这一时期的重点任务，在教育教学质量上下功夫。这个方针标志着社会主义正规化教育制度建设的开始。至此，全国各大学、中学都把过渡时期总路线作为教育教学的重点内容纳入了教学计划之中。1954年1月14日至27日，在全国中学教育工作会议上，教育部副部长林砺儒针对各中学今后的教育情况和任务作了报告，明确指出："今后中学教育教学的重点任务，就是在过渡时期总路线和总任务的精神引领下，为社会主义建设发展各方面的能力，为今后升学或参加社会劳动生产，做好思想政治和道德的准备，还有专业知识和技能、身体健康的准备。"①

1954年8月8日，教育部副部长董纯才发文指出："在中国革命进入到社会主义革命的阶段，中国的教育也要转向社会主义的内容。当前全国的大中学校教育的任务是要为社会主义培养大批合格的人才，提高青年学生的社会主义觉悟和共产主义道德品质。"② 1955年，钱俊瑞在《关于加强学校思想教育问题》报告中也强调，通过学校的教育，目的是要批判资产阶级思想，消除封建买办思想，用社会主义思想占领学生们的头脑。并指出，劳动教育应该作为思想政治教育的重点内容，培养学生集体主义意识和纪律意识。③ 不难看出，报告已经非常明确地将社会主义思想教育作为学校思想教育工作的中心任务，以进一步壮大社会主义阵地。

---

① 何东昌. 中华人民共和国重要教育文献：1949—1975［M］. 海口：海南出版社，1998：278.
② 董纯才. 为培养社会主义社会全面发展的成员而努力［N］. 人民日报，1954-08-08（3）.
③ 何东昌. 中华人民共和国重要教育文献：1949—1975［M］. 海口：海南出版社，1998：288-289.

从上述的系列规定和在大中等学校加强社会主义思想政治教育等措施中,可以看出,党在对青年学生的思想引领方向上发生的变化:即由"进行新民主主义的思想引领",转变为"以社会主义思想教育引领学生";由"肃清封建的、买办的、法西斯主义的思想",转变为"批判资产阶级的思想","并继续肃清封建的、买办的、法西斯主义的思想残余";由"培养学生全心全意为人民服务的革命人生观",发展为"为人民服务的思想",并提高到"培养学生的马克思列宁主义的世界观";由培养学生"养成爱祖国、爱人民、爱科学、爱劳动、爱护公共财物的国民公德",提高到"培养学生的共产主义的道德品质"。由此,强调了思想引领的社会主义方向,确立了社会主义过渡时期的思想引领目标。

二、思想引领的基本原则

新中国成立初期,面对社会的剧烈转型给青年学生带来的思想冲击,党密切结合青年学生的特点和这一时期的中心任务,坚持思想政治教育的原则,思想改造服务于国家建设的原则,广泛运用政治动员的原则以及坚持多种思想引领手段相结合的原则,对青年学生进行了有的放矢的引领和改造。

(一)坚持思想政治教育的原则

思想政治教育工作是中国共产党的优良传统,早在革命时期,毛泽东就指出,思想政治工作是一切工作的生命线,教育是要服务于政治的。学校教育是我国教育人民、改进社会的有力武器。1950年11月,时任团中央副书记的蒋南翔指出:"在新民主主义社会,开展思想政治教育是非常有必要的,它是新民主主义教育方针的重要特点,也是和旧中国教育方针最根本的区别。"① 因此，新中国成立后，各学校开展思想政治教育，其主要任务在于反对帝国主义，封建主义和官僚资本主义，因此，通过对学生开展爱国主义教育和国际主义教育，让学生举手赞成反对美帝国主义和蒋介石反动派，还不能算是达到了要求，更重要的是要培养青年学生忠于祖国、忠于人民革命事业的优良品质，鼓舞他们爱祖国、爱人民、爱人民领袖毛泽东的崇高热情，激发对于危害祖国、破坏和平的敌人——美帝国主义侵略者和蒋介石反动派的深刻仇恨；要以丰富的科学知识武装他们的头脑，使他们能够更有力地去参加保卫祖国和保卫和平的斗争。过渡时期总路线正式确立后，党开始用过渡时期总路线开展对青年学生的思想政治教育工作，用工人阶级思想占领学生们的头脑，进一步肃清资产阶级思想的毒素，提高他们的社会主义觉悟，壮大社会主义阵地。因此，思想政治教育是对青年学生进行思想引领的关键，也是这一时期思想引领工作取得成效的重要经验。

事实上，古今中外，在阶级社会中，统治阶级都会把思想教育作为实现自己政治目标的重要途径，任何政党所开展的思想教育活动都带有强烈的政治目的，即使是西方资产阶级也毫不掩饰其思想教育活动的阶级立场和政治意图。约翰·洛克曾直言："资产阶级的教育是为了培养一大批服务于资产阶级的'绅士'，使他们在任何时候都可以做好拿起武器去战斗的准备。"② 以美国为首的当代西方资产阶级思想政治教育目的更明确，就是维护整个世界资本主义体系的利益，千方百计颠覆和演变社会主义政权，奴役和欺负第三世界的国家和人民。蒋介石也直言不讳地指出："教育的任务就是提高民族固有的道德，各级各类学校，

---

① 论学校中的思想政治教育［N］. 人民日报，1950-11-12（3）.
② 曹孚. 外国教育史［M］. 北京：人民教育出版社，1979：315.

不允许有自由,这种自由应该全部贡献给国家。"① 思想政治教育对于中国共产党而言,同样具有一定的阶级性和政治性,习近平总书记曾强调:"党的青年工作是一项政治性极强的工作。"② 不同的是,共产党代表的是无产阶级和广大人民群众的利益,它所开展的思想政治教育工作是为了更好地维护无产阶级的统治地位。新中国成立初期,党通过开展思想政治教育,使学生增强了对新政权和新制度的认同,适应了社会生活的巨大变化,充分发挥了思想政治教育对社会经济和政治生活的"生命线""政治优势"等作用。③

(二) 坚持思想改造服务于国家建设的原则

列宁明确指出,在革命战争取得胜利和无产阶级获取政权后,党的政治教育工作就必须要调整到为党的经济建设服务上来。马克思指出,经济基础决定上层建筑,一定的思想文化是对经济基础的反映。新中国成立初期如果没有物质生产力的发展和国民经济的恢复,新民主主义的政治和文化建设,就缺乏相应的依靠和根基。教育部副部长钱俊瑞指出:"新经济的建设是新文化建设的基础和前提条件,同时新文化对新经济具有推动和指导作用。"④ 因此,思想政治教育必须要为经济建设服务。1951年,第一次全国宣传工作会议指出,随着党的中心任务和其他各项事业的发展,必须要加强党的思想政治教育工作为经济建设和生产工作服务。各级各类高等学校和中学开展的思想政治教育,也是要

---

① 中等学校校训法令汇编. 对四川省中等以上学校校长主任训词 [M]. 成都:四川省教育厅,1941:230.
② 习近平关于青少年和共青团工作论述摘编 [M]. 北京:中央文献出版社,2017:69.
③ 何一成,王辉,伍屏芝. 中国共产党思想政治教育史 [M]. 长沙:湖南大学出版社,2016:5.
④ 何东昌. 中华人民共和国重要教育文献:1949—1975 [M]. 海口:海南出版社,1998:22.

服务于国家的经济建设。对此,教育部部长马叙伦强调:"我们对于学生的思想教育,无论在内容、制度、方法等各方面都要紧密结合国家的经济、政治、文化和国防建设的需要,尤其是要以经济建设为中心,因为经济建设是国家其他建设的根本。"① 这一思路和原则的确立,是根据国民经济恢复过程中建设人才极度缺乏的现实状况提出的,当时国家需要110万~125万工业建设人才,可是学校培养出来的毕业生只有4万人~5万人,远远满足不了现实需求,为缓解这一问题,教育部作出了理工科毕业生提前一年毕业的决定。对此,周恩来总理在全国教育工作中指出:"当前我们正处于国民经济恢复时期,需要人'急',需要才'专',所以高等教育要根据我国经济发展确定培养计划和目标。"② 1951年8月,周恩来再次强调指出,人才匮乏是我们当前开展各项工作和建设时面临的最大难题,无论是经济建设、国防建设,抑或是政权巩固等方面,都急需人才补充。可见,培养青年学生满足国家各项建设对人才的需要,已经成为当时急迫的现实问题。

事实上,党对青年学生思想引领的具体实践中,也是紧密围绕这一时期的中心任务展开的。如从1950年到1951年抗美援朝期间,党在开展爱国主义和国际主义宣传教育的过程中,强调不要四面出击,要把一切积极力量集中起来推动国家经济的恢复。土地改革运动中,通过思想教育和宣传工作,广大青年学生认同土地改革改政策,最大限度地孤立地主阶级,并用所学的知识和技能更好地为社会做出贡献,实现从精神向物质的转化,推动了农村生产力的发展,改善了农民的生活。社会主义改造时期,党紧密结合"一化三改"的任务,对学生开展了关于过渡时期总路线内容的学习和教育。对此,习仲勋在宣传工作会议中提出了这样的观点:"在宣传国家方针、政策时要紧密结合总路线的内容,

---

① 高等教育文献法令汇编:1949—1952 [M]. 北京:高等教育部办公厅,1958:2.
② 周恩来教育文选 [M]. 北京:教育科学出版社,1984:9-10.

这样才能明确方向，而不至于陷入琐碎的事务主义中。但是不能空泛地谈论社会主义和共产主义理论，还是要关注和解决人们的实际问题和具体任务，否则就会使工作陷于抽象化和空洞化的局面。"① 因此，在实践中需要将过渡时期总路线的宣传教育和实际任务、政策统一起来，这样才不会顾此失彼，在思想引领中出现右或者"左"的偏向。总之，党在思想战线上的根本任务，是从思想工作上，调动青年学生的积极性和主动性，努力学习、齐心协力实现党的总路线。而这些只有通过党的思想教育和引领，在思想上取得胜利，才能更好地完成任务。

（三）广泛运用政治动员的原则

所谓政治动员是指阶级、政党或者政治集团及其代表人物为达到某种政治目的而实施的政治宣传、教育和激励活动。在民主革命时期，共产党运用政治动员手段在凝聚资源和力量方面发挥了巨大作用，广大民众通过这种方式接受了党的纲领与政策。塞缪尔·P.亨廷顿曾说过："在东方类型的革命中，政治动员是导致旧政权灭亡的主要原因。"② 面对新旧政权的交替，在党的领导下，相当一部分具有革命热情的青年学生迅速地融入了时代的洪流中去，在这一过程中，他们不仅完成了思想上的自我改造，也增强对党的方针政策的理解和认同，以实际行动参与到社会各项活动中，推动了时代前进的步伐。

青年学生是知识分子中最富有活力和创造力的群体，因此也一直都是各党派争取的对象，共产党善于通过政治动员加强对青年学生思想的改造，凝聚学生，吸引学生。新中国成立之初，在同党派民主人士交谈时，毛泽东指出土地改革属于千载难逢的机遇，欢迎民主人士去看看。

---

① 党的宣传工作会议概况和文献：1951—1992［M］.北京：中共中央党校出版社，1994：64.
② ［美］塞缪尔·P.亨廷顿.变革社会中的政治秩序［M］.李盛平，杨玉生，译.北京：中国社会出版社，1988：243.

同样对青年学生而言，参加土地改革也是一次思想改造的难得机遇，党抓住这次千载难逢的机遇，组织动员广大的青年学生和知识分子积极参与到这场改革中去，实现了对学生思想的教育和改造，通过发挥青年学生的优势解决了土地改革中的一些问题。因此，1951年4月，政协专门成立了三大运动筹备委员会，积极动员和组织全国各党派团体和各界人士广泛参与，最后共吸收了60107人，组成了47个土地改革队分别奔赴华北、华东、中南、西北等地。作为知识分子中最具有政治活力的青年学生，在党和国家动员下，纷纷响应号召参加了土地改革运动。如1951年8月23日，北京土地改革团中师生就有800多人奔赴中南地区参加土地改革，广州土地改革团的师生有5600多人。① 抗美援朝运动中，党中央发布了各种开展抗美援朝运动的指示，动员全国人民行动起来，以抵抗美国的侵略行为，并坚决肃清崇美、亲美、恐美的错误思想，形成对美帝国主义的仇视和愤恨的态度。全国各地学校根据指示的精神，通过开展时事报告会、讲演座谈会、话剧板报等多种形式，动员学生支援抗美援朝运动。从全国范围来看，这次宣传动员运动在我国历史上也是空前的，参加动员的群众情绪激昂，态度坚决，愿意用实际行动支援抗美援朝。据统计，全国参加这一运动的人几乎达到了80%，他们从中接受了一次爱国主义和国际主义的教育。在"三反""五反"运动期间，党通过下发《关于镇压反革命活动指示》和《中华人民共和国惩治反革命条例》，积极动员青年学生参加镇压反革命运动，揭发和检举隐藏在学校内部的反革命分子或者有反革命行为的亲属，配合学校完成反动党团登记任务等。广大学生通过参加"三反""五反"运动，提高了对反革命分子的警惕性，划清了敌我界限。

在社会主义改造时期，党和国家紧紧围绕过渡时期的总路线和总任

---

① 于风政. 改造：1949—1957年的知识分子思想改造［M］. 郑州：河南人民出版社，2001：44.

务，号召和动员广大青年学生投入国家工业化建设中去，如在第一次全国高等师范教育会议中，时任教育部副部长韦悫指出："为配合当前过渡时期国家的建设计划，学校教育需按照国家的总路线进行一番新的布置。"① 在广泛动员下，全国各地学校开始组织师生学习总路线，毕业生纷纷投入有利于国家工业化建设的岗位中去。如北京各高等学校教师、学生和职工已于1953年11月中旬开始学习国家在过渡时期的总路线。北京、天津等地的高等学校13000多名毕业生走上建设工作岗位，上海市、广东省各高等学校6000多名毕业生参加国家建设工作。1953年7月，有30000多名毕业生从全国高等学校毕业，即将走上工作岗位，在国家五年建设工作计划领域大展身手，他们为能服务于国家建设而感到自豪，并纷纷表示积极配合，努力工作，保证完成国家交代的任务，决不辜负党和学校的期望。②

第二节　新中国成立初期党对青年学生思想引领的实践路径

为帮助青年学生树立正确的阶级观点和政治观念，培养共产主义道德品质。党经过精心部署和安排，从课程设置、政治运动、社会实践、其他形式四个维度，构建了逻辑清晰、系统完整的思想引领实践路径，并在实践中取得了显著成效。

---

① 第一次全国高等师范教育会议开幕 [N]. 人民日报，1953-09-30（3）.
② 全国高等学校在今年暑期中将有三万四千多人毕业参加建设 [N]. 人民日报，1953-07-14（1）.

<<< 第三章 新中国成立初期党对青年学生思想引领的方针原则与实践路径

一、课程设置：通过政治课、业务课、时事政治课进行思想引领

新中国成立后，在各高等和中等学校中，党对青年学生的思想引领主要是通过开设政治课、在业务课中渗透思想政治教育内容以及时事政治课等课程实现的，并在实践中取得了显著成效。正如蒋南翔在《论学校中的思想政治教育》中所指出的："解放以后，全国各大学和中学，都开设了公共必修的政治课程，开展了轰轰烈烈的思想改造运动，总体上来讲，这种思想政治教育都是有效果的，并且成绩是主要方面，解放以来全国广大青年学生之所以能在政治上取得进步，不可否认学校中的思想政治教育起了很大的作用。"[①]

（一）通过开设政治课对学生思想进行教育引领

1949年12月23日，第一届教育工作会议上教育部长马叙伦指出："帝官封三座大山的推翻，意味着旧教育服务的经济基础的消亡，新的教育是对新经济基础的反映，即民族的、科学的、大众的教育，因此各级学校的师资、课程以及教育方式方法都要进行彻底的和有计划有步骤的改革。"[②] 这明确了政治课程的性质和任务，为当时的大中学校政治课的发展指明了方向。

1950年2月20日，钱俊瑞副部长在《改革旧教育，建设新教育》的报告中指出："改革旧教育，建设新教育，就要对当前学校的课程进行改革，取消反动课程，设立政治课程是改革的首要措施，中学开设政

---

① 蒋南翔. 论学校中的思想政治教育 [J]. 新华月报，1950（1）：6-8.
② 何东昌. 中华人民共和国重要教育文献：1949—1975 [M]. 海口：海南出版社，1998：10.

治课在当前是必要的。新区和老区都要把加强政治学习提到重要位置。"① 根据这次讲话精神,各大中小学校均按照老解放区的经验和教育部关于加强政治课的指示,纷纷对现有的课程作了调整与改革。如各类中学方面的规定有:1950年8月1日,教育部出台的《中学暂行教学计划》中明确指出,政治课是初中和高中必须要开设的科目,并排在其他学科之首,课时为每周2课时,一学年为240课时。此后,结合中学政治课开展的实际情况,教育部又先后下发了《关于进一步改定中学政治课的名称、教学时数以及政治课变更》等通知,经过调整修订和完善,逐步确立了中学政治课的基本框架。② 这一时期,各高校的政治课程是以马克思主义基本理论和毛泽东思想为主要内容,其中"辩证唯物论与历史唯物论""新民主主义论"和"政治经济学"是最早设置的课程。在此基础上,各学校对政治课程进行了改革。如1950年1月,清华大学各院系在党委领导下开展了课程改革工作。以历史系为例,解放以前学校所开设的课程更多是从西方立场来讲述对中国的侵略历史,缺乏马克思主义唯物史观立场,导致学生对中国被侵略的历史缺乏客观和真实的认识。在讲授中国通史过程中,鼓吹大汉族主义,鄙视少数民族,不重视人民群众的历史作用。对此,历史系对课程内容进行了改革,将近代史作为研究的重点,用马克思主义观点和方法看待和分析问题,注重对学生进行爱国主义教育。通过改革极大地提高了师生的积极性和学习的主动性。老师们也意识到,政治课的讲授不单单是学术工作,同时更是一项严峻的政治任务。除清华大学外,各高校都把政治课作为重要内容提到了议事日程,如北京大学和北京师范大学都增设

---

① 钱副部长在学联执委扩大会议报告 改革旧教育建设新教育[N]. 人民日报,1950-02-26(3).
② 课程教材研究所. 20世纪中国中小学课程标准·教学大纲汇编:思想政治卷[M]. 北京:人民教育出版社,2001:195.

<<< 第三章 新中国成立初期党对青年学生思想引领的方针原则与实践路径

了政治课程，将"辩证唯物论与历史唯物论"一课作为各院系的中心课程。"新北大"墙报还号召全体同学，开展有计划、有组织的政治课学习，从而建立革命的人生观，同时指出，在学习政治课的过程中，要结合自身的思想和学习情况，进行批评和自我批评，如是否存在非无产阶级思想，是否掌握了马克思主义理论的立场、观点和方法，在各种宣传和教育的基础上，同学们对政治课程的重视程度普遍得到了提高，并且各个院（系）还专门成立了学习小组对本课程的学习开展讨论。① 这个阶段，各高校的政治课程设置标准还未统一，为解决这一问题，1952年10月，教育部发布了统一高校政治课程的指示，对高校政治课的科目、学时等作出了具体的要求，形成了高校政治理论课体系。随着过渡时期总路线的确定，各高校对政治课程又及时进行了调整，增加了"马列主义基础"课，将"新民主主义论"调整为"中国革命史"。同年的11月，马列主义理论被纳入研究生的教学计划中，意味着政治课程的开设实现了从中学、大学到研究生的全面覆盖。

正是上述系列文件的出台和颁布，奠定了政治课程在各大中学的地位，为充分发挥政治课程对学生的思想引领作用，仅从课程设置上重视还不够，还需从加强党委领导、各部门通力配合以及不断改进政治课的学习方法和提高教师的授课水平等方面，提升政治课的引领效果。

首先，政治课是培养社会主义革命和建设合格人才的关键课程，关系到意识形态工作的大局，因此，必须加强党对各级各类学校政治课的领导。1950年8月，《高等学校暂行规程》明确规定，校长要对全校教职员工和学生的政治学习加强领导。并指出各类高校要成立政治课教学委员会，其职责主要是规范政治课教学，并为政治课的教学提供指导。在此基础上，各部门相互配合，齐抓共管。如北京师范大学为加强对政

---

① 学习辩证唯物论与历史唯物论 北大师大正积极进行[N]. 人民日报, 1949-10-15(4).

治课的领导，教务会议高度重视政治课，将其作为教务处工作中的重点任务来抓，并由任课教授及工会、学生会负责宣教工作的老师组成新民主主义论学习委员会，对全校师生的政治学习进行领导，同时把过去一院一个领导学习的中层机构调整为一系一个，由学生、教授和讲助各出一名代表组成检查组，推进各系的政治学习，在推动和检查过程中由各系主任负责。此外，学校的其他部门也为师生更好地政治学习提供了各种便利条件，如图书馆为了配合政治课的学习，在阅览室专门开辟地方陈列与当前政治课教学单元有关的参考资料。

其次，积极改进政治课的学习方法，提升政治课的效果。如复旦大学就对"地主是否存在剥削"这个问题在学生中展开讨论。在讨论前，一些出身地主家庭的学生，对佃户很客气，甚至还给佃户娶了妻子，佃户对他们家也很恭敬，学生认为他们家并不是剥削者，而讨论后，该学生理解了自己的家庭的确是一个封建剥削者，只不过手段更"高明"些。很多同学对"地主勤劳致富，养活工人农民"这一错误观点有了深刻的认识，澄清了一些混乱的思想，揭穿了地主阶级剥削的实质。正是通过理论联系学生实际的做法，解决了学生思想中的一些问题。除了开展讨论，为更好地配合政治课的学习，各学校还在课堂外进行了一些拓展和延伸，比如组织学生观看《列宁在十月》《易北河会师》等优秀的电影，给学生推荐诸如《新儿女英雄传》《钢铁是怎样炼成的》《青年近卫军》等课外阅读书目，这些电影和课外读物对于青年学生建立远大的革命理想，有很大的帮助，一定程度上也激发了学生们学习政治课的兴趣，这一时期学生们对政治课的反映良好。如北京师范大学对学生政治课学习情况进行了总结："这学期同学们对政治课的重视程度提高了，看法也改变了，上学期有同学把政治课作为副课看待，不愿意投入更多的时间和精力去学，有的同学认为对政治课的内容已经有所了解，没有必要再学，还有的同学片面地认为，政治课是给思想有问题的

<<< 第三章 新中国成立初期党对青年学生思想引领的方针原则与实践路径

同学才开设的一门课,甚至有学生觉得政治课可有可无。但是通过这一学期对马克思主义理论的学习,思想认识有了显著的进步,对政治课学习的积极性也提高了。"①

最后,提高教师自身的业务水平和教学方式方法,是政治课取得实效的关键。新中国成立初期一些教师在政治上要求进步,积极学习,但理论水平和政策水平还不高,在一些问题的认知上还不够清晰。主要表现为:对于学生中存在的资产阶级或小资产阶级思想改造的长期性和复杂性认识不足,试图在短时间内就能清除这些错误的思想,所以在政治思想方针任务上有"左"的倾向,在方式方法上有点急功近利,简单粗暴;教学上存在着理论与现实"两层皮"的现象,对新民主主义革命和社会主义发展史的讲授比较零散,与学校内部其他部门配合的不明确,没有形成合力。为解决上述存在的问题,教育部专门召开了全国教育会议,对当前理论学习中存在的偏向进行了纠正。为提高教师的政治理论水平,各学校先后采取了多种方式,包括在寒暑假组织教师开展学习会、教师培训班以及经常性的政治学习等,争取把教师们从旧知识分子改造成新时期有政治品德素养的新人。② 如东北九万五千余名大中小学教员中,绝大多数都能抽出时间进行或者参加集体学习。在高校里,大部门成立了教学研究组或讲座,主要的任务就是开展政治学习和科研工作;对教学中存在的问题进行讨论和分析;对老师们的讲义进行审查。在中学里,绝大部分学校已经实施了每日两小时的学习制度,一小时用来学习政治理论,一小时用来学习业务。全国各地还利用寒暑假时间组织老师们进行集训,如1949年寒假参加集训的老师就有三千五百

---

① 师大同学重视政治学习 改进学习组织和学习方法 [N]. 人民日报,1950-04-16(3).
② 金铁宽. 中华人民共和国教育大事记:第1卷 [M]. 济南:山东教育出版社,1995:62.

余人,达到总教职工人数的百分之六十七。各校教员在日常教学中通过相互学习观摩,在教学内容和教学方法上都有了很大的提升。武汉全市三千九百三十一名中小学教职员中,有两千余人参加过寒暑假讲习会的学习;百分之八十八的教师已组织到教育工作者工会中,有六十六个工作积极、思想进步的教职员,被提升为校长或主任;二十二个优秀的中学教师,被培养为工农中学的教师。① 在此基础上,1951 年 10 月 4 日,教育部还发布通报,制定了全国实施思想政治教育必须遵循的原则和规定,使政治课教学中存在的错误倾向得以及时纠正,也为政治课教师的教学工作提供了根本的遵循。这些完整系统的规定,奠定了新中国成立初期高校及中学政治课教学的基本框架和雏形。

(二) 通过在业务课中渗透思想政治教育的内容进行思想引领

为了对青年学生进行思想教育和引领,在党的领导和要求下,各高等学校和中等学校除了设置政治课来提高学生的马克思主义理论水平,在业务课中渗透思想政治教育的内容也是这一时期对学生进行思想引领的重要途径。蒋南翔在《论学校中的思想政治教育》中指出:"解放初期,政治课几乎承担了学校全部的思想政治教育和引领任务,这在当时是有必要的也是对的,但从未来发展来看,应该由所有课程共同来承担。"② 为了改变政治课与业务课之间是对立的这一错误认知,1951 年 7 月,召开了全国高校政治理论课教学座谈会,讨论后决定取消政治课的提法,强调了青年学生思想教育和引领不单单是政治课的任务,必须要渗透到各个业务课教学中去。1955 年 4 月,高教部副部长刘子载强调,作为新中国学校的老师,无论教哪一门课程,除了传授专业知识

---

① 提高政治及业务水平,做好教育工作! 各地大中小学教师积极开展学习[N]. 人民日报,1950-06-09(3).
② 中国高等教育学会,清华大学. 蒋南翔文集: 上卷[M]. 北京: 清华大学出版社, 1998: 401-402.

外，还要把思想政治教育的内容渗透到课程中去。这就要求专业课程编写时，在绪论部分要将本专业知识和国家建设发展实际联系起来，帮助学生树立爱国主义思想，认清自己的使命与责任，端正自己的学习态度，所以不仅应该把爱国主义教育列入政治课，贯穿到每一门专业课程，还应该有步骤有计划地延伸到课外活动中去，这样多管齐下才能对青年学生进行全面深入的爱国主义教育，达到预期的效果。

遵循这一思想，在业务课中渗透思想政治教育，成了各大中学教学的风潮，这一做法对于提高广大青年学生思想政治觉悟、促进学生全面发展，起到了显著的成效。比如当时的清华大学在进行农业教学时，组织学生去田间地头，了解农作物的生长以及农民的劳动情况，亲自体会到劳动的价值和意义，增强了对劳动的热爱；在讲授苏联卫星上天的时候，指出社会主义科技发展的速度，使学生感受到了社会主义的优越性等。中学的教师也非常关心学生的学习与生活，结合所讲授的课程对学生进行思想教育。如哈尔滨六中的语文教师宋科，在讲授《库里申科大队长》一文时，通过设置问题的方式对学生思想上的困惑进行引导。如库里申科大队长和他的航空志愿队来中国参加抗日战争的目的是什么？同学们各抒己见，有的说是为了帮助中国人来消灭日本帝国主义的，有的说是为了帮助被压迫民族的人民获得解放的。宋老师进一步追问，为什么要帮助中国人呢？同学们经过思考回答为了祖国的荣誉、为了摆脱帝国主义的侵略、为了人民的解放和幸福等，这些回答让大家对国际主义精神有了更深层次的认识，通过一堂生动的语文课让学生的思想受到了教育。① 这一情况在当时各科教学中都相当普遍。

（三）通过开展时事政治教育以培养学生的政治观念

《共同纲领》明确指出："只有对青年知识分子和旧知识分子开展

---

① 哈市各中学教学工作的改进 [N]. 人民日报，1950-01-11 (3).

革命政治教育,才能满足革命和建设工作对人才的需求。"① 这成为新中国成立初期学校开展时事政治教育的重要依据和指导方针。国民经济恢复时期,时事政治课还没有和其他的政治课一起纳入课程体系中,但是时事政治的内容在各学校都有讲授,不同学校做法有所不同,有的是把它放在马克思基础理论课中讲,有的通过专门成立"时事学习委员会"开展相关教育,还有的专门开设时事政治课组织学生学习。事实上,时事政治教育已经成为对青年学生开展思想教育和引领的重要内容,根据不断变化的实际,对学生进行时事政治教育,极大地提高了学生的政治观念,提升了学生对新生政权的认同。

按照中央的部署,在1952年前后,全国各学校结合当前的各项运动,对师生开展了广泛的时事政治教育,丰富了教学的内容,使学生从现实斗争中更好地理解理论问题。如中国人民大学在教学中为让同学们通过课堂的学习,更好地理解和掌握马克思主义的基本原则,教师们在讲授过程中,经常采用理论联系实际的做法,结合国内外的情况和党的政策,帮助同学们分析具体的问题。如在向同学们讲解十月革命所具有的伟大意义时,从资本主义和社会主义两大阵营的发展情况,得出当前社会主义阵营力量正在不断壮大。在讨论战争是正义的还是非正义的以及苏联抵御外来干涉和摧毁国内反动势力的进攻取得最终胜利时,可以让同学们用朝鲜战争做对比,从敌我两个方面讨论剖析战争的性质,在分析和对比的过程中,学生加深了对实际斗争的认识和判断,对中国取得抗美援朝战争的胜利也增强了信心。② 1950年的11月1日,《人民日报》发表社论强调,当前我们开展的各种思想教育活动,无论是学校

---

① 中华人民共和国建国以来高等教育重要文献选编(上)[M]. 上海:华东师范大学出版社,1982:1-2.
② 中国人民大学马列主义教研室 进行时事学习丰富教学内容[N]. 人民日报,1952-05-24(2).

教育，抑或是群众的宣传教育，都要结合当前的形势，进行以抗美援朝为核心内容的思想教育。全国各大中学都积极开展以抗美援朝为内容的时事教育，帮助学生认识到美帝国主义侵略的实质，坚定胜利的信心。如抗美援朝爆发后，南京的各个中学为培养学生的爱国主义思想，教师们在课堂教学中把抗美援朝作为时事教育的重要内容。比如二女中中学教员讲授"政治经济学"时，让同学们从社会发展的角度来分析和看待当前的国际局势，俄国十月革命的胜利、中国人民解放战争的胜利，都说明了社会主义力量在不断地增长，资本主义力量在不断地衰弱，帮助学生肃清了亲美、恐美的思想。三中杜咸一先生还通过向学生征集问题的方式，了解和解答学生的困惑，对于一些共性的问题，他会在政治课堂上进行解答，比如有同学认为中国支援朝鲜是引火烧身，我们应该选择忍让。杜咸一从中国与朝鲜之间休戚与共的关系，帮助同学们分析了抗美援朝不仅仅是支援朝鲜，同时也是为了更好地保卫中国领土的安全和捍卫中国的政权，及时纠正了学生思想认识上的偏差，使学生明白了唇齿相依的道理。[①] 正是通过时事学习，广大青年学生理解了现实斗争和党的方针政策，对重大问题的"来龙去脉"有了更深刻的认识，懂得了抗美援朝对保卫世界和平的伟大意义。

1953 年，党提出过渡时期总路线后，各学校结合这一中心任务进行了时事政治教育。对此，1955 年 4 月 25 日，时任教育部副部长刘子载指出："全国各高校通过时事政治教育，深入学习和宣传了党在过渡时期的总路线。"[②] 随后，广大青年学生还通过时事政治教育学习了《中华人民共和国宪法》（简称《宪法》），对宪法的基本精神、主要

[①] 南京各中学教员在教学中密切结合抗美援朝时事教育，有效地启发了学生们的爱国思想[N]. 人民日报，1950-11-27（3）.

[②] 普通高校思想政治教育课程文献选编：1949—2003[M]. 北京：中国人民大学出版社，2003：19.

内容，公民应享有的权利和应履行的义务，以及宪法的重要意义等有了一定的认识和了解。通过时事政治学习实践，青年学生掌握了辩证唯物主义和历史唯物主义的内容，批驳了资产阶级的唯心主义思想，确立了马克思主义的基本观点。除此之外，全国各大中等学校通过座谈会、讨论会等形式，动员学生广泛参与讨论，再配合政治理论课、时事政治报告会等，宣传和讲授共产主义的道德标准，提高了学生的思想品德，培养了学生新型的道德观念。

总之，这一时期的时事政治教育既符合历史发展趋势，也符合学生的学习需求和政治趋向，成效显著。时事政治教育作为思想教育和引领的重要方式，也受到了高度的认可和重视。正如胡耀邦所指出的，学校的时事政治教育应当成为对学生进行思想政治教育的一门课程，因为这门课程可以帮助学生打开视野，增强对事物分析的能力，坚定政治立场，不会轻易地上当，并且还加强了党和广大青年学生之间思想上的联系。因此，他提出学校里的时事政治教育，每两周应该开展一次，每次为 2 小时，纠正了认为时事政治课不是正课而忽视的错误看法。一言以蔽之，这一时期的时事政治教育和政治课相互补充，共同发挥了对广大青年学生的思想引领作用。

二、政治运动：结合政治运动实现对青年学生的思想引领

新生的人民政权面临着极大的挑战，不仅要荡除旧社会的污泥浊水，也要战胜资产阶级挑起的矛盾；不仅要完成恢复国民经济的艰巨任务，也要应对来自外部的挑衅。这种局面决定了要进行一系列大规模的群众性政治运动是在所难免的。把思想政治教育和政治运动相结合是老解放区的宝贵经验，新中国成立以来，各学校继续发扬这一优良传统，结合政治运动实现对青年学生的思想引领，让广大青年学生在各项政治

运动中实现思想的改造。事实证明，这一方式对推动青年学生转变政治立场，提高社会主义觉悟以及培养共产主义道德品质，具有显著成效。

（一）结合土地改革运动对学生进行革命人生观教育

土地改革运动是1950年至1953年在全国新解放区开展的旨在解决农民土地所有制问题的运动。这场运动涉及范围极其广泛，青年学生也发挥了重要作用。为了让学生对这场运动的重要性和必要性有更深入的了解，教育部规定，要把土地改革的政策、法令等内容纳入教学计划中，在时事政治课或者其他政治课中向同学们讲授。如华北军政委员会教育部指出："各中等学校的政治课原则上要按照课本内容讲授，但从1950年下半年开始，结合学生的思想情况，从土地改革中选定几个主要内容，帮助学生解决思想困惑，当然也不宜把本学期政治课程统一改为土改内容。"① 通过时事政治课和其他政治课的教育和广泛宣传，学生对土地改革的主要方针和基本目的有所了解。高等学校也积极响应教育部的方针，动员和组织广大师生积极参与土地改革运动。据统计，清华大学师生三百人于1950年1月下乡参加京郊改革工作，其中教授六人，讲助十一人，共组成三个区队部，参加十三、十七、十九区土地改革。该校当局为使同学了解京郊土地改革情况和政策，还特地邀请了相关专业人员跟学生进行讲演，同学们情绪很高，积极投身于土地改革运动中，向农民学习，锻炼与改造自己。中央戏剧学院同学一百一十人，也于25日、26日，分头下乡至十三、十六区参加土地改革工作。② 中南区与省市各级教育领导机关也指出，要求各级学校将土地改革作为思想政治教育的中心内容，为加强对土地改革的领导，各学校还普遍成立了"土地改革学习委员会"。学生们在刚学习土地改革时，一些来自剥

---

① 华东军政委员会教育部代电 为批复规定将中等学校政治课程一律进行土改教学 [A]. 山东：山东省档案馆，A029-01-377.
② 清华大学师生参加郊区土改 [N]. 人民日报，1950-01-27（4）.

削阶级家庭的师生,对广大劳动人民所遭受的剥削和困难做不到感同身受,对地主阶级的剥削也不认同,因此,对土地改革的学习采取漠视的态度。为了让广大师生对土地改革运动的必要性和重要性有深刻的认识和正确的理解,许多学校组织动员师生到农村进行考察。如汉阳中学专门成立了一个九十人的农村考察队,深入当地的农村进行调查,他们帮助农民进行收割、浇水、推磨等,在和农民共同劳作的过程中,感受到了农民的艰辛和贫穷,懂得了土地改革是为帮助贫苦的农民改变悲惨的命运,因此,对土地改革的正义性和紧迫性有了进一步的认识。[①] 这一形势随后扩散到全国各地的学校,他们先后组织学生按就近原则奔赴农村参加土地改革,还有很多学校通过组建土地改革团去有需要的地方支援土地改革运动。特别值得一提的是,在此次土地改革运动中,广大青年学生虽然对农村的状况不熟悉,不了解,也没有相应的工作经验,但是他们无论从参与的深度还是广度,都发挥了比教师们更大的作用,产生了更大的影响。原因是当时"大知识分子"因年龄、地位和身份,相当一部分只是"参观"了土地改革,基本上很少"参加"土地改革,生活待遇方面也是由中央统一规定的,所以"大知识分子"在土地改革中扮演的基本上是旁观者的角色,而广大青年学生则是严格按照"同吃、同住、同劳动"的标准,和广大农村干部一起进行土地改革,对农民的生活处境有了更真切的认知和体验,真正懂得了人民群众的力量和智慧,对党的土地改革政策理解的更深、更透了,并放弃了和平土地改革的观念,在政治上接受了一次难得的洗礼。此外,学生还通过参加控诉会、斗争会、公审会,观看地主庄园,参观体现地主阶级剥削的展览等活动,对地主阶级的剥削性有了更直观的认识,也对广大劳动人民所遭受的苦难和剥削有了更深刻的了解。归纳起来,参加土地改革

---

① 武汉中等以上学校师生 展开土改问题学习运动 现正进一步联系个人思想 [N]. 人民日报,1950-07-02(2).

后，学生们的收获主要体现在以下三个方面。

第一，纠正了超阶级和非无阶级的阶级立场和阶级观点。原本有相当一部分师生抱有非无阶级或者超阶级的观点，认为所谓的阶级斗争不过都是马克思理论创造出来的，而通过参加土地改革运动，亲眼看见地主对农民的盘剥，农民生活处境的惨状，尤其是看到农民为改变现状跟地主进行坚决的斗争后，认识到地主阶级和农民阶级真实的存在，尤其对于出身地主家庭的青年学生也进行了生动深刻的教育。一开始，他们中不少同学认为，地主租地给农民，给农民提供了生活条件，因此收取地租合情合理，后来在参加土地改革时，亲眼看见了贫苦农民生活的惨状，亲耳聆听了他们对地主的控诉，感受到了地主阶级的剥削和农民阶级的悲苦，受到了生动的阶级教育。清华大学陈振洲同学谈道："这个寒假恰巧碰上京郊实行土地改革，我和绝大部分同学都参加了这个工作。参加土地改革工作前，我同其他的某些非无产阶级出身的人的想法一样，对这次的革命是完全赞同的。我也深深地了解只有通过土地改革，几千余年来中国受压迫的农民才能彻底翻身，中国才有进步富强的可能。可是另一方面，我看到自己的家庭在没落着，又不得不使自己陷入苦闷，时时闹情绪。所以我只好用'理智不能克服情感'的借口，来说明我的苦闷与闹情绪是不得已的。现在我了解这是什么原因了。我想这一方面是由于我与勤劳大众的生活疏远，另一方面是由于我的阶级出身对我思想的限制。过去我所接触到的人，可以说都是旧社会中的剥削者，所以我的情感自然有很多与他们相同。就拿以前我对土地改革中的地主的看法来说，我明知只有把地主的土地收过来交给农民，农民才能免于剥削，可是同时我又对地主寄以同情。这是因为我可以体会到土地改革后地主生活水平将会怎样急剧地降低，却不能体会到农民分得土地后情绪的愉快。换句话说，过去我从来没有体验到劳动人民大众的情感，所以对于他们过去所受到压迫剥削的痛苦，以及今天他们翻身后欢腾的心情,我是体会不到的,因而我也就不能真正站到劳动人民大众的立场上来看问题、处理问题。因此,马列主义对我来说就是空洞的教条了。经过了这次在土地改革的实践,我的情感却起了很大的变化。我深深地体验到了农民在土地改革中那种不能用笔墨描写出的喜悦心情,获得了许多书本中无法获得的知识,学到了活的马列主义。其中最深刻的就是:看问题或分析问题要从阶级出发,要有阶级立场。"[1]

第二,对劳动人民的伟大更加感同身受。在此之前,广大青年学生对树立为人民服务的观念更多停留在概念和口号层面,没有发自内心的认同,而参加完土地改革,通过和劳动人民一起吃住、一起劳动后,他们深刻地体验到劳动人民的辛苦和朴实,加深了跟劳动人民的感情。对此,北京大学法律系的同学李由义讲述了他的感受:"在京郊的这次土地改革中,我和班上的绝大部分同学获得了参加这一运动的机会,虽然只有一个月的时间,但是却学到了很多课本上学不到的知识,原来思想上存在的一些困惑在实践中也得到了解决,通过和农民的接触,对他们的生存处境有了深刻的了解,看到了他们的创造能力和伟大力量,也看到了他们身上质朴勤劳的品质。"[2] 同样来自北京师范大学外语系的万慧芬同学在《亲历土地改革》中记述了自己参加土地改革后的感受:"1951年半年艰难的土地改革经历,让我刻骨铭心,当时我参加土地改革工作团时,还是一名大四的学生,对农村是陌生的,对土地改革工作更是一概不知。经过对一系列土地改革文件的学习和土地改革工作的实践锻炼,我和同学们的政治觉悟提高了,对党的政策理解水平也提升了,我们在土地改革中学到了课本上学不到的东西,收获很大。"[3]

---

[1] 我的情感的转变 参加土地改革工作的一点体验 [N]. 人民日报, 1950-02-28 (6).
[2] 最丰富最生动的一课 参加京郊土改工作的心得和感想 [N]. 人民日报, 1950-02-27 (3).
[3] 万慧芬. 亲历土地改革 [M]. 北京:中共党史出版社, 2014:1, 2, 13.

1952年4月10日，万慧芬等同学在完成土地改革返回北京后不久就加入了中国共产党，毕业后满腔热情地参加工作，贡献自己的青春智慧和能量。

第三，对于共产党的领导能力更加自信，对未来充满了期待。1953年，土地改革运动在共产党领导下顺利结束，让3亿多农民获得了4666亿平方米的土地，还有大量的生产资料，使地主阶级剥削制度一去不复返，劳动人民成了生产资料真正的主人，积极性得到了极大的提高，促进了农村生产的发展。广大师生在复杂的斗争中真切地感受到党正确而又有力的领导，为了广大农民的利益，要跟地主阶级进行坚决的斗争，广大人民在党的领导下获得了实实在在的利益和幸福，因此共产党成了广大人民的大救星。如清华大学学生吴家铸在谈到参加土地改革的经历时谈道："在这次运动中，我和同学们参加了京郊土地改革，深深地体会到了农民阶级被剥削、被压迫的悲惨命运，也认识到了共产党路线的正确性。我们中也有许多同学参加了工厂实习，和工人们一起生活，深刻体会到了工人阶级的先进性，坚定了为人民服务的观念，今后要以毛泽东思想来武装自己，为国家的发展和进步不懈奋斗。"①

由上可见，参加土地改革运动，成为广大青年学生了解社会，提高政治觉悟，坚定阶级立场的重要途径。但必须要承认的是，由于经验不足和思想认识不到位，在组织青年学生参加土地改革运动的过程中，一些地区出现了"过急""过火"的倾向。比如对于部分出身在地主和富农家庭的学生而言，他们的内心和思想情感非常复杂，产生了强烈的震动，也有的学生虽然不是出身地主和富农家庭，但其亲戚朋友被批斗，思想上也会有波动，甚至一部分贫雇农出身的学生，受家庭或社会氛围的鼓动，把地主或富农家庭出身的同学或老师也当作阶级敌人来对待。

---

① 吴家铸，周玉醴. 做一个毛泽东时代的好学生［N］. 人民日报，1951-10-03（3）.

不过这种错误的偏向很快得到了扭转。教育部在1950年7月和10月对实践过程中的错误偏向作出重要指示，即土地改革期间，为了增强对师生的宣传和认识，应该注意方式方法，可以引导他们参与土地改革运动接受教育，但绝不能采取清算斗争的方式对待出身地主和富农的师生，如果有"过火"行为，也应该由法律来解决。对于广大师生，无论其出身如何，都应秉持着争取、团结和改造的原则，坚持沟通和说服教育的方式，而绝不是斗争和清算的粗暴方法。为制止这一现象，政务院通过公布《关于划分农村阶级成分的决定》进行了明确规定："师生是脑力工作者，工程师、教授抑或是专家虽是高级员工，但从阶级成分来看，他们和一般员工都是工人阶级的一部分。"[①] 青年团也作出指示，提出青年学生的思想引领工作应该和学习的其他工作一样，应通过有计划、有步骤的方式来慢慢解决，任何企图通过一场运动、一次斗争就可以解决的方法，都不会达到改造或改革的目的。正是这些《决定》和《通知》，及时纠正了土地改革运动中"左"的做法，保障了青年学生的土地改革教育健康稳步地进行。

（二）结合抗美援朝运动培育青年学生爱国主义和国际主义精神

1950年6月，朝鲜战争爆发，美帝国主义以联合国军的名义干涉朝鲜内战，并把战火烧到鸭绿江畔，派第七舰队阻挡人民解放军解放台湾。为了给国内建设创造一个安定的环境，也为了保卫新生的共和国政权，1950年10月19日，中国人民志愿军秘密渡江赴朝，开启了抗美援朝的伟大战争。而此时中国还困难重重，一方面土地改革刚刚开始，国民经济尚未完全恢复；另一方面中国在经济实力和军事科技水平等方面落后于美国，所以崇美、亲美、恐美的思想在中国有相当的市场，其中

[①] 谈松华.中国高等学校思想政治教育史纲［M］.北京：高等教育出版社，1992：65-66.

<<< 第三章 新中国成立初期党对青年学生思想引领的方针原则与实践路径

有不少的青年学生和知识分子对中国能力表示怀疑，对美国心存幻想。在认识上存在着模糊和错误的看法，认为美国拥有世界上最先进的武器，一旦战争失败，会调整战略，联合日本发动对中国的侵略，美国武装日本侵略中国是不可避免的，因此我们现在进行的游行运动只能教育我们的人民，但是无法制止敌人对我们的战争。比如北京市第八中学的师生对开展抗美援朝存在着不同的看法，主要有两种：一是认为美帝国主义侵略朝鲜威胁着中国的边境，因此异常气愤，要求我们要用实际行动去捍卫祖国的安全，这部分同学占据多数；二是认为中国支援朝鲜发动对美国的战争，会给自己招来麻烦，甚至会导致第三次世界大战的爆发，并且对现有的教学也会带来影响，不利于学生升学，虽然有这种思想的师生不多，但说明他们对美帝国主义侵略的实质，还存在着认识不清的现象。相当一部分同学对抗美援朝的认识只是停留在表象上，而对抗美援朝的深刻意义和必要性还认识不足。① 为廓清大家对美帝国主义实质的认识，消除中国人民和青年学生的崇美、亲美、恐美思想，帮助青年学生认清当前的形势，增强胜利的信心。党和国家从以下两个方面开展了对青年学生的思想引领工作。

一方面，开展以抗美援朝为内容的思想教育和宣传活动。教育部规定："各学校应根据目前的形势，对学生开展以抗美援朝为核心内容的思想政治教育。"② 随后还制定了学校思想政治教育的基本方针，即批判美帝国主义所宣扬的法西斯思想、奴化思想，铲除这些有害和反动思想带来的影响，积极宣传抗美援朝，对学生进行爱国主义教育。《人民教育》在一篇社论中指出："要有安排、有系统地开展全面的思想政治教育，而不能只停留于一般的时事宣传教育和单纯的时事学习，要从学

---

① 北京市第八中学的抗美援朝运动是怎样开展的[N]. 人民日报，1950-11-23 (3).
② 谈松华. 中国高等学校思想政治教育史纲[M]. 北京：高等教育出版社，1992：65-66.

校各方面重视抗美援朝的宣传和教育,并通过各个学科来贯彻执行。"[1]如语文课可讲授各民主党派的联合宣言和报纸杂志上有关抗美援朝的通讯报道及文艺作品等;历史课可机动调整,如讲上古史、中古史的可提前讲近代史,以美国侵华史为重点;地理课可从美帝的军事和经济的扩张政策来说明美帝的侵略;政治课更要有组织、有计划地加强爱国主义和国际主义的思想教育,并根据学生思想情况,适当地组织专题报告。其他如体育、音乐、美术等科,都要配合运动进行。为贯彻执行教育部指示,全国各学校尤其是高等学校的学生相继走向社会、走进工厂、走进农村,用生动形象、简单易懂的歌曲、演说等方式,进行声势浩大的宣传。如北京市的青年学生为了发动更多的人支援抗美援朝,走向街头和郊区,向广大市民和郊区的农民极力宣传美帝国主义侵略的阴谋背景。北京大学一些院(系)已经开始进行了宣传。来自七中、三中、北师等校的学生纷纷走向街头宣传。八中十日下午,学生分两部分进行了街头宣传和家庭访问。回民学院和师范大学全体同学也已分别在十一日和十二日出发到街头进行宣传。师大文学院十二日晚还开展了家庭妇女、三轮车工人和商贩等座谈会。清华大学学生征得学校同意后,也开始下乡宣传。中央美术学院的学生通过手中的画笔、作品对抗美援朝进行宣传,壁报委员会同时和许多大商店交涉了"橱窗",准备在三天内供给四百张左右的大幅漫画及地图、统计表等在"橱窗"内陈列。[2] 上海有十万青年学生通过"一二·九"纪念活动开展抗美援朝活动。到1951年5月,全国范围内参与抗美援朝宣传活动的学生高达一百多万,京津两地学生参与度更是高达百分之八十。

---

[1] 继续开展与深入学校教育中抗美援朝的思想政治教育[J]. 人民教育,1950(8):5-7.
[2] 北京市学校抗美援朝运动进入新阶段 大中学生向群众展开时事宣传 师大等校已经出动受到群众普遍欢迎[N]. 人民日报,1950-11-13(2).

通过对抗美援朝的学习和积极参加宣传教育活动，广大青年学生对这次运动的性质和必要性有了深刻的认识，很多学生也转变了之前崇美、亲美和恐美的思想。来自燕大的学生谈了参加完这次运动的感想，如戈福隆说："原来对自己没有出生在美国而感到遗憾，现在为自己是一名中国人而感到骄傲和自豪。"梁关培说："之前对美国先进的生活方式特别向往和追求，但是看到美帝国主义侵略给人们带来的灾难时，懂得了真正美好幸福的日子，是要彻底消灭帝国主义。"北京第八中学高二同学王九华提道："原来觉得发动抗美援朝有点太早了，等美军过了鸭绿江后再采取行动也不迟，但是，现在改变了看法，不能等到房子被火点燃的时候才去想着熄灭，因此必须尽快投入战斗。"[①] 同时，一些同学原来觉得发动抗美援朝战争会影响正常的学习，现在他们意识到，只有在和平的环境下才能正常学习，因此，今天的战争是为了以后能更好的学习。

另一方面，组织动员学生报名参加军事干部学校活动。为取得抗美援朝战争的胜利，为国民经济发展创造和平安定的环境，需要大批有一定文化科学知识水平的青年参加现代化的国防建设。为此，中央人民政府于1950年12月1日，颁布了《关于招收青年学生青年工人参加各种军事干部学校的联合决定》（简称《决定》）。《决定》颁布次日，青年团和全国学联积极响应这一号召，组织青年学生行动起来，积极报名参加各种军事干部学校活动，努力学习军事科学和军事技术报效祖国，以所学知识服务于人民、服务于国家。随后，在12月8日，教育部对各级人民政府教育部和各学校作出指示，要协同有关方面，按照《决定》的要求，完成空军、海军、特种兵学校的招生计划。

全国青年学生热烈响应号召，在报名的时候，很多学生连夜守候，

---

① 北京市第八中学的抗美援朝运动是怎样开展的 [N]. 人民日报，1950-11-23（3）.

准备第二天尽快报上名。如上海交大前一日晚十时起便有学生在报名处排队守候，第二天清晨其他同学组成后勤部队为他们送来早点大饼油条作慰劳。武昌实验中学宣布早上十时报名，学生们半夜就起床站队。全国各地学生积极踊跃报名，清华大学已有七百多人决心参加。航空系四年级学生唐耿山、汤礼智等三十四人在信里写道："我们系一个同学看到了标题，马上跳起来喊：'祖国的号召来了！'又有同学说：'我航空工程师不干了，去干国防军去！'我们早就时时刻刻在准备着响应祖国的一切号召，今天祖国在呼唤我们，光荣的岗位在等待我们，我们感到无比的光荣和兴奋！"信中并叙述了他们讨论的情形，他们认为：在美帝疯狂地进行侵略我们祖国的时候，加速增强国防力量，是刻不容缓的。美帝不让我们和平建设，我们就先击败它的侵略，再来建设。最后并要求政府批准他们全体参加空军学校。① 南开大学学生，听到这个消息后，都欢欣鼓舞。南开大学经济系四年级学生李维湛第一个报了名。他说："共产党员和青年团员在爱国行动中应起带头作用。"经济系二年级学生何维锜表示："参军是一种爱国的实际行动，国防力量的增长和国家安危息息相关，所以我决心参加军事干部学校。"刘宗炎说："本来我对参军在思想上有些顾虑，但是父亲的来信鼓励了我。他说：'当祖国需要你的时候，你就应当毫无顾虑地献出你自己的一切，说干就干，要干就干到底。'所以我决心报名。"② 也有来自中学的学生积极报名参加军校考试，比如上海虹口中学一个班有一半学生都报了军校。高二学生贺飞提到自己报名军校时说："我一定要遵守在控诉大会上的诺言，在国家有需要的时候，用自己的实际行动来证明我对祖国的拥

---

① 北京上海等地青年学生青年工人 热烈响应参加国防建设号召 纷纷报名要求保送参加军事干部学校［N］. 人民日报，1950-12-04（1）.
② 京津中南等地青年学生青年工人 纷纷准备参加军事干部学校 誓为祖国建设强大的陆海空军北京［N］. 人民日报，1950-12-08（2）.

护。"有女学生表示,之所以想要参加国防建设,是想为家人创造一个安定的生活环境,从此不再遭受帝国主义的侵略。① 在公布录取名单时,各校空气更是紧张热烈,有的未看名单前紧张得浑身发抖,看到自己名字时就欢欣鼓舞,被批准的学生均感到光荣,表示要努力学习,未被批准的觉得非常遗憾,有的甚至懊丧而哭。在两次动员学生参加的过程中,由于全国广大学生对招生决定的热烈拥护,全国报名的青年学生达到三十八万人,超额完成了招生任务。一、二两期动员工作在这样基础之上同时完成(华东、西南、中南、西北)或连续(东北、华北)完成。被批准的学生不仅在数量上满足了规定所需要的人数,而且也保证了有着比较好的政治质量。党、团员占一半以上,非党、团员的学生一般也是积极分子,这些学生一般意志坚决,情绪饱满,并纷纷表示一定服从组织分配,好好学习,争取做学习模范,有的同学说"去了一定好好干,争取做个战斗英雄"。

在抗美援朝运动中,青年学生除积极报名参加志愿军外,还承担起了生产、运输和战勤等工作。他们以极大的热情给中国人民志愿军邮寄和捐赠了大量的慰问信和慰问品。如北京十一中师生 1950 年 11 月就开始给朝鲜人民军和中国人民志愿部队写慰问信。不少同学把母亲遗留下来给自己结婚纪念的戒指捐了出来;把新做的棉衣捐给前线,自己宁愿穿旧衣服;有的把家中寄来做新棉衣的钱拿出来。河北省师高三同学知道献慰劳袋的消息后,有人立即从脖子上解下围巾。没布也没钱的同学,就找些旧衣服拆洗做成慰问袋。慰问袋上绣上"人民功臣""为自由而战""为祖国而战""早日打走侵略者""收到后,希望更英勇的

---

① 北京上海等地青年学生青年工人 热烈响应参加国防建设号召 纷纷报名要求保送参加军事干部学校 [N]. 人民日报,1950-12-04 (1).

杀敌，把美帝推下海底！"等鼓舞的语句。① 来自全国各地的学生还为志愿军捐赠了飞机，来自医学院的学生通过参加医疗队前往朝鲜前线，在物质和精神上给予前线志愿军极大的支持和鼓舞。

这次参军报名动员和捐赠活动取得了巨大的收获，使广大青年学生受到了深刻的爱国主义和国际主义教育。主要有三个方面：一是完成了两期动员任务，并为国家的国防建设输送了大批身体素质和政治质量较好的爱国学生。二是使广大青年学生接受了一次广泛深入的爱国主义教育洗礼。一些原来政治上比较落后的教会学校的学生，乃至西北某些少数民族的学生都表示关心和拥护。参与人数在中国学生运动史上是空前的，既增加了他们对国防建设重要性的认识，也增强了他们对于美帝国主义的仇恨以及战胜美帝国主义的信心，他们尤其深深地体会到了党和人民政府对于青年学生的爱护和关怀，所以也增强了对党和人民政府的拥护和信任。学生们普遍认为，在政治上这一个多月的收获，比过去一年学到的东西还要多，也认识到了国家和个人的关系，认为保卫祖国就是保卫自己的家，进一步树立了集体主义观念。三是青年团组织接受了锻炼与考验，在报名参加军事学校的学生中，党团员发挥了带头作用。比如燕京大学有95%的党团员都报了名，他们服从组织分配和国家需要。他们不仅自己报名参加，还积极动员广大学生，帮他们解决思想和实际问题，拉近了党团和群众之间的关系，使青年团的威严也提升了，有同学说平常感觉团员跟我们没什么差别，但现在看的确比我们觉悟高。所以团员在参军参干任务动员中，也普遍受到了组织的教育和锻炼，责任感也进一步增强。

---

① 京市大中学校师生们热烈展开了慰劳中国人民抗美援朝志愿部队和朝鲜人民军的运动［N］.人民日报，1950-11-24（3）.

(三)结合镇压反革命、"三反""五反"运动对青年学生进行阶级和革命立场教育

镇压反革命运动是新中国成立初期,为清除反动统治的社会基础而开展的扫荡旧社会残渣的大规模政治运动,也是巩固新生政权必须要开展的一场严峻斗争。新中国成立后,隐藏在国内的反革命分子到处造谣蛊惑,大搞反革命活动,他们叫嚣着"黑暗将过,黎明即来",企图卷土重来,对新生政权和人民生命财产带来了巨大的威胁。面对这种局面,1950年7月23日,政务院和最高人民法院共同下发了《关于镇压反革命活动的指示》指出:"坚决取缔一切反革命分子,为顺利开展生产和实施人民民主权利创造必要的条件,应视为当前各级人民政府的重要任务。"[①] 1951年2月21日,中央人民政府颁布了《中华人民共和国惩治反革命条例》,具体规定了处置反革命分子的要求,进一步促进了运动健康良好的发展。在镇压反革命运动的过程中,全国各地的学校将镇压反革命思想融入政治课和各科教学中去,教育和引导青年学生认清反革命分子的真面目,分清敌我界限,并号召学生用努力学习、热爱祖国和拥护党的领导,以保卫革命烈士用生命换来的胜利果实,为建设祖国的未来贡献力量。广大青年学生在镇压反革命活动中也充分发挥了作用,一方面通过积极宣传,揭发举报,秉公灭私,配合学校清除隐藏的反革命分子,净化师生队伍;另一方面在同反革命分子做斗争中,坚定了阶级立场,提高了政治觉悟。比如通过在学生中组织学习青年团员丁佑君烈士活动,丁佑君是一名青年团员,1950年9月18日,在西康盐中区参加征粮工作中,惨遭国民党土匪俘获,被敌人的种种卑劣手段残害致死,但她始终大义凛然、宁死不屈的精神深深地触动了广大的青年

[①] 翟昌民. 回首建国初——从新民主主义向社会主义过渡的回顾与思考[M]. 北京:中央党校出版社,2005:158-159.

学生，让学生们受到了一场坚定的革命立场教育。1952年年底镇压反革命运动取得了决定性的胜利，彻底清除了反革命分子，为社会秩序的稳定和国民经济的恢复创造了良好的环境，也为土地改革和抗美援朝战争的胜利提供了有利条件，被人民群众称为"又一次的翻身"。

1951年年底到1952年秋，开展的"三反""五反"运动，是共产党执政后开展的以反对资产阶级腐蚀为内容的严重斗争，旨在清除资产阶级剥削思想，消灭国民党的腐败作风，塑造新民主主义社会风气和作风，这次斗争也是保持共产党人廉洁为民党风的成功实践。各高等、中等学校也结合"三反""五反"运动及时对学生开展了思想教育，并及时对各项资产进行了清查、核算和整顿工作。1952年2月，《人民教育》发表社论称："从性质上来讲，这场斗争是政治的斗争，经济的斗争，然而从本质上讲是工人阶级与资产阶级思想上的斗争。"社论还提出，各学校要结合各自实际情况，在教职员工开展"三反"运动，对教师们的工作和思想进行检查，组织学生进行学习。在对学生开展"三反""五反"的过程中，党中央也特别强调了应该注意的事项，如坦白检举就不适用于中学和小学的学生，防止产生错误的倾向，但是对所有普通学校学生开展"三反""五反"教育还是很有必要的。[①] 同时，各大专院校也将"三反""五反"运动的宣传教育与思想改造相结合。据统计，截止到1952年秋，全国参加这次运动的高校教职工达到91%，学生达到80%。至此一场大张旗鼓地肃清资产阶级腐蚀思想的斗争在全国各高等学校师生中开展起来。

在"三反""五反"运动中，青年学生在党和学校青年团的组织带领下，主要从三个方面深刻地领会了这次运动的意义。

一是通过学习文件、听报告，积极配合全校教职工，迅速发展为学

---

① 何东昌. 中华人民共和国重要教育文献：1949—1975 [M]. 海口：海南出版社，1998：137.

校的群众运动。在运动中,学生们言辞恳切地向学校领导和老师提出了意见,对学校中存在的反动思想进行了检举,学生们为帮助个别老师改造资产阶级思想,通过师生大会和老师们共同讨论和分析了教学中的资产阶级思想问题,工作热情积极高涨,有的学校还批评和检讨了个别老师中存在的反动思想,个别老师也控诉了这种思想给自己带来的不利影响。在探讨和分析个别老师的错误思想过程中,广大学生深受教育,很多的党员和团员在帮助别人改造思想的同时,自身也得到了启发和教育。在"三反""五反"运动中,很多同学也进行了自我反思和批评,比如有的同学说,原来对资产阶级生活方式比较向往,希望自己也能获得教授的学位,或者能到国外去留学,过上更奢华的生活。北京大学有一位女同学反省了自己的行为,说自己一直想着能住上洋房,过着优渥的生活,其实这是一种腐朽堕落的思想。也有的同学检讨了自己一心想做官的思想。还有的同学通过运动提高了思想觉悟,对自己亲人存在的盗窃国家财产等违法行为进行了大胆的揭发,北京大学就收到了二百多件的检举揭发材料,而且在这些检举材料中,有40%是检举自己家人的。①

二是以"三反""五反"运动中的反面典型为案例,结合时事政治理论课教育学生,使学生们深刻地认识"三反""五反"运动的重要意义,对毛主席、共产党的正确领导深有感触。如在揭露和批判天津市地委书记刘青山和天津专员张子善的犯罪行为时,来自清华大学的同学邹丕先说:"经过一年辛苦的劳动积累,我们才捐献了四亿元,而刘青山和张子善居然贪污了如此之多。"有的同学谈道:"如果不能从根本上杜绝贪污浪费,那么增产节约运动是不可能展开的!"还有的同学提道:"在运动开展前,我只从经济上去理解'三反''五反'的意义,

---

① 北京大学学生展开坦白检举运动 不少学生检举了自己亲属的违法行为[N].人民日报,1952-02-04(2).

经过学习，我认识到这场运动还具有重要的政治意义。"绝大多数同学表示，通过对反面典型案例的学习，认识到了资产阶级思想的腐蚀性，今后要对此保持高度的警惕。①

三是参观一些实况展览，让学生们了解了官员贪污腐化的罪行，也体会到了官僚资本主义和浪费的危害，了解了资本家的"五毒"行为，形成了爱祖国、爱人民、爱护公共财物的社会主义思想道德风尚。如北京大学医学院的江泉观同学说："当我亲自看到抗美援朝前线的实物和图片时，内心受到了很大的触动，志愿军们的艰苦朴素让我感到自惭形秽，为了国家和人民的利益，他们不计个人利益得失，奋勇在前。反观我在学校经常会有一些浪费水电、仪器等行为，特别是对别人的浪费行为抱着视而不见的态度，这次展览参观，使我对贪污分子更加地憎恨。因此，今后决心要杜绝浪费行为和纠正事不关己的个人主义错误。希望那些贪污分子也可以通过这些展览得到教育。"②

这一时期"三反""五反"运动对于广大青年学生的思想改造和引领发挥了重要的作用，使他们普遍接受了一次爱国主义教育，对学校里存在的贪污和浪费现象的危害性有了更深刻的认识，也帮助他们逐渐养成了朴素节约的习惯。

（四）通过知识分子思想改造运动帮助青年学生树立马克思主义观点

新中国成立初期，党在开展各项政治运动，肃清旧社会遗留残渣的同时，还在文化教育领域进行了一次以知识分子为对象的思想教育和改造运动。对青年学生而言，教师的政治立场和政治水平对他们会产生直接的影响。因此为了使学校适应于国家培养人才的需要，端正教师的政

---

① 清华大学同学来信：刘青山张子善案件教育了我们[N].人民日报，1952-01-09（2）.
② "抗美援朝前线实物及图片展览"教育了我[N].人民日报，1952-01-31（2）.

治立场，对教师进行思想改造是紧迫且必要的。如果新中国学校的教师不具有马克思主义理论的水平，不坚持为人民服务的立场，不能践行批评和自我批评的精神，甚至还抱有个人主义和自由主义的庸俗思想，又怎么可能通过他们用无产阶级思想来教育和培养学生呢？

据统计，在这次思想改造运动中，参与的师生比例非常广泛，全国91%的高校教职员，80%的大学生，75%的中学教员都参加了。此次运动是由北京大学校长马寅初最早发起的，在努力使北京大学从一所旧大学改造成新大学的实际工作中，马寅初深刻地体会到，教职员工的旧思想和旧习惯是最大阻力，因此改变这种旧思想和旧习惯，就需要进行思想上的改革。在北京大学的示范下，1951年秋，京津两地的高等院校率先开始，在全国范围内开展了对知识分子的思想改造运动。在学习过程中，大家暴露了过去很多糊涂思想。有的立场模糊，敌我界限不分。有的教师则存在着崇美思想、封建思想和浓厚的个人主义思想。如北京交通大学的大勤同学指出："在课程改革方面，许多教师对改革持反对态度，认为改革会打乱既定的教学计划和方法。有的老师虽表面说苏联的科技是先进的，但实质上却崇拜和宣扬美国的科学技术，说'社会科学是苏联的进步，自然科学还是欧美的好'。这种思想如果不能很好地加以克服，要改善我们的教学工作是谈不到的。"[①] 各校理、工、农、医等学院的教师，尤其严重地存在着超阶级超政治的单纯技术观点，认为科学可以超越政治。还有些人认为改良主义有一定的"进步性"等。如南开大学学生孟宪钧、李新刚、谷祖善、林祝恒指出："解放后两年来，教师们有着很大的进步，但仍有些教师或多或少地残留着欧美资产阶级的思想意识，以超阶级观点进行教学，或机械地搬出从国外学到的一套，不加批判即行讲授。这一运动的开展，使这些错误的思想必将获

---

① 高等学校教师要改造思想才能够改进教学的工作［N］.人民日报，1951-11-14（2）.

得大大的改造。"①

在学习中大部分教师对自己过去的错误思想进行了自我批评，但一般教师对批评别人有顾虑，觉得"有碍情面"；因此，能从政治原则上进行互相批评的不多。为了更好地联系实际检查批判这些思想，有的学校对与本校关系密切的代表性人物的错误思想进行了批判，大大地提高了他们对分清敌我界限和对改良主义反动本质的认识。如北京大学文、法两学院已开始讨论对胡适的看法。北京大学医学院及其附属医院的教师和医生，结合他们的工作态度和工作作风，进行讨论，纠正了许多教师和医生的错误观点，加强了为人民服务的思想，并改进了附属医院某些不合理的工作制度。有些学校并对改革学制、课程和教学方法以及院系调整等具体问题，展开了讨论，这样就使思想改造学习更能符合改革教育的目的。在学习方法上，北京大学化学系的互助组和谈心等办法，已被许多学校所采用。教育部学委会为了及时总结和交流经验，在1951年11月2日曾召集北京、天津各高等学校学委分会负责人及部分教师举行扩大联席会议。会上，清华大学和北京大学学委分会负责人做了典型报告，教育部副部长钱俊瑞做了有关学习问题的指示。各校学委分会已向教师们传达了大会的报告，并根据具体情况规定了改进学习的办法。② 随着学习的深入和推进，广大教师在思想上有了转变，逐渐接受和认同党的领导和社会主义制度，参加改造的积极性也进一步提升，愿意投入这场运动中去，并取得了巨大的进步：一是通过对马列主义思想和社会发展史的学习，逐渐坚定了无产阶级的立场，清除了头脑中的封建思想和反动思想的残余。如南开大学物理系副教授杨仲耆说："听了周总理报告的传达后，我才开始认识到要想在祖国建设中贡献出最大

---

① 开展高等学校教师政治学习运动！[N]. 人民日报，1951-11-07（6）.
② 开始联系实际检查和批判错误思想 京津高等学校教师学习初见成绩 教育部学委会举行会议及时交流经验[N]. 人民日报，1951-11-13（1）.

的力量,不但要搞好业务,更重要的是思想改造。我今后一定要努力学习,彻底改造自己。"① 同样来自武汉大学数学系六十多岁的刘正经教授经常对同学们说:"我在参观了东北各地高等学校后,得到一个结论:凡是在教学方法和内容上创造先进经验的,大多是思想改造比较好的;所以只有用马克思列宁主义和毛泽东思想把我们武装起来,高等教育的改革,才能得到充分的保证。我现在年老了,但我还要抓紧时间努力学习,改造自己。以及从美国回来不久的冯国栋教授和黄希霸教授一致认为思想改造运动对久居帝国主义国家,或刚从帝国主义国家回来的教授来说,更加需要。"② 二是通过自我批判和自我教育,对中国共产党的政策有了进一步的认识和了解。如费孝通先生在《我这一年》中描述了自己的感受:"这一年中,真正意义上体会到了群众力量的伟大,还有共产党与群众的鱼水之情,看到了劳动人民和共产党人的优秀品质。"③

学生们一致认为,对学校教师进行思想改造是有必要的,抱着支持和欢迎的态度。北京、天津高等学校的学生对教师们的思想改造学习表示极大的关怀和兴奋。如北京协和医学院一年级学生钟祖恩、汤仲明说道:"我们都感到兴奋。我们都殷切地希望教师们能在这次学习中得到很大的进步,从而改造旧的不合理的一套美国教学制度,把协和医学院办得更好。"④ 北京师范大学的学生对该校教师们在学习中的进步表示热烈的欢迎,并且他们利用广播和墙报等进行宣传鼓动工作。许多学校

---

① 开展高等学校教师政治学习运动! 金克木教授的学习态度是正确的 [N]. 人民日报, 1951-11-07 (6).
② 武汉大学教师希望把学习运动推广到全国各大学去 [N]. 人民日报, 1951-11-14 (2).
③ 费孝通. 我这一年 [N]. 人民日报, 1950-01-03 (5).
④ 开展高等学校教师政治学习运动! 金克木教授的学习态度是正确的 [N]. 人民日报, 1951-11-07 (6).

的学生都向教师提出了他们的意见和希望,帮助教师们反省和批判。如华北大学工学院学生为了使教师们学习得更好,同学们曾诚恳地帮教师们布置学习室、搜集学习资料。当教师们忙于学习,讲义一时编不出来的时候,同学们就说:"讲义不要了,我们翻阅些参考书吧!"他们还向教师们写贺信,希望他们能大胆地揭发自己的缺点,批评工作中的不合理现象。① 当1952年秋这场运动基本结束的时候,广大教师从思想上完成了从落后和反动思想向无产阶级思想转变的任务,扩大了无产阶级的范围。铲除了隐藏在知识分子中的阶级敌人,保证了知识分子队伍的纯洁性,为青年学生的发展与进步创造了一个健康良好的氛围,使他们作为新中国成立以来第一代知识分子,接受了一次深刻而又彻底的思想改造学习和教育,成为新中国成立以来社会革命和建设的中坚力量。

(五)结合社会主义改造运动帮助青年学生树立社会主义思想

首先,党对青年学生的思想引领任务转变为以社会主义思想为方针。1953年年底,党正式提出了过渡时期的总路线。一直到社会主义改造完成期间,党和国家的各项工作任务都以这条总路线作为指针来开展。党对青年学生的思想引领工作在党的过渡时期总路线确定后,也进行了调整。国民经济恢复时期,主要是以新民主主义建设为方针进行思想教育,现在转变为以社会主义思想为方针进行思想引领。因此,根据总路线的精神和指示,党对青年学生的思想引领工作也提出了新的要求,主要包括:一是通过时事政策宣传、政治课及各科教学,对学生进行共产主义人生观和道德观的教育,增强学生对社会主义未来的信心,做党在过渡时期总路线的忠实拥护者和支持者,努力为社会主义的实现而奋斗;二是在对青年学生进行思想引领中,需让学生懂得当前国家的

---

① 我们学生诚恳希望教师们大胆地揭发工作中的缺点 [N]. 人民日报,1951-11-21(6).

主要目标是要完成工业化以及向社会主义转化,而要实现这一光荣和艰巨的任务,主要依靠的是青年,要让青年尤其是青年学生明白,美好幸福的社会主义生活,绝不是从天上掉下来的,而是要靠全国青年和全国人民一起发扬艰苦奋斗的优良传统和坚韧不拔的意志才能实现。因此,广大青年尤其是有知识、有文化的青年学生,要为实现社会主义而努力奋斗,把社会主义改造的伟大目标融入日常生活的实践中;三是要充分发挥青年学生在社会主义改造运动中的主力军的作用,懂得"一化"与"三改"的关系,社会主义工业化是起决定性作用的,只有工业化得到发展,农业、手工业和资本主义工商业的改造才能得以顺利地推进,整个国家的发展才有基础,社会主义经济成分才能成为主导,并实现对其他经济成分的领导,所以青年学生要尊重并充分发挥工人阶级的先锋作用,努力学习科学文化技术,提高劳动技能和水平,不断克服资产阶级自私自利和贪腐堕落的思想;四是让青年学生认识到,党对农业的改造绝非易事,需要付出艰辛的努力才能实现,因此青年学生要利用自己的优势深入农村,对广大农民进行总路线的宣传教育,帮助农民认识到工农联盟的重要性,以及认识到发展农业互助合作是提高农业生产、过上富裕生活的唯一途径。因此,发动农民积极参加农业互助合作运动,不断地学习种植技术和方法,提高农业生产,积极上交余粮支援国家经济建设;五是要让青年学生明白,为了完成国家各项建设任务,实现总路线,必须要培养国家需要的人才,为此,广大青年学生必须努力学好专业知识,在国家需要的时候,能为社会主义建设事业的发展贡献力量。

其次,对青年学生广泛开展以过渡时期总路线为内容的思想教育。自 1953 年 11 月上旬起,全国各地大中学校先后开展了学习过渡时期的总路线和总任务的活动。如北京各高等学校的师生已于 1953 年 11 月中旬在全校开展了总路线内容的学习。学习开始后,全校从领导到各个部门、师生都把总路线作为重要的学习内容,许多学校校(院)长已向全校传达了党在过渡时期总路线的报告,在党委、教师学习委员会和工会的领导下,制订了教师、学生及职工的学习计划和有关总路线的学习文件。教师们还以列宁和斯大林的著作作为学习的辅助文件。中国人民大学、清华大学等学校还通过召开总路线座谈会,讨论总路线的有关问题。① 高等教育部指出,各高校应将政治课作为进行过渡时期总路线教育的主渠道,专业课老师也应在教学中渗透过渡时期总路线的内容,承担起这项责任,并在这个过程中不断提高自身的社会主义觉悟。1954年1月,全国中学教育工作会议指出:"当前中学教育的任务,是以国家过渡时期的总路线的精神教育学生,培养成为积极参加社会主义建设的全面发展的新人。"②

全国各地学生对过渡时期总路线和总任务的学习,是在各学校党组织和行政的直接领导下进行的。中共上海市委宣传部部长彭柏山在上海市大中学校团干部会上做了报告,要求同学们通过这次学习,树立为社会主义工业化而奋斗的远大理想,进一步发扬艰苦奋斗服从国家计划的精神,准备为祖国的社会工业化不懈奋斗。兰州市学生听了中共甘肃省委书记张德生关于总路线的报告。杭州市人民政府文教局领导全市中等学校政治教员集体备课,以便正确地讲授总路线。清华大学、北京矿业学院、中南矿冶学院的党组织和行政负责同志都向同学做了报告。青岛、扬州、昆明等市和四川大学等校召开了学生代表大会,布置学习任务。同学们利用政治课和课外时间,以极大的政治热情进行了学习。截止到1954年3月,各地学生在党和学校行政的领导下学习了总路线,

---

① 北京市已有三十五万多职工和各高等学校师生 开始学习国家过渡时期总路线[N]. 人民日报,1953-11-29(3).
② 全国中学教育会议胜利闭幕 根据总路线确定中学教育方针任务[N]. 人民日报,1954-02-02(3).

大部分学生都听到了关于总路线的报告，参加过各种各样围绕总路线学习而举行的辅助活动。没有学习过总路线的学校准备进行补课，学习过的学校准备在学生们初步学习总路线的基础之上，将总路线的学习结合到政治课中去，经常地系统地进行学习。如北京市教育局决定高中三年级的政治课以总路线为学习内容。各校团组织应按不同情况，吸取已有的经验，积极配合党和行政动员和组织学生学好总路线。这次要学生学习总路线的主要目的是让学生对总路线内容有一个初步的了解。在学习中，要使学生认识到努力学习和贯彻毛主席"三好"的指示，就是学生实现总路线的实际行动。这是因为，一方面，为了实现总路线，学生们应该掌握一定的科学知识，锻炼身体，努力使自己成为对社会主义建设的优秀人才；另一方面，要求学生好好学习和贯彻"三好"，实质上也是根据总路线的精神对学生提出的要求。至于学生中还有不少受资产阶级思想的影响，如不安心自己所学的专业、轻视体力劳动与劳动人民等，是不符合总路线对学生的要求的，要在日常工作中按照总路线的精神，加强这些方面的思想教育。青年学生们认识到伟大祖国正在向社会主义过渡，学习情绪更加高涨。

同时，在学习和宣传过渡时期总路线的过程中，青年团也发挥了重要的作用。1953年12月13日，青年团在《关于学习和宣传国家在过渡时期总路线的指示》中明确提出："青年团当前和今后相当长时间内最根本的思想建设任务，就是组织团内外的青年学习党在过渡时期的总路线，通过青年团的宣传教育，广大青年赞同党在过渡时期的总路线，增强青年对社会主义前途的认识，培养他们成为为实现社会主义而努力的建设人才。"[1] 广大的青年学生要努力学习，根据国家的需要掌握相应的知识和技术，争取在社会主义建设事业中发挥更大的价值，更好地

---

[1] 中国新民主主义青年团中央委员会. 关于学习和宣传国家在过渡时期总路线的指示[N]. 人民日报，1953-12-16（3）.

完成国家建设的各项计划，实现总路线。全国各地青年团组织采取了多种形式向团员和青年开展了学习总路线的宣传教育，使广大青年对社会主义的未来充满了自信，促进了青年团的工作。如在团华北工委召开的中等学校学生工作会议中指出："学校的青年团应协助党和行政以国家过渡时期总路线的精神教育学生，使学生对总路线的内容获得基本的认识，并积极举办各种辅助性的活动，帮助学生理解总路线，此外，还应当把总路线的精神贯彻到政治思想教育中去，以爱国主义教育、劳动教育、集体主义教育、纪律教育为重点，培养青年学生成为积极参加社会主义建设和保卫祖国的全面发展的新人。"① 学校中的青年团员经过学习后，学习热情有了很大的提高。天津市第七女子中学的学生，已在全校掀起学习总路线的热潮。刚从海外回国的学生李淑莲激动地说："我刚回到祖国，就恰逢社会主义的伟大建设时期，我一定努力学习，培养自己成为社会主义建设的优秀人才，为祖国的建设做出贡献。"②

最后，对青年学生开展过渡时期总路线教育产生的积极影响。在党的思想引领下，广大青年学生对总路线的基本内容有了初步了解，增强对社会主义制度和总路线的认同。广大青年学生认识到自己的学习和国家总路线的关系，认识到祖国为什么要走社会主义道路。加深了对祖国和对自己所学的专业和各门课程的热爱，更努力地学习和锻炼身体，坚决为贯彻毛主席所号召的"三好"而努力。

同学们说，通向社会主义的大路就在前面，我们一定要用自己的双手来完成这个艰巨的光荣的任务。北京大学有很多同学在学习以后，提出了入党入团的要求，要以社会主义和共产主义的标准来要求自己。唐山铁道学院、上海商业学校等校同学提出要严格遵守学校纪律，端正学

---

① 以总路线精神改进学校团的工作[N].中国青年报，1954-02-16（3）.
② 全国各地青年团组织 普遍向团员和青年宣传总路线[N].人民日报，1954-01-13（3）.

习态度，提高学业水平。河北农学院、北京师范大学、中南矿冶学院、哈尔滨外国语专科学校等校同学纷纷表示要进一步热爱自己所学的专业，努力学习。华东机械化农业学校社会主义农业企业经营管理专业詹建东同学说："我的学习目的，就是为了农业的社会主义改造，通过这次学习，加强了我的责任感，认识到要胜任对农业的社会主义改造，必须要认真地学习。"[1] 东北地质学院学生谭周地说道："过去，我一直觉得自己毕业后服从政府分配是没有问题的。但是经过总路线的学习，却发现距离真正从思想上服从上级分配还很远。在我内心深处，还存在着与总路线的精神相违背的错误思想。总路线提出，为了实现社会主义工业化，要培养相应的建设人才。按国家建设的需要，对人才的培养和分配是有计划的。这就要求我们学生从集体利益出发，愉快地服从祖国的分配。但我过去却不考虑国家的利益，而是计较工作的得失，考虑个人的前途，片面地认为做实际工作收获大，提高快，将来升工程师也较容易。这些都说明自己还不能自觉地将个人利益服从集体的利益，在国家将分配我到需要自己的岗位时，自己就先拟定了条件，不能无条件地为人民服务。这些思想如不澄清，即使目前勉强地服从组织分配，很可能在将来因为考虑个人问题而使自己走许多弯路，给社会主义建设事业带来损失。总路线的光辉照亮了我，使自己认识了这些错误思想，并下定决心消除它。"[2] 1956年1月4日，上海举行了关于资本主义工商业改造的报告会，全市有大中学生2600多人参加。会上，团市委书记李琦涛向学生们解释了党对资本主义工商业社会主义改造的方针、政策和具体措施。他说，希望资产阶级家庭出身的学生，努力学习党的政策，认清社会主义前途，贯彻"三好"，培养自己成为具有工人阶级立场的劳动知识分子，并鼓励学生利用寒暑假返乡时机或者写信的方式做好父母

---

[1] 各地大中学学生积极学习国家总路线 [N]. 中国青年报，1953-12-15（2）.
[2] 我们学习的崇高目的就是为着社会主义 [N]. 中国青年报，1954-02-02（3）.

的工作，让父母对改造的必要性和重要性有更多认识和了解，能积极地接受改造。这个工作，使他们的父母对生产资料私有制改造的重要性和必要性有了更深刻的认识，进一步认清了劳动与剥削、工人阶级和资产阶级之间的界限，逐步坚定了向社会主义过渡的信心。

需要指出的是，在这个过程中，也出现了对青年团员要求过高、过急的情况，如有的学校企图通过总路线的学习，短时期内去解决学生的思想问题，展开挑战、竞赛和典型批判。某师范学校错误地在学生中进行思想检查和典型批判，企图采取简单生硬的办法解决部分学生轻视教育事业的思想。结果，被作为典型来批判的学生，因思想苦闷严重地影响了其学习和健康。有的地方将一些青年中存在的落后思想，一般作为资本主义思想来处理，范围扩大化，一度把正当的生产和交换也作为资产阶级现象进行处理。因为害怕，学生甚至连最日常的吃、穿、用都不敢向摊贩和商户买了，陷入混乱和不安的情绪中。① 青年团及时纠正了这一错误倾向，并在1954年3月发布了《关于总路线教育中防止发生急躁情绪和粗暴做法的通知》（简称《通知》），《通知》分析了这种现象产生的原因，主要是团内理论水平不够，对总路线精神理解存在偏差，对青年团应该"以理服人"的教育方法还没有很好的把握，在教育方法上，应该更多地通过正面启发、循循善诱，树立先进典型的方法，鼓舞广大青年、团员追求进步，使广大青年明白只有在社会实践中才能逐渐和资产阶级划清界限，克服资产阶级思想的影响。并指出这样的做法非但不能对资产阶级思想进行批判，反而会因为急功近利，把整个情况搞乱。在团中央《通知》的指引下，一些地方很快纠正了错误的做法和思想偏向，使青年团对过渡时期总路线的学习和宣传活动重新走上了正轨，并深刻地认识到对青年学生思想的改造，不是企图通过短

---

① 在进一步学习总路线中学校团的工作［N］. 中国青年报，1954-03-09（3）.

时期宣传就能奏效的，而是要结合客观需要和青年学生的思想特点，从本质上区分社会主义思想和资本主义思想，改善和提高思想引领的方法和策略，才能帮助学生们循序渐进地接受和认同，更好地提高他们的社会主义觉悟。

（六）通过开展抵制资产阶级思想腐蚀活动培育青年学生共产主义道德品质

如前文所述，新中国成立后，广大青年学生受封建残余思想和资产阶级腐朽思想的影响，思想中还普遍存在着轻视劳动人民、缺乏吃苦耐劳的品质、学习纪律松懈的情况，根据这一情况，中央提出对青年中存在的纪律和社会风气问题，必须认真研究和解决。

先是上海市团委在经过充分调查研究的基础上，提出了解决方案，即彻底铲除使青年滋生腐化堕落思想的温床，对不健康的书籍和不规范的旧书店、书摊进行整治，对一些毒害青年的流氓头目进行严厉惩罚，对资产阶级腐朽思想的传播活动进行严厉禁止。天津市团委指出了培育学生共产主义道德品质的重要意义：首先，从国家革命总任务来看，目前所开展的社会主义改造和建设工作依然深刻而又艰巨。因为它不仅要进行生产关系上的变革，还要使人们的思想进行彻底的变革，在人民群众中，特别是在青年学生中，如果不能取得社会主义思想上的胜利，那么社会主义建设的胜利也便没有保证。其次，从国家对青年的要求来看，占人口比例五分之一的青年是国家建设的主力军和接班人，如果青年没有良好的道德和优秀的品质，就绝不可能承担这个任务。所以我们学校里培养出来的人才，需具有共产主义道德品质，否则即不能称为社会主义性质的学校。最后，从当前国内外情况来看，国内外的反动势力对中国目前所进行的社会主义革命绝不可能视而不见，一定会跟共产党去争夺青年，占领青年，因此我们必须用社会主义思想去占领青年学生的头脑。因此，从一切方面加强对青年的共产主义道德品质教育是十分必要的，任何低估这一项工作的意义或采取漠不关心的态度，都会在工作中犯原则性错误。对此，《人民日报》发表社论指出："要把培养青年的共产主义道德品质，作为一项常态化的工作，肃清资产阶级腐朽思想对他们的侵蚀，进一步提升他们的思想觉悟。"①1954年11月，团中央书记处针对当前我国青年的思想和道德状况，通过报告跟党中央进行了上报。报告指出青年团在指导青年工作过程中要坚持在党的领导下，关注青年的学习和生活诉求，把培养全面发展人才作为一项特殊任务。大中城市要彻底整顿和清理对青年有不利影响的书店、书摊和娱乐场所，对流氓犯罪分子严惩不贷，用积极健康向上的思想文化去丰富和充实学生的精神世界。中央迅即转发了此报告，再次强调了腐朽和反动势力对青年思想侵蚀的严重性，对此一定要加强对青年进行集体意识和公德教育，让青年养成遵纪守法、热爱劳动的习惯。同时中央也特别指出了青年思想教育中应注意的错误偏向，即对于青年思想的教育要注重从思想入手，而不是靠强制的行政手段来解决，因为思想问题的解决是长期的任务，企图靠几次命令和要求就能达到效果的想法是荒谬的，这就要求我们在实际工作中，切忌把对流氓犯罪分子的打击和对青年的思想教育混为一谈，犯罪行为应该由公安和司法部门去处理和解决，文化局和公安局有义务配合有关部门对文化娱乐场所进行整顿和管理。

中央的指示，进一步明确和界定了抵御资产阶级思想侵蚀的活动的内容、目的以及策略界限。因此在学校帮助染有流氓习气的学生进步时，必须依靠教师（特别是班主任）、青年团和家长的力量来共同进行。并把这项工作看作比较长期的工作，不能急躁、暴躁。要指定能力较强的团员来帮助他们，以同志的态度热情对待，解除他们的思想顾虑，消除对立情绪；要帮助他们温习功课，引导他们参加正当的文娱体

---

① 努力培养青年一代的共产主义道德品质[N].人民日报，1954-11-14（1）.

育活动；要耐心启发他们的觉悟，分析资产阶级思想的危害性和他们遭受腐蚀的原因，并指出前途和努力方向；要帮助他们解决学习上、生活上的具体困难。必须注意不要给他们扣"流氓行为"等帽子，不能急于追求他们腐化堕落或参加流氓组织的情况。对于那些吃好、穿好、爱美、爱跳舞等表现，不能当作腐化堕落行为来批判；对于那些正常的社交和恋爱也不能作为资产阶级思想来批判。因此只要耐心地去团结和教育他们，一般是比较容易改变过来的。毫不悔改的只是个别，即使对这个别的同学，也要做到仁至义尽。① 在宣传教育的过程中，采取批判揭露坏人坏事和表扬奖励好人好事相结合的原则。一方面要引起青年学生警惕，一方面也要在青年学生中树立生动榜样，树立新的道德标准，使青年学生明确新旧道德作风的界限，明确努力方向。然而这种表扬，除了在报纸上进行宣传外，在基层中也可以进行，但不能规定每个班级都要表扬，以免造成形式主义。此外，对学生开展共产主义道德教育，应通过多种途径进行，如把它融入学生的日常学习生活中，课内外的教学和活动中。教育方法除听报告、阅读文件、开会讨论外，老师在课堂中也可以通过寓教于乐的形式，让学生愉悦地接受共产主义道德的教育。济南市第六中学的学生举行班会，根据中国青年和中国青年报刊载过的材料，讨论王汝彬是如何走上歧路的和马小彦是怎样腐化堕落的两个问题，他们在座谈中认识到好逸恶劳、贪图享受会使青年人走上歧途、腐化堕落的危险。学生们还以"学习英雄模范人物的高贵品质，做一个对祖国有贡献的人"为主题进行了座谈，他们座谈了吴运铎的共产主义人生观和优秀团员徐人武的社会主义劳动态度，都表示愿意很好地学习这些高贵的品质。济南第二中学还运用展览会、壁报、黑板报等形式

---

① 在学校中进行共产主义道德教育工作中的体会［N］.中国青年报，1955-02-26（2）.

宣传本校的好人好事，对学生们的启发教育也很大。① 在寒暑假中给学生专门介绍对青年有教育意义的影片，推荐一些寒暑假读物等。这些做法把培养学生共产主义道德品质活动推向了高潮。

这场教育活动从 1954 年 10 月开始，于 1955 年 7 月告一段落，经历了 10 个月。全国范围内有 135 个大中城市参与了这次抵制资产阶级思想侵蚀的活动，使整个社会对青少年的健康成长都引起了高度的重视，削弱了资产阶级腐朽思想对青年的影响，也改进了青年团的工作方式。如广州市从 1954 年 12 月至 1955 年 2 月，对其中的五所高校和三十六所中学的学生，通过表扬好人好事、召开家长会和检查校青年团工作等方式，开展了集中的共产主义道德教育活动。这次教育活动使教师、家长和青年团都更加重视对青年的共产主义道德教育。比如教师们认识到，在教学中要把教书和育人结合起来，课堂教育和课下教育结合起来，向学生分析资产阶级腐朽思想的危害性；家长也开始注重对孩子进行道德品质方面的教育，改变了之前只依靠学校教育的错误想法；学生也得到了普遍的教育，集体主义观念和社会主义觉悟都有所提升，加强了对自身道德品质的培养；学校青年团的工作也得到了改进，纠正了对落后学生轻视和区别对待的错误态度，积极关心关注学生的文化娱乐活动和身心健康问题，加强了团和群众之间的关系。② 对此，团中央书记处在 1956 年 9 月，就这次教育活动的开展情况向党中央进行了汇报总结，再次指出，这次活动虽然只开展了 10 个月，效果也很显著。同时提出，思想教育和引领工作是一项常态性的工作，尤其是对一些落后青年的思想引领应该常抓不松懈，为今后的青年思想引领工作提供了方向。

---

① 济南中等学校加强共产主义教育 [N]. 中国青年报，1955-02-05 (1).
② 广州各学校怎样进行共产主义道德教育的 [N]. 人民日报，1955-04-06 (3).

<<< 第三章 新中国成立初期党对青年学生思想引领的方针原则与实践路径

三、社会实践：组织青年学生参加社会实践实现思想引领

列宁在谈到青年任务时曾指出，从做人的角度来讲，青年要想真正的成熟，懂得正确对待自己、对待他人、工作及社会，就必须要接受生活的锤击和参加社会实践活动，才能在为人处事和对待各种关系上做到张弛有度；做学问亦是如此，社会实践活动是获得知识的重要途径，而理论知识只有在指导社会实践中才能改造社会。因此开展对青年学生的思想引领工作，仅凭政治课的学习还是不够的，青年学生要真正了解党在群众中开展工作的情况，增强与工农群众的感情，还要参与广阔的社会实践活动。因为思想引领工作只有结合实际，才能打动人心，才不干瘪、枯燥。青年学生本身由于年纪轻，绝大部分无劳动的实际体验，还没有亲身参加变革社会的实际斗争，正因为如此，在思想引领中，注意不要使青年学生的生活和社会隔绝，仅仅限制在课堂学习上，而要丰富他们的生活，加强他们和社会上的联系，特别是加强他们对劳动人们的情感；注意不要使青年学生成为纸上谈兵的书生，而要成为知和行统一的革命实践者，须知反复向学生讲述革命理论，还不能巩固地培养起学生热爱劳动、热爱劳动人民的思想感情，因此，从他们青年时期，需要组织一些具体的实际活动，培养他们为公共事务服务的习惯和才能，使他们在活动中接受劳动和斗争的锻炼。对此，全国学校工作会议特别指出，学校团在今后工作中，除了继续认真地帮助学生学好政治课、搞好时事政治学习外，还要多组织青年学生参加社会实践活动，开展革命传统教育的活动，加强劳动锻炼，更好地组织义务劳动，组织青年学生与工农建立联系制度，开展义务帮助，组织各种讲演宣传工作和文化艺术体育等活动。让学生在接触实践，参加活动中，受到感染、教育和锻炼。列宁曾说过，只有在为公共事业服务的实践过程中经受锻炼，并能

从中获得实际效果时，青年学生才能真正成长为共产主义者。

我们看到在国民经济恢复时期，各地学校学生利用暑假实践积极参与社会实践活动，在国家的各项中心任务中做出了自身的贡献。如南京大学土木系一年级学生唐九如写道："当同学们看到抗美援朝总会关于捐献飞机大炮的号召以后，就纷纷讨论如何响应。我们南京大学土木系一年级的三十三个同学，在今年暑假志愿参加了伟大的治淮工程。修治淮河是一件伟大的工程，我们为能参加这样一个伟大工程而感到无比的光荣。可是它也是一个艰苦的工程，所以我们思想上都做了准备，比如天气热、工作忙、饮食起居不如在学校周到，和在工作中可能碰到的一些困难等。但这些困难绝对吓不倒我们，我们决心完成上级交给我们的一切任务。我们要以志愿军同志们战胜一切困难的精神做榜样，时刻牢记住毛主席'一定要把淮河修好'的指示。这样，我们一方面是直接参加了祖国的建设事业；另一方面也可以将所得工资捐购飞机大炮，巩固国防。"① 在抗美援朝期间，全国各地学生通过踊跃捐赠和参加各种义务劳动，支援抗美援朝。如北京市有一千多名男同学通过搬运工作来支援运动，有一千多名女同学参加了棉被缝制工作。大量来自东北的学生，以校或者团支部为组织去到农村、工厂和劳动建设队帮助增加生产，然后将劳动收入捐献飞机大炮。此外，全国大部分地区如贵州、广东、广西等地的学生，结合当地的实际情况，深入县里和乡下，对广大人民群众开展了关于抗美援朝和土地改革、镇压反革命运动的宣传和教育工作。一些工科院校和专业技术学校的学生，把自己所掌握的理论知识运用到实践中去，走进工厂和矿山参加实习，其中东北有七千学生，华北有四千学生参加了实习，还有的地方通过组织旅行团的形式，带领学生旅行参观，对学生开展爱国主义教育。比如东北、天津就组织了这

---

① 利用暑假参加治淮工程把所得的工资捐购武器［N］.中国青年报，1951-07-27（3）.

样的活动。① 来自沈阳的三百名大学生和中学生，他们通过向郊区农村的干部宣传和讲解国家政治制度、青年团等一系列问题，采取农民干部喜闻乐见的方式，来帮助他们提高政治觉悟，增进对国家政策的了解，在这个过程中，学生自身也得到了锻炼和提高，对农村和农民的情况更加了解。北京的学生还进行了生物研究和航空航天模型、无线电等的研究，这些研究活动既提升了他们的业务能力，也达到了增产捐献的目的。② 与此同时，广大青年学生还利用课外时间和寒暑假积极组织军事体育活动。其中游泳是同学们选择最多的项目。为此很多城市如北京、天津、长沙等地还举办了游泳比赛。首都的很多学校在解放军的帮助下，还举行了打靶和露营等活动，西南各地的高等学校和中等学校为让学生们更好地开展各种娱乐活动，还在暑假建立了"暑假俱乐部"。

随着国民经济的恢复，党在1953—1956年开展了大规模的经济建设，为适应过渡时期总路线的任务和要求，各校团和学生会组织学生开展了广泛的实践活动，如与附近的工厂、农村建立一定的联系，利用课余和假日，分批组织学生到工厂、农村工作，如进行时事政策宣传、帮助三定到户、建社扩社等农村的中心工作，进行文艺表演、义务劳动、帮助建立识字班和夜校、建立文化馆、建立图书室等，还分配青年团员帮助农村的团支部进行组织工作。高等学校还帮助工厂、农村研究改进生产技术，推广先进经验。通过生产劳动，学生印证、巩固和加深了理论知识，认识到了每门课程与实际的联系，锻炼了学生实际操作的能力，并且初步学习运用理论知识去解决实际问题。比如，清华大学和北京农业大学经常组织和引导学生，进到农场帮助农民收割小麦，还有部分高校组织学生在暑期参加打扫马路、植树等社会义务活动。1956年

---

① 各地学生度过有意义的暑假 [N]. 中国青年报，1951-09-07 (2).
② 沈阳全市大中学生寒假活动计划确定 参加各种训练班 [N]. 人民日报，1950-01-19 (3).

12月，随着寒假的到来，全国各省的教育厅和团省委，都下发了《关于寒假学生活动的联合通知》。吉林省动员家在农村的学生，积极参加农业合作化的各项宣传工作。江西省组织学生寒假下乡队，参加整社、建社工作。甘肃省要求回乡学生帮助合作社会计学文化、学算数、学会计工算账。青年团广西省委号召回乡学生，帮助民校和识字班上课，动员文盲入学，教会自己的亲戚识字。江苏省发动学生在寒假中，开展教会一个文盲读第一本书的运动。此外，在春节期间，吉林省发动学生帮助工厂和农村开展文娱活动，慰问军烈属。贵州省要求回乡学生，教会农民唱歌。各地还组织学生参加植树造林、消灭"四害"等活动。① 正如毛泽东所提出的，只要学生们愿意去，就欢迎他们去。……好的坏的，让他们看看，自由地议论发表意见，只有好处，没有坏处。事实证明经过生产实践，学生普遍感到，过去在学习时忽略的，现在注意了；模糊的，明白了；肤浅的，深入了；抽象的，具体了；死的知识变成了活的知识。并且有的学生能够提出一些改进生产的合理化建议。如东北工学院学生1955年在各地的实习生，给厂矿提供了有关技术改进、提高质量、改进劳动组织、技术保安、劳动保护等各方面的建议二百八十九种。② 同时，由于亲身参加劳动，生产实习又给学生带来生动的丰富的思想教育。学生在实习后更加热爱自己的专业，从实际中认识到了工人阶级的优秀品质，知道要将自己锻炼成爱祖国、爱劳动、能联系群众、深入实际的新型建设人才。如天津大学学生通过帮助农民捡麦穗，懂得了农民的艰辛和粮食来之不易，回校后自觉发起了节约粮食、珍爱劳动的倡议。

一言以蔽之，参加广阔的社会实践活动，既可以使青年学生更好地接触到劳动人民，可以学到劳动人民优良的革命品质和阶级斗争的实际

---

① 号召学生寒假回乡教学、教歌、宣传政策［N］. 中国青年报，1956-01-22（1）.
② 生产实习中学校青年团的工作［N］. 中国青年报，1956-12-23（2）.

知识，培养热爱劳动人民的感情，增强为工农服务的思想，又可以使学生了解和熟悉我国社会主义建设和改造的实际情况，帮助学生学习和运用党和国家的政策。

四、其他形式：采取读书、讲座、展览等方式进行思想引领

为取得思想引领的良好效果，党在实践路径和策略上进行了精心安排，在形式上也采取了灵活多样的方式，除通过在学校开设政治课、业务课、时事政治课，广泛动员学生参加政治运动外，还普遍采取了组织学习、宣传教育等方式，通过读书报告会、参观展览、广播报刊歌曲、举行纪念日活动以及树立先进典型等多种形式，青年学生对国家时事方针政策有了更加感性直观的了解，提升了思想引领的吸引力和感染力。

首先，采取读书报告会和讲座学习的形式开展思想政治教育。新中国成立后，为了对广大青年学生进行思想改造和学习，各学校纷纷组织了读书报告会。1951年5月，胡乔木强调："通过成立和组织各种读书学习会，引领他们更好地学习马克思列宁主义理论，以彻底扭转他们旧有的资产阶级思想观念和思维方法。"[1] 如清华大学通过专题报告的形式对广大师生开展思想政治教育，帮助学生消除了旧社会遗留下来的消极影响。北京大学专门邀请周恩来为广大师生作《关于知识分子的改造问题》的报告，极大地鼓舞了师生。习仲勋指出："通过反复学习，广大青年学生从思想上和政治上都获得了很大的进步，他们中的绝大多数都表示愿意相信共产党、为人民服务。"[2] 此外，为增强学生对时事

---

[1] 党的宣传工作会议概况和文献（1951—1992年）[M]. 北京：中央党校出版社，1994：23.
[2] 中共中央统战部研究室. 历次全国统战工作会议概况和文献[M]. 北京：档案出版社，1988：125-126.

政策的学习和理解，1951年4月18日，教育部规定华北各地区的学校要通过开设时事讲座，成立"时事学习委员会"等形式，帮助学生了解国内外最新形势与政策。

其次，采用展览、报刊、座谈会、歌曲等形式开展思想政治教育。比如中学在少年儿童队的带领下，组织学生开展课外游戏活动，将课本知识与实际知识相结合，进一步巩固和深化课堂内容知识，在保证正常上课的情况下，带领学生参观历史博物馆、烈士馆、战绩展览会，让学生阅读一些书籍，如《我最敬爱的英雄》《马克思》《毛泽东》等，举办座谈会或者故事会，让学生相互分享和交流彼此的看法、感受，这种形式深受学生喜爱。高校也充分利用各学校的资源对学生进行宣传和教育。如金陵大学开展了"美帝国主义侵略史料展览"活动，帮助学生进一步认清美帝国主义侵略的本质，清华大学的团委和学生会则选择在学生吃饭的食堂播放广播、在学校的墙壁上办板报、播放激昂的歌曲等形式宣传抗美援朝。同时借助青年团报刊协助党对广大青年进行思想教育，在对青年学生进行思想引领时，青年团的报刊充当了各级团委的得力助手，其中《中国青年报》和《中国青年》是广大青年最喜爱的报纸杂志。据统计，截止到1953年7月，这两种报纸杂志的发行量已经达到了40多万份，团中央领导的中国青年出版社出版的书籍有429种，发行达3600万册。如《卓娅和舒拉的故事》一书发行119万余册，这些报刊对广大青年学生产生了深刻的影响，帮助他们及时地了解国家的方针政策，有的地方团组织还有计划地组织青年学生听取先进人物的报告、读报、看电影等，并取得了显著的效果。

最后，树立先进典型和举行纪念日活动的方式开展思想政治教育。革命时期，共产党就非常重视先进典型的模范作用。新中国成立后，党继续发扬这一优良传统，在对青年学生进行思想引领时，也非常重视发现典型和树立典型的方法，宣讲先进典型的英雄事迹，这一方式对学生的思想观念和行为方式起到了示范和榜样的作用。比如，在镇压反革命运动中，结合19岁青年团员丁佑君的事例教育广大学生，丁佑君面对敌人的各种酷刑宁死不屈的精神鼓舞和感动了无数青年学生。这次活动让广大青年学生坚定了革命立场，意识到人民中隐藏着可恶的敌人，他们随时准备着破坏国家，学生们要保持高度警惕，争做积极有为的中国新青年，敢于跟敌人做斗争。同样在抗美援朝运动中，也出现了大批英雄模范人物，值得广大师生学习，比如为胜利而自我牺牲的邱少云体现出的集体主义精神和罗盛教舍己救人的国际主义精神等。除此之外，党还通过纪念日活动开展对青年学生的思想政治教育。比如北京解放后第一个五四纪念日，就举办了隆重的纪念活动，来自北京大学、清华大学等80多所大学、中学和青年团体等将近31000人参加此次纪念活动。[1] 1955年12月，全国各地的大中学校学生隆重纪念"一二·九"运动二十周年和"一二·一"运动十周年，首都的中国人民大学、清华大学、北京大学、北京师范大学等校学生都已举行了纪念大会。武汉市许多学校的学生下乡做宣传，帮助农业社的会计提高业务能力。昆明市除举行了全市学生的纪念晚会外，还开展了各种分散活动。天津市的学生把最近几天作为纪念周，分别举行纪念晚会和学生运动图片、实物展览会。[2] 这些纪念活动是宣传马克思主义和毛泽东思想的有效途径，提升了中国革命理论在思想领域内的威望，提高了全社会对这一理论的认同，进一步确立了马克思主义和毛泽东思想的指导地位。

---

[1] 青年歌声响彻古都！北平市三万大中学生集会游行纪念五四叶市长号召青年学习建国工作［N］．人民日报，1949-05-05（1）．
[2] 隆重纪念"一二·九""一二·一"［N］．中国青年报，1955-12-08（1）．

– 第四章

新中国成立初期党对青年学生思想引领的经验、成效与不足

新中国成立初期,党对青年学生的思想引领工作在新的历史环境下得到了全面展开和蓬勃发展。在具体实践过程中,一方面取得了重大成效,积累了宝贵的历史经验;另一方面由于受历史条件和当时认识水平的限制,也留下了深刻的教训。科学评价这一时期党的青年学生思想引领工作,必须站在新中国成立初期的历史背景下,才能做出客观公正的评价。

第一节 新中国成立初期党对青年学生思想引领的基本经验

新中国成立初期,党对青年学生的思想引领紧密围绕着这一时期的中心任务全面展开,并积累了丰富的思想引领工作经验。系统总结其经验,是做好新时代青年学生思想引领工作的内在要求和必然逻辑。

一、重视确立马克思主义在意识形态领域的指导地位

马克思在《共产党宣言》中指出:"无产阶级取得政权后,既要通

<<< 第四章　新中国成立初期党对青年学生思想引领的经验、成效与不足

过革命力量铲除资产阶级的物质基础,也要消灭资产阶级的精神力量,建立起无产阶级的意识形态,以巩固无产阶级的统治地位。"① 新中国成立后,共产党成为全国性的执政党,但这并不意味着占统治地位的思想也相继得到了确立。因为旧社会条件下的封建思想、资产阶级思想和国民党统治下的反动思想等残余依然存在,并支配着人们的行为,妨碍新政权的巩固和社会主义事业的发展。所以,为增强青年学生对新生政权和共产党执政的认可和拥护,除快速地恢复国民经济外,当务之急就是要清除封建思想和国民党反动思想的影响,高度重视确立马克思主义在意识形态领域的指导地位,用马克思主义意识形态来统领各种社会思潮,解决社会转型给他们带来的价值冲突和思想观念的困惑。正如戴维·伊斯顿所说:"信念或者信仰在权力关系中是至关重要的工具,要求我们必须在任何时候、任何地方都要重视它。"②

这一时期,党高度重视确立马克思主义在意识形态领域的指导地位,主要体现在以下两点:一是在中等以上学校实施马克思主义理论教育制度。即把马克思主义理论教育纳入学校课程教育之中,用马克思主义理论来武装和统领青年学生们的思想。胡耀邦曾在第二次全国团代会上指出:"广大青年要努力学习马克思列宁主义和毛泽东同志的著作,不断地提高理论、政策和业务水平。"③ 对此,党主要是从两方面重视加强马克思主义意识形态教育的:一方面,坚持党对大中学校的领导,建立新教育制度加强对思想教育工作的领导,为确立马克思主义意识形态领导地位提供保障。新中国成立后,党就着手对旧的教育制度进行接管和改造,废除原有的旧的教育制度和反动课程,创建新的教育制度和

---

① 马克思恩格斯选集:第1卷[M].北京:人民出版社,1995:248.
② [美]戴维·伊斯顿.政治生活的系统分析[M].王浦劬,等译.北京:华夏出版社,1989:327.
③ 胡耀邦.团结全国青年在建设祖国的伟大行列中奋勇前进[N].人民日报,1953-07-06(1).

开设马克思主义课程。1955年3月,全国学校教育工作座谈会针对学校中的党建工作进行了集中讨论,并强调要配足配强学校的领导骨干,加强各级党委对学校思想教育工作的领导和监督。[①] 另一方面,对各级各类课程进行调整,其中"增设马列主义课程""逐步改造其他课程"成为各级各类学校课程的实施原则。新中国成立后,对旧中学的改造就是要开设政治课,把马克思主义作为学校教育的重要内容,以此和旧制度时期的封建教育及国民党反动教育区别开来,也是新时期新型中学教育改革的关键环节。虽然全国不同地区中学开设的政治课程和课时不尽一样,但都是围绕着马克思主义内容进行讲授的,帮助中学生消除了旧社会留下来的反动思想,以对党领导的革命、对马列主义、毛泽东思想有更多的了解和认识。高等学校结合国内外形势的变化和青年学生的需要,通过开设社会发展史、新民主主义论以及政治经济学等课程,对学生进行马克思主义教育,确立马克思主义的世界观。如1951年9月,各高校开设了辩证唯物主义和历史唯物论课程,帮助学生进一步树立了唯物史观,坚定了马克思主义的立场。同时为了提升政治课教育的效果,1952年9月,中共中央下发了《关于培养高等、中等学校马克思列宁主义理论师资的指示》,提出要全面提升大学和中学政治理论课老师的业务能力和授课水平。为避免中学和大学政治课重复的问题,教育部还作出了特别的指示和要求,将高校的新民主主义论课程改为中国革命史,帮助学生理解中国政治发展的基本规律和中国革命的基本问题,确立革命的人生观。通过几年的实践探索,此后,高等学校的政治理论课又经过多次的调整,使其在内容设置和学时安排上都更加的科学合理,保证了学生能够受到更加系统完整的马克思主义理论教育。二是学校青年团、学联等组织在党的领导下组织的社会运动和实践活动,以及

[①] 马齐彬,等. 中国共产党执政四十年:1949—1989 [M]. 北京:中共党史资料出版社,1989:93.

在教师中开展的以学习为重点的思想改造运动等一系列举措,让青年学生在实践中也普遍接受了马克思主义理论的教育,对阶级、剥削、国家政权、无产阶级专政等概念有了进一步的认识和了解。如在土地改革运动中,青年学生通过积极参加土地改革,从农民的生活处境中,感受到了他们被地主阶级的压迫和剥削,对劳动者和剥削者有了明确的判断;在抗美援朝运动中,成千上万名青年学生积极报名参军,通过捐赠、写信支援和鼓励前线志愿军,展现了青年学生的使命与担当;在社会主义改造运动中,青年学生通过走进农村、走进工厂、走向社会,感受到了社会主义建设的艰巨和伟大,并表示愿意为社会主义制度的确立提供思想动力和智力支撑。

综上所述,新中国成立初期,党对马克思主义意识形态的重视,使青年学生对马克思主义理论的接受程度逐渐提高,为中国共产党执政的合法性提供了价值支撑,也为新中国培养全面发展的新型人才奠定了坚实的思想基础,成为新中国成立初期党对青年学生思想引领的重要经验。

二、坚持教育与生产劳动实践相结合

马克思认为:"教育和生产劳动的结合是未来教育发展的方向,这种方式不仅可以有效地提高生产效率,也是实现人的全面发展的必由之路。"[1] 列宁指出:"通过教育和引导,促使广大青年积极参加社会生活,坚持自觉和诚实的劳动态度,是衡量每个人政治觉悟的重要标志。"[2] 1934 年,毛泽东提出这样的观点:"苏维埃文化教育的方针就

---

[1] 马克思恩格斯文集:第 5 卷 [M].北京:人民出版社,2009:556-557.
[2] 项南.为社会主义建设培养新人 [N].人民日报,1955-09-29 (3).

是将教育和生产劳动相结合。"① 正是马克思主义经典作家和革命时期教育和生产劳动相结合的思想,为新中国成立初期的青年教育工作提供了理论依据和实践参考。新中国成立前夕,《中国人民政治协商会议共同纲领》就把爱劳动作为"五爱"之一,作为文化教育方针政策制定了下来。全国各高等和中等学校根据《中国人民政治协商会议共同纲领》的指示和要求,高度重视对学生的劳动教育,把教育和生产劳动结合起来。之所以重视劳动教育,是因为劳动教育是共产主义教育的一个重要组成部分。它的根本任务就是教育学生划清劳动与剥削的界限,培养学生尊敬劳动、鄙视剥削的思想感情;教育学生重视和爱护劳动人民体力劳动和脑力劳动的成果;培养学生坚韧工作的技能和习惯;教育学生树立对劳动的自觉的社会主义态度,从而提高学习的自觉性,积极准备为祖国而劳动。这一思想构成了新中国成立初期党对青年学生思想引领的重要经验之一。

新中国成立初期,党和国家高度重视对学生进行劳动教育,也有现实层面的客观需要:一方面是通过生产劳动更好地为国家建设和生产建设服务;另一方面是为了缓解初中毕业生升学问题的紧张局势。1954年3月,习仲勋指出:"当前中学教育的任务,除了要为高校培育新生力量,还要为国家输送具有文化知识的劳动力,因此,组织动员初中毕业生积极参加生产劳动和社会建设,是非常有必要的。"② 青年团提道:"1954年暑期初中毕业生有60多万人,比上一年增加了三分之一,这部分毕业生曾经饱受没有文化之苦,加之物质条件有所改善,更愿意继续学习,提升自身的文化水平,这种想法和打算也是可以理解的。但是鉴于目前国家对劳动人才的迫切需求,中学承担着向高中培养新生力量

---

① 建国以来重要文献选编:第11册[M].北京:中央文献出版社,1995:418.
② 何东昌.中华人民共和国重要教育文献:1949—1975[M].海口:海南出版社,1998:294.

<<< 第四章 新中国成立初期党对青年学生思想引领的经验、成效与不足

和为社会输送劳动力量的双重任务。一大批有知识有文化的青年参与劳动生产，对于实现我国社会主义改造，实现向社会主义的过渡具有重要的意义。"① 中央宣传部对此也作出了明确要求，中学教育的任务，是要培养全面发展的社会成员，因此要教育广大青年学生端正社会主义劳动态度，树立劳动最光荣、劳动最伟大的观念。针对初中毕业生参加劳动，是为了解决升学紧张这一现实问题，教育部党组作出指示，把教育和生产劳动结合起来，一方面是国民经济发展水平暂时还不能满足人们的需求；另一方面，是中学教育目标和任务的题中之义，也是对之前忽视劳动教育的反思与纠正。1954年4月6日，时任教育部副部长董纯才在劳动教育座谈会上表示："通过加强学校的劳动教育，其目的是让广大青年学生懂得劳动是光荣的，自觉养成爱劳动的好习惯，树立优秀的劳动品质，在校学习有关工农业生产的理论知识，关键是为了更好地参加劳动。"② 1954年9月，北京市青年团在报告中指出："义务劳动是培养学生集体劳动习惯和热爱公共事业精神的有效形式，也是国家财富创造的重要途径。"③ 1955年5月10日，天津市青年团作出了《关于向本届初中毕业生进行思想教育的工作计划》（简称《计划》），《计划》指出，本届初中毕业生为16500人，不能升学的有7100人，比去年多4700人，由于学校中加强对学生的劳动教育，本届初中毕业生在参加劳动生产问题上极端抵触的情绪已大为减少。但是社会各阶层人们对劳动、对初中学生的前途的错误看法都还在影响着学生，所以问题仍很多，我们将初三工作列为5月的重点工作，配合行政正确的、全面的讲清政策，稳定情绪，切实加强对初三学生的劳动教育，使他们能够自觉

---

① 何东昌. 中华人民共和国重要教育文献：1949—1975［M］. 海口：海南出版社，1998：313.
② 董纯才. 劳动教育座谈会上的讲话［N］. 中国青年报，1954-04-06（1）.
③ 李玉琦，李艳. 新中国青年工作编年纪事（1949.10—2012.5）［M］. 北京：中国青年出版社，2012：25.

地按照国家计划升学、就业、安心自学。① 与此同时,党中央对高等院校作出明确指示,高校学生的思想政治教育要把政治理论学习与生产劳动锻炼有机统一起来。1954年5月,高等教育部强调:"组织学生参加生产实习,目的是进一步巩固专业知识,增强学生的劳动意识和为人民服务的意识。"② 此后高等学校把劳动教育视为校内课堂思想政治教育的拓展和延伸,把大学生的毕业实习和生产实习作为教育教学的重要工作,使学生接触广阔的社会,进而热爱劳动、热爱劳动人民,正确认识劳动的崇高意义,明白只有依靠全体劳动人民的劳动才能建设社会主义,轻视体力劳动,轻视劳动人民都是不对的。

正如毛泽东所说:"人的认识主要来自物质生产劳动,通过生产劳动在一定程度上逐渐认识了人与人的相互关系。"③ 广大青年学生通过社会实践和生产劳动,广泛接触劳动人民,通过参加农村劳动,倾听了贫苦农民的生活遭遇,进一步增进了对地主阶级的认识和仇恨;通过在工厂实习,让工人师傅讲述他们工作的经历以及邀请劳动模范到校演讲等方式,让学生进一步坚定了工人阶级的立场;通过组织学生和广大工农群众同吃、同住、同生活,让他们看到了广大劳动人民所蕴含的创造力和身上勤劳朴素的宝贵品质。

三、充分尊重和照顾青年学生的利益

新中国成立初期,要解决巩固新政权、恢复国民经济以及社会主义

---

① 关于向本届初中毕业生进行思想教育的工作计划[A].天津:天津市档案馆馆藏,401206800-X0198-C-000729-013.
② 何东昌.中华人民共和国重要教育文献:1949—1975[M].海口:海南出版社,1998:322.
③ 毛泽东选集:第1卷[M].北京:人民出版社,1991:282-283.

改造等一系列问题，都需要充分发动社会各阶层力量，特别是具有一定知识文化和掌握专门技能的青年学生，他们对社会发展具有巨大的推动作用。所以广大青年群体就成了共产党所争取的对象，但共产党能不能得到青年的信任，调动起青年的积极性，关键在于能否根据青年的特点充分尊重和照顾青年的利益。马克思曾指出："思想一旦离开利益，就一定会使自己出丑。"① 人们赞成什么、反对什么，都与他们的利益紧密相关，利益的满足是人们对执政党合法性产生认同的重要因素。只有民众的个人生存和生活利益得到满足，人们才会去认同给他们带来这些变化的领袖人物、政党和制度。青年利益是保障青年生存和发展的基本前提，因此，新中国成立初期党在开展思想引领工作时，关注青年的需求，从经济利益、政治利益和文化利益等方面给予广大青年学生充分的尊重和保障，是这一时期党能够发动青年，依靠青年和赢得青年的基本经验之一。

（一）通过设置人民助学金和解决学生就业等保障其经济利益

马克思说："物质生活资料是人类从事其他一切活动的基础。"② 只有这些基本的物质利益被满足，人类才有可能从事其他的活动，所以，人们努力所要争取的一切都与他们的利益息息相关。

经济利益的满足程度直接关乎政治权利和文化权利实现的程度，青年的经济利益是他们生存和发展最直接、也是最为现实的需要。事实证明，青年的利益得到合理的尊重和满足，直接关系到社会的长治久安和未来的发展。新中国成立初期，党把经济利益作为青年学生最基本的利益，在经济基础比较薄弱的时期，尽可能满足青年学生的需求。如党和中央人民政府通过设立人民助学金等形式，帮助那些因连年战乱而导致

---

① 马克思恩格斯全集：第2卷［M］.北京：人民出版社，2005：103.
② 马克思恩格斯全集：第1卷［M］.北京：人民出版社，1995：187.

家庭困难交不起学费的学生。1950年7月25日,政务院作出了明确的指示:"要求全国各大行政区军政委员以及所属的人民各省市人民政府,应采取必要的改革和措施来积极维持公立学校以及私立学校,通过减免学费、师生互助、自力更生、战胜困难的方法保障学生不因经济困难而失学。"① 1952年7月8日,政务院下发通知,为改善学生健康状况,使学生的待遇标准统一起来,在各中高等院校,用人民助学金制度代替原来的公费制,并提高助学金标准。随后7月23日,教育部就出台了《关于人民助学金调整的具体标准、评定标准和办法》,在普通高等院校和中等学校中废除供给制,改为人民助学金制度并统一规定了助学金标准,对于高等学校的学生一律予以助学金。② 自从中央人民政府政务院颁布全面调整各级学校的人民助学金以后,各地学生热情述说人民助学金解决了他们的实际困难。家庭贫苦的师范学生享受全部公费待遇,其他有困难的同学也得到了适当的帮助。伙食也大大改善了,而且有钱购买书籍和文具。贫苦烈属、军属的子弟还受到特别照顾。如湖南省第二师范烈属子弟刘庆华来信说,他家里缺乏劳动力,眼看就要失学,但是中央人民政府为他的家庭做好代耕,发抚恤粮,又动员他继续上学;他在学校里也得到了甲等助学金。这就替他解除了上学的一切困难,使他能够安心而且幸福地学习。同学们表示,人民助学金应该给予家庭贫苦的同学;家庭境况较好的同学一般也都能发扬互让的精神,自动放弃。比如,王子英写道:"解放后我家分了地,生活比从前好过十倍,我又快要毕业了,虽然也有些困难,但很快就可以克服了,把助学金给那些比我困难的同学吧。"③ 人民助学金的设置表现了党和毛主席

---

① 中华人民共和国教育大事记:(1949—1982)[M].北京:教育科学出版社,1984:22.
② 中华人民共和国教育大事记:(1949—1982)[M].北京:教育科学出版社,1984:60.
③ 各地学生感激祖国关怀[N].中国青年报,1952-12-02(4).

<<< 第四章　新中国成立初期党对青年学生思想引领的经验、成效与不足

对青年学生的亲切关怀，同时也反映了祖国各方面获得了伟大的成就，使国家有力量更好地照顾学生。所以学生流露了无限热爱和对未来幸福学习生活的向往。他们向毛主席保证，决心努力学习，练好身体，准备将来做一名优秀的人民教师。在此基础上，1952年6月27日，政务院还下发了《关于在全国高校实施公费医疗制度的通知》，充分保障了学生的健康。

与此同时，党和国家还非常关心和注重解决学生的就业问题。旧中国时期的大学毕业生主要是自谋职业，国家不包分配。新中国成立后，高等学校在政府的接管和改造后，学生的工作由国家统一分配。1950年6月22日，中央政务院下发了《关于高等学校暑期毕业工作的通知》（简称《通知》），《通知》规定："首先是为保证17539名毕业生更好地适应国家需要，特别是国家重点建设需要；其次是各地区部门业务上的需要，避免在分配中出现混乱和不均衡情况，必须对分配工作进行合理和有计划的安排。"[①] 并指出在具体工作中，要兼顾国家需要和尊重毕业生个人意愿，做好深入细致的思想政治教育工作。对此，政务院专门下令教育部和人事部，指出："毕业生要遵循政府安排统筹分配，更好地服务于人民，如果有学生自愿择业者，也可按照学生的意愿执行。"[②] 为贯彻这一政策，中共领导人在学生毕业前，会跟学生进行面对面的沟通和交流，比如，北京高校在学生毕业前，都会邀请周恩来总理、陈毅副总理、彭真市长给毕业生做报告，这项活动一直到"文化大革命"结束才不得已终止，充分表明了党对大学毕业生未来的关心和期待。正如毛泽东所说："全国六亿人口我们都要管，不仅缺粮户我

---

① 高等教育文献法令汇编：（1949—1952）[M]. 北京：高等教育办公厅，1958：127.
② 中华人民共和国教育大事记：（1949—1982）[M]. 北京：教育科学出版社，1984：54.

们管,城市青年想上学,想去农场、工厂或者是边疆,我们总要给个安排。"①

对于国家的安排,各学校学生纷纷表示,要积极响应国家号召,做祖国需要的事情,愉快地走上工作岗位。如北京大学毕业生乐黛云说:"在我们学校,毕业生们完全懂得自己的责任。按祖国的分配去为祖国服务已经是我们唯一的愿望了。我们保证服从祖国统一分配,在国家最需要的工作岗位上,贡献自己的青春。我们将并肩前进,我们将永不掉队。我们班同学王积贤很早就说立志想做摄影记者,最不愿做教员。但是当祖国号召文、史等系的毕业生走向教育工作岗位的时候,他就说:'现在国家需要教员,因此我必须要做国家最需要我做的事。'因此大家都为着祖国几年来对自己的培养和教育,为着自己能够在伟大祖国的土地上劳动和生活而感到骄傲。一位过去不爱参加政治活动的同学也说:'国民党时代,毕业就是失业,它意味着即将开始饱尝人间辛酸了;而现在是那么光明、妥帖。我不想说别的,只想如何为祖国更好地贡献自己的一切!我们现在都争取着做到百分之百的同学坚决越快地走向工作岗位,以此作为党的生日——七一的献礼!'"②

(二)赋予青年学生参与国家事务管理和政治活动等权利以保障其政治利益

青年的政治利益指的是在参与国家政治生活时自身权利和地位的实现,青年参与国家政治生活是促进政治变革和推动民主结构更完善的重要保障。新中国成立初期,党在满足青年学生经济利益的同时,还非常重视保障青年学生的政治利益。主要表现在以下几个方面:

首先,保障青年学生参与国家事务管理的权利。随着新政权的建

---

① 毛泽东文集:第7卷[M].北京:人民出版社,1999:187.
② 做祖国需要做的事——这就是我们的志愿[N].中国青年报,1952-06-27(3).

立，国家的政治体制改革和民主化进程也相继而来，客观上为青年学生参与国家事务管理创造了有利条件。《中国人民政治协商会议共同纲领》中也明确地指出，青年具有进行批评和申诉，提出检举和控告的权利。同时，这一时期的青年还拥有一定的民主自治权利，参加民主选举、行使民主监督的权利等。这些政治上的权利极大激发了青年学生参与政治的热情，社会主义改造时期，广大青年学生主动参与政治实践活动就是最好的证明。

其次，广大青年学生通过青年团组织可以参与各种政治活动。青年团为党和青年学生之间架起了一座桥梁，在团结、组织和服务青年方面发挥了重要作用。胡耀邦曾说过："青年团是团结青年群体的核心，不断地教育青年不仅要服从国家和人民的利益，也要为自身的特殊利益而斗争。"[①] 此外，全国的青年在青年团的组织下，有权参加全国的选举运动，这里的青年不分民族、阶层，不同党派和宗教信仰，只要他有为人民服务的意识，关心关注青年人的利益，并被青年人所拥护，就可以被选为代表参加各级人民代表大会，使青年的作用在国家政治建设中得以充分的发挥。

最后，大胆培养青年学生作为干部的来源之一。列宁说过，无产阶级政党务必要更加大胆和更加广泛地使用青年参加工作，要信任青年，提拔青年。1948年，邓小平在给中央的一封信中指出："进入新区后，深感干部严重不足，尤其是财政干部更是匮乏，极大地影响了工作，望中央预为准备。"同时他指出："旧政权培养的学生可以作为选拔干部的主要对象。蒋区干部学生大批回乡，等候大军进入，也是一个来源。"[②] 此后，党中央在多次决议和指示中，提到要大胆吸收青年学生和知识分子，把他们派到重要的岗位上。新中国成立后，党高度重视青

---

① 团的文件汇编［M］. 北京：中国青年出版，1957：28-29.
② 邓小平文选：第1卷［M］. 北京：人民出版社，1994：129.

年，并从青年学生和知识分子中培养建设人才，作为中央和各级领导干部的重要工作。《中国人民政治协商会议共同纲领》指出："要满足新中国成立初期革命和建设工作对政治人才的普遍需要，就必须要对青年学生进行革命政治教育。"[①] 因此在培养干部问题上，党逐渐朝着年轻化的方向发展。对于提拔和重用青年干部的做法，既可以实现他们自身的人生价值，又可以为国家的发展和政权的巩固发挥重要的作用。正是青年政治上的广泛参与，保障了青年政治利益的实现，增强了他们对新中国的主人翁意识。

（三）关心学生身心健康和注重全面发展教育保障其文化利益

新中国成立初期，党不仅要变革经济、政治制度，文化方面也要确立反映新中国的文化内容，以此来引领广大青年学生，满足他们对于精神文化层面的需求，因此党在充分保障青年学生的文化利益方面也下了很大功夫。

首先，保障了青年学生享受受教育的权利。列宁曾指出："在一个文盲充斥的国家里，是无法建成共产主义社会的。"[②] 共产党人必须充分认识到教育对社会发展的重要意义，因此，从新中国成立后，就开始在农村开展"扫盲"运动，组织各种学习班，帮助青年学习文字。入学不分家庭出身，助学金和入党入团门槛降低，尤其是改变了过去工农家庭出身不配上学的政策和观念。在"教育要为工农服务"的政策指引下，重视对工农大众的青年进行文化教育和政治教育。1950年，教育部副部长钱俊瑞指出："事实上，新中国的大学，谁最配上呢，是工人农民，因为他们是国家建设的骨干，因此培养工农出身的青年学生，是新中国重要的事情。"同时指出："今天我们培养出来的大学生未来

---

① 普通高校思想政治理论课文献选编：1949—2008［M］. 北京：中国人民大学出版社，2008：1.
② 列宁选集：第4卷［M］. 北京：人民出版社，1995：294.

<<< 第四章 新中国成立初期党对青年学生思想引领的经验、成效与不足

是要为工农大众提供服务的干部,因此,大学一定要向广大工农青年和工农干部敞开。"①在这个方面,中国人民大学开创了面向广大工农青年招生的先河,做出了突出的贡献,备受社会好评。钱俊瑞指出:"今后所有大学包括专科学校在招生时,应该以中国人民大学为参照,逐渐地但是坚定地吸收工农青年和干部入学,必要时对他们进行特殊的照顾。"② 在这一方针政策的指导下,各类学校的学生阶级成分在结构上发生了巨大的变化,如1953年,全国普通中学工农子女和其他劳动人民的子女占学生比例的71%,高等学校工农家庭出身的新入学人数占新生总数的7.93%。③ 出席中华全国学生第十五届代表大会的代表中,有31%是工农子弟的学生。他们只有在新中国的教育政策下,才能得到学习的权利。在这些工农子弟学生代表中,许多都是努力学习、成绩优良的学生。北京市实验工农速成中学的刘桂生,刚进学校时,不会记笔记,作文也不会写,经过半年来的努力学习已能记笔记,又能在两小时内,写出比较通顺的一千多字的文章,每期考试成绩都在八十分以上。天津市立一中的李家厚,他学习成绩很好,被评为"全校优等学习模范",还帮助其他同学学习。④

除了保障工农出身的青年学生享受受教育的权利,对于大多非工农出身的青年学生,中国共产党在政策上也保证了他们能在新政权下继续接受教育。对此,钱俊瑞特别指出:"对于大批资产阶级出身的学生,仍可以安心地在学校读书,直到毕业后为国家承担一部分工作。即便是出身于封建地主阶级的学生,只要他们不与人民为敌,也仍然可以在校

---

① 钱俊瑞. 当前教育建设的方针[J]. 人民教育,1950(1):12.
② 何东昌. 中华人民共和国重要教育文献:1949—1975[M]. 海口:海南出版社,1998:21.
③ 中国教育年鉴:1949—1981[M]. 北京:中国大百科全书出版社,1984:338.
④ 在新中国教育下成长的工农子弟学生——访问全国学生代表大会的工农子弟学生代表[N]. 中国青年报,1951-07-24(1).

153

学习，只不过要从思想上让他们跟原来所属的阶级划清界限，愿意为人民服务，懂得靠自己劳动生活是光荣的。"① 可见，党给予学生充分的信任，并且以平等的姿态对待学生的诉求，充分保障学生最关心的受教育权。

其次，注重学生全面发展且不给学生造成沉重负担。马克思曾说，我们的教育不仅包括智育，还应有体育和技术教育，目的是让学生通过教育既掌握生产的理论，也要掌握生产的技能。新中国成立后，党也重视学生的全面发展，第一次全国中等教育会议明确指出："普通中学的教育目标，是在坚持全面发展的基础上，培养青年学生成为德智体美各方面发展的新民主主义社会成员。"② 1952年2月，周恩来总理提出："要实现向社会主义和共产主义前进的目标，每个人要在德、智、体、美等方面均衡发展，所谓均衡发展就是思想和身体都要健康。"③ 在社会主义改造阶段，全国中学教育工作会议指出，要用总路线的精神教育学生，把学生培养成为全面发展的新人。随后正式将全面发展问题放到了教育方针的重要位置上。1954年11月，《中国青年报》发文指出："提升教育质量的目的就是更好地培养社会主义全面发展的新人，这种新人应该是具有社会主义的政治觉悟，掌握一定的科学文化知识，具有健康的体魄，而只有实施全面发展的教育，才能培养出这样的新人。"④ 此外，教育部还作出指示，不能让学生学业负担过重，休息不好影响学习效率，也没有时间进行锻炼和进行时事政治的学习，对健康不利，也不符合全面发展的教育原则，因此要求各高校认真对待并解决这一问

---

① 钱俊瑞. 当前教育建设的方针 [J]. 人民教育，1950（1）：12.
② 第一次全国中等教育会议胜利闭幕 确定了中等教育的方针和任务 [N]. 人民日报，1951-04-04（1）.
③ 刘英杰. 中国教育大事典：1949—1990（上册）[M]. 杭州：浙江教育出版社，1993：3.
④ 努力贯彻提高学校教育质量的方针 [N]. 中国青年报，1954-11-18（1）.

题。根据这一指示,各学校在贯彻执行统一教学大纲以及拟定新教学大纲时,一定要秉持少而精的原则,控制好每周的学习总时数,不能挤占学生的课外活动时间,保证学生的健康,为实现学生的全面发展创造条件。1956年,北京市青年团指出,所有高校学生要在政治方面、业务知识、思想认识及身体健康方面都要全面发展和提高。其他方面,我们可以根据学生不同专业和需求,鼓励和发展他们不同的爱好和兴趣,减轻他们的负担,实施全面发展的教育战略。教育部部长杨秀峰曾指出:"当前我们教育工作中的一个最大问题,是把学生按照一个模子去要求,忽略了学生的不同个性和不同兴趣,这是不科学的,学生创造力和研究能力的培养,是建立在尊重学生个性特点的基础上,按照学生成长成才的规律去引领。"① 在这一方针的指引下,各学校普遍开展了评三好学生的活动,重视学生的全面发展,通过这项活动,充分调动了他们的积极性,也展示了他们的才华。

最后,关心青年学生的身心健康和发展问题。毛泽东在《青年团的工作要照顾青年的特点》中提出,对于14~25岁的青年学生而言,要学习和工作,考虑到青年的生理和心理特点,忽视青年人的健康问题是有害的。所以首先青年人在劳动强度上一定要有别于成年人,特别是14~18岁的青年学生。为保障学生有充足的睡眠时间,对学习时间和生活时间要作出合理安排。为此,政务院还专门下发了《关于改善各级学校学生健康状况的决定》(简称《决定》),指出了当前各级各类学校中存着的学生健康不良的状况,并分析了导致这种状况的原因,诸如学业过重、营养不良、卫生状况不佳等,同时《决定》提出,必须重视这一问题并立即做出改变。为此,各级人民政府、教育行政部门和学校及时做出了回应,表示要切实关注和关心学生的健康问题,各学校并

---

① 中华人民共和国教育大事记:(1949—1982)[M]. 北京:教育科学出版社,1983:175.

为此作出了具体规定:"必须让学生有充足的睡眠时间,包括要精简课程,压缩不必要的课外活动,改善伙食和卫生状况等。"① 以毛泽东为代表的党中央对于青年学生的意见就是:坚持健康第一、学习第二的原则,减轻学生的负担,减少开会和学习的时间,在学习之余,还要有娱乐、休息和充足的睡眠时间,并适当增加经费,增加学生营养,经常关心青年学生的生活和休息。这些规定和要求都体现了新中国成立初期党和政府对青年群体的尊重和照顾,也意味着党对青年本质的认识更加的深入,使青年学生充分感受到了新中国的关怀和温暖,增强了他们服务于祖国建设的信心和决心。

综上所述,正是因为党高度关注青年学生的切身利益,把解决青年学生的实际问题作为工作的出发点和落脚点,充分保障和照顾了青年学生们在经济、政治和文化等方面的利益,获得了青年学生们的认同,赢得了他们的信任,进而调动了他们在新中国建设和发展中的主动性和积极性。

四、注重发挥青年团的组织动员作用

1949年4月11日至18日得以重建的青年团,在党的领导下,带领着全国各族青年围绕党的中心工作、结合青年的特点开展了一系列行之有效的工作。在学校里,青年团的主要任务就是引导学生们努力学习知识,帮助他们形成正确的价值观,为新中国的建设培养出合格的人才。因此青年团以先进的思想引领和教育青年,并发动学生在党的领导下的各项政治运动中发挥了重要作用,其活动范围和影响达到了前所未有的程度,成为党的得力助手和后备力量。

---

① 中央人民政府政务院关于改善各级学校学生健康状况的决定 [N]. 人民日报,1951-08-10 (3).

<<< 第四章 新中国成立初期党对青年学生思想引领的经验、成效与不足

首先，充分发挥了党与学生间的宣传桥梁作用。新中国成立后，为使广大青年学生及时了解党和国家的方针政策，参加政府号召的各项工作，青年团和学联根据新老解放区的不同情况和任务，对学生布置相应的任务。比如，通过开设青年学园，定期举办青年讲座等形式，向学生讲解中国的革命历史问题，组织起广大青年学生来学习革命理论和政策，帮助他们提高政治认识。新老解放区的侧重点有所不同，比如，在老解放区，主要是总结经验，对下学期要开展的工作进行布置；新解放区的重点是进行思想改造，帮助学生建立起革命的人生观。此外，广大青年学生在青年团的组织和带领下，还参加了许多社会服务工作，如慰问军人家属，辅助政府开展农村冬学运动等。① 通过理论和实践的结合，广大团员和青年学生建立了正确的劳动观点和阶级观点，密切联系了广大的人民群众，树立了为人民服务的人生观等。

其次，在引领广大青年学生投身到社会各项运动中，充分发挥了带动作用。青年团始终遵循着"党有号召，团有行动"的原则，带领广大青年学生积极参与社会各项运动，在这些政治活动中，青年学生不仅经受了锻炼，而且培养和树立了正确的观点。比如，在土地改革运动中，青年团积极组织宣讲团向青年学生宣讲土地改革政策，通过采取回忆诉苦、听报告的方式，让他们认识并接受阶级教育，从消灭土匪到土地改革，在新解放区陆续有几十万青年积极投身到火热的阶级斗争中去，优秀团员丁佑君为了农民利益，甚至付出了宝贵的生命。在镇压反革命过程中，青年团倡导青年要和国内外一切反革命分子做坚决的斗争，广大青年学生认识到对敌人的仁爱就是对人民的残酷，增强了革命的敏锐性，还有一些青年学生坚定了革命立场，大义灭亲，大胆地检举反革命家属。再比如，在"三反""五反"运动初期，一部分学生因还

---

① 动员学生参加寒假工作 [N]. 人民日报，1950-01-05（1）.

顾及情面或者是担心打击报复，所以不敢揭露资产阶级，甚至有学生对资产阶级生活方式还比较向往。针对这种情况，学校青年团对学生进行了思想教育和引领。如在北京、上海等地有上千名大学生参加了检查组工作和"五反"宣传工作。他们和工人、店员们并肩作战，完成了党给予的任务。在中等以上学校里，学生们积极批判了资产阶级思想，划清了剥削与劳动的界限，同时对校内的贪污、浪费、官僚主义现象进行了斗争。[①] 此后全国各地青年团广泛组织青年团员参观学习，使学生们认识到通过开展"三反""五反"运动旨在肃清"三害""五毒"，坚持国家和人民利益至上的原则，形成了爱惜公共财物、艰苦朴素的良好思想品德。

在抗美援朝战争发动时，为了让广大青年学生为保家卫国贡献力量，学校青年团采取了多种方式对青年学生展开了爱国主义教育和宣传。比如，通过各种报告会、讨论会，学生明白了"支援朝鲜、抗击美国"对于维护祖国的边界，以及未来若干年和平发展的环境具有极其重要的意义；青年团向青年学生揭示了美帝国主义侵略朝鲜的真实意图，批驳了美帝国主义的侵略罪行，极大地激发了广大青年学生的爱国主义情绪。同时组织志愿军代表团和祖国慰问团回国后向同学们进行汇报，让同学们进一步了解中国人民志愿军在前线英勇作战的先进事迹，消除思想中崇美、亲美、恐美的思想，打消了中国难以战胜美帝国主义的顾虑和自卑的念头。正是在青年团积极宣传和教育下，广大青年学生积极报名军事干部学校，愿意为捍卫国家安全和稳定做出努力。如在青年团组织的两次参军报名中，清华大学学生9小时的报名人数就已达到所需人数的9倍之多，总报名人数已经有70万人，甚至有不少青年学生因为年龄和身体等因素没能报名参加军事干校而伤心难过。并且广大

---

① 青年团组织积极执行党的指示 在"三反""五反"运动中取得成绩 [N]. 中国青年报，1952-05-03（2）.

青年学生在英雄事迹感召下，踊跃投入爱国捐赠活动中，在慰问志愿军和优待志愿军烈属活动中发挥了重要的作用。"一切为了祖国、一切为了最可爱的人"成为这一时期全国青年的行动口号，广大青年学生在这些政治运动中接受了爱国主义和国际共产主义思想的教育。

再次，组织动员学生学习过渡时期的总路线。1953年12月，青年团颁布了《关于学习和宣传国家在过渡时期总路线的指示》，要求各级团组织认真组织青年学习和宣传过渡时期的总路线，并将其视为当前和今后相当长一段时间内的重要思想任务。在实际工作中，各学校青年团积极配合过渡时期总路线和总任务，通过报告会、座谈会、积极推荐和支持先进改造榜样等。大部分学生都听到了关于总路线的报告，参加了各种各样围绕总路线学习而举行的辅助活动。这些辅助活动对巩固和加深学生对总路线的理解起了很大的作用。如湖北宜昌高级中学通过参观国营工商企业和农业互助合作组织等辅助活动，感受到社会主义不是抽象的概念，也不是遥远的理想，而是每时每刻都在我们国家和我们四周生长着的活生生的现实。[①] 这个经验证明，青年团组织根据学生的思想情况，围绕总路线学习的内容，组织参观、访问、主题晚会、文艺阅读等辅助活动是适合青年的特点，易为广大青年所接受的活动，因为青年的特点是知识不足，而学生对祖国各方面建设的实际情况与社会现实生活的了解更是缺乏，通过这些课外活动，可以增加学生的感性知识，直观感受和体验社会主义改造前后政治、经济、文化等方面的变化，帮助他们理解总路线的精神，坚定社会主义实现的信心，主动参与到过渡时期建设中去。

最后，注重对青年学生进行共产主义道德的教育与培养。如前所述，新中国成立后，受旧社会遗留下的反动思想的影响，青年学生中存

[①] 在进一步学习总路线中学校团的工作［N］.中国青年报，1954-03-09（3）.

在着道德败坏等丑恶现象,为了团结和教育广大青年,净化社会风气,1954年11月,中央青年团发布了《关于加强对青年的道德教育,抵制资产阶级思想侵蚀的请示报告》,要求青年团结合党的中心任务,积极引导青年人的思想和道德问题,关注青年群体的特殊要求,克服工作中的缺点。1955年2月,青年团二届二中全会中明确提出培养青年共产主义道德品质,要结合各项实际工作有计划、有步骤地开展,让青年养成朴素节俭的生活作风,抵制腐化、奢靡和欺骗的不良习惯。为此,青年团从五个方面对广大青年学生进行了共产主义教育。一是做,就是引导他们在劳动和各种实践活动中去受到教育,这是最重要的方法;二是读,就是吸引他们从阅读报纸、刊物、书籍中去受到教育;三是看,就是组织他们去参观工厂,建设工地、农村、学校等中受到教育;四是讲,就是请人就一个问题向他们做演讲,使他们从听讲演中受到教育;五是辩,就是以某一个问题为中心有领导地开讨论会,经过互相辩论,然后得出正确的结论,使他们在自由讨论的气氛中受到教育。[①] 青年团组织和开展的这些活动,引起社会对青少年思想道德问题的关注,为他们健康成长创造了良好的舆论环境,提高了广大青年抵制腐化的能力,积极要求培养新道德,一部分学生纠正了认为道德教育就是"整落后、与自己无关"的错误思想,也意识到了自己并非生活在"保险箱"里,这次道德教育提醒了自己,在学校里形成了"到哪里都要做永不生锈的钢"的良好舆论,在三个方面纠正了偏颇:即思想落后不等于犯罪、一般的道德问题不能上升为政治上的反动、个人兴趣爱好不能简单地进行道德好坏的评定。[②]

---

① 有现实意义的教育[N].中国青年报,1956-12-06(1).
② 李玉琦.中国共青团团史简编[M].北京:中国青年出版社,1997:132-135.

<<< 第四章 新中国成立初期党对青年学生思想引领的经验、成效与不足

第二节 新中国成立初期党对青年学生思想引领的成效

新中国成立初期，党通过采取多种实践路径和科学的策略，使青年学生从思想上实现了复杂的转变，从解放初期对党充满怀疑到从内心认同党的领导，从对旧思想的留恋和不舍到对社会主义思想和制度的认同和信任，从轻视劳动、看不起劳动人民到逐渐走上与工农相结合的道路，并积极地投身到社会主义建设的伟大事业中去等，这些思想上的转变和进步，充分表明了这一时期党对青年学生的思想引领工作取得了显著的成效。

一、赢得了青年学生对执政党和新政权的支持与认同

新中国成立初期的中国社会还是一个多重危机的社会，党在推进国家政权和社会变革的过程中，面对着政治、经济、文化等一系列严峻的考验，在新的基础上构建新的政权和社会秩序，也还面临着巨大的挑战。为此，毛泽东在分析新中国成立初期中国社会阶级的实际情况时特别强调："中国革命虽已成功，但帝国主义及其跟随者绝不甘心自己的失败，他们会想尽各种办法勾结在一起，反对中国。为此，我们必须尽快召开政治协商会议，建立民主联合政府，争取一切可以争取的力量，尽可能获得社会各阶层最广泛的支持。"[①] 因此，促进社会各阶层对共产党的支持和认可，是顺利完成社会过渡和应对各种复杂矛盾的重要任务。而要使社会各阶层接受新政权、新制度，就必须发挥党的思想引领

---

① 毛泽东选集：第 4 卷 [M]. 北京：人民出版社，1991：1463.

优势，通过科学的思想教育方式，向各阶层宣扬党和政府所倡导的政治主张和价值观念，让民众自觉接受和认同新政权，并按照新制度所规定的行为，规范自己的行动。

为实现这一目标，党在对青年学生进行思想引领时，一方面，通过揭露和批判国民党反动政府的贪腐和专制、帝国主义的侵略罪行以及资产阶级腐朽的生活方式，让青年学生充分了解它们给中华民族和中国人民带来的深重灾难和严重后果，进而让青年学生对旧政权产生痛恨，并下决心要和落后的反动思想划清界限。另一方面，通过在高校、中学开设系统的政治课，开展政治运动和广泛的社会实践活动等方式，向青年学生传播其政治主张和价值观念，宣传和说明新政权的必要性和合理性。在党的领导下，不仅完成了民主革命时期的遗留任务，使国民经济得到了恢复，而且通过社会主义改造，实现了从新民主主义社会向社会主义社会的过渡，确立了公有制的主体地位，建立了社会主义制度，这些成果的取得体现了共产党的执政能力，为青年学生认同共产党的执政地位和新中国的政治制度奠定了基础，激发了青年学生干事创业的热情，他们纷纷表示愿意在国家最需要的地方和最需要的工作岗位上贡献自己的力量。

如工农子弟学生，在旧社会都是被压迫、被剥削、被轻视的工人和农民；在新社会，他们都变成了新中国的主人。王恩礼的父亲，在旧社会当了十多年小工，学不到技术，工资少得没办法生活时，把王恩礼送到国民党军队里当了三个月勤务兵。解放后，在人民政府帮助下，他父亲很快就学会了开司光机技术，工资提高了，家庭生活开始好转，他才有机会去全公费的北京市立工业学校。1951年，记者在对工农子弟学生代表们进行访问时，他们都一致认为，只有在毛主席、共产党和人民政府领导下的新中国，工农子弟才有进学校的机会。刘桂生说："我很小就无父无母了，十一岁就参加了革命，共产党和八路军就等于我的家，没有他们，我哪能长得大。今天，我又哪能到北京市实验工农速成中学呢？哪能学文化和政治啊！"代表们还一致表示，回到学校，将更好地带动同学，努力学习功课，学习时事，练好身体，以准备随时听候祖国号召，参加到祖国国防、经济和文化建设的各种岗位上去。① 1953年8月，《人民日报》报道了全国各地高校毕业生的工作情况，绝大部分毕业生都表示，对于国家分配的工作坚决服从，并在自己的岗位上努力工作。如北京铁道学院的毕业生对国家分配的工作欣然接受，并写下了保证书，向党、青年团和学校表达努力工作的决心。如学习企业管理专业的南开学生范树德，被分配去内蒙古自治区参加林业建设，他表示，一定要在林业建设的岗位上，努力地学习，争取成为林业方面的专家，为祖国的林业建设做出更大的贡献。中国矿业学院学生何英庆，被分配到西南区做一名中等技校的老师，她说："国家要进行工业化建设，需要一大批技术人才，我能为国家培养这方面的人才而感到光荣，一定要做好我的工作，向人民交上一份满意的答卷。"很多学校的学生积极表示愿意为边疆资源的开发做出贡献，如南京大学地质系毕业生要求去中国边疆地区工作的，几乎占了一半。中国人民大学石油班的毕业学生已经奔赴玉门油矿参加了工作。还有的同学积极到边疆参加铁路建设工作，学生们表示，虽然这里条件比较艰苦，但他们一定能克服当前的困难，改变这里的面貌。② 除了高校毕业生积极响应国家的号召，到国家最需要的地方和岗位去建功立业，中等学校的毕业生也积极支援国家的建设。如从1954年到1955年，上海就有九百多名初中毕业生，陆续参加了建设工作，有同学参加了青海少数民族牧区的卫生工作，有的

---

① 在新中国教育下成长的工农子弟学生——访问全国学生代表大会的工农子弟学生代表 [N]. 中国青年报，1951-07-24 (1).
② 北京、天津等地高等学校 一万三千多名毕业生走上建设工作岗位 [N]. 人民日报，1953-08-27 (3).

去到了铁道部西北设计局从事铁路建设工作,也有的是参加交通运输工作等。①

综上所述,广大青年学生从轰轰烈烈的社会变革运动中,从广阔的社会实践中,看到了共产党不仅能打天下,还能治天下,看到了共产党不仅仅是为了掌握和巩固政权而奋斗,更是为了让更多的人过上美好的生活而奋斗。在革命战争年代,"打土豪,分田地""耕者有其田",让广大青年觉得跟着共产党就有好日子,就有盼头,因此自愿加入革命队伍中来。新中国成立后,在党的带领下,中国的经济生活得到恢复,社会秩序越来越稳定,人们的生活步入常规,广大青年学生有了更多受教育的机会和施展才华的舞台,从而更加自觉地把自身价值的实现和新中国的发展统一起来。

二、帮助青年学生确立了马克思主义世界观

马克思主义观点是人们观察、分析和解决问题的理论武器,也是青年学生认同社会主义制度,建立无产阶级思想的理论前提与基础。如前所述,新中国成立后,青年学生通过系统的政治理论课教育、参与各种政治运动和社会实践,确立了马克思主义的世界观,掌握了辩证唯物主义和历史唯物主义的方法论。具体表现在以下几个方面:

首先,确立了唯物史观,消除了各种唯心主义的影响。党明确指出:"学习辩证唯物主义和历史唯物主义的目的,在于让学生们学会用马列主义立场、观点和方法分析和看待现实中的问题。"②新中国成立初期,青年学生唯物史观的教育主要是通过学校政治课、参加高校教师思

---

① 上海又一批初中毕业生去西北[N].人民日报,1955-06-07(2).
② 京津两地各专科以上院校一年来的政治课工作报告[N].光明日报,1950-06-02(2).

想改造运动和社会实践活动实现的,经过这些方式的学习和教育,广大青年学生基本掌握了马克思主义的基本理论,对阶级、剥削、国家、政党等基本知识有了一定的认识和了解,树立了唯物主义世界观。如新乡师范学院学生说:"由于旧中国科学技术落后,上大学后就一门心思地搞学习,对政治理论学习不以为然。通过对胡适唯心主义的批判,我意识到了唯心主义的危害,并开始检查自己的思想。"

其次,树立了科学的劳动观点和群众观点。从解放初期以来学生开展的各种思想学习运动来看,不仅配合了当时的革命运动,也为广大青年学生走向社会、走近人民群众提供了难得的历史机遇。在党的领导下,广大青年学生在寒暑假参加青年团和学联举办的各种学习活动和社会实践,在与工农群众接触的具体实践中,树立了科学的劳动观点和群众观点。如北京各高等学校学生,在不影响学习和健康的情况下,积极参加义务劳动。比如,清华大学学生参加了"水利枢纽"工程中的洗石子和制焦砟砖的工作,在制焦砟砖的工地上有房屋建筑专修科学生自行设计的民族形式的大门。北京农业大学学生利用所学专业,对植物进行消虫,对学校的环境进行美化,通过在学校栽种绿篱和桃树,把校园装点得更加赏心悦目,他们在义务劳动中锻炼了自己,也美化了身边的环境。来自重庆市第二中学的学生,利用节假日帮助农民除草、施肥、捉害虫等,帮助革命烈属家属做很多的具体劳动,在学校里帮助做卫生,修补教学所使用的各种工具与模型等。[1] 在劳动过程中,学生们体会到了劳动的艰辛,也树立了劳动光荣、劳动伟大的正确劳动观。

最后,确立了正确的阶级观点。广大青年学生通过参加土地改革的各项实际工作,如农民诉苦大会、批斗地主恶霸、建党建团活动等,亲身感受了农民的悲苦和地主阶级的剥削后,他们的立场、观点和看问题

---

[1] 重庆许多学校组织课外活动加强劳动教育[N].人民日报,1954-07-03(3).

的方法有了明显的变化。许多学生党员、团员都有了明确的阶级立场，对坚持党的群众路线及工作方式方法有了更直观的感受与体验。还有一些学生在土地改革运动中认识到自己之前的错误，迫切要求进步，积极争取入党入团，并开展了进一步批判非无产阶级残留思想活动，比如，中央美术学院党员李天祥反思了自身缺乏阶级立场的"家庭温暖"的观念，批判了之前在学校里包办代替的工作作风等。团员曹作睿通过学习土地改革理论，知道自己是地主出身，就给家人写信劝家人服从政府，努力劳动。其他学生真切地感受到阶级的存在，也逐渐明确了阶级立场，像北京大学在黄庄工作的同学说："我们体验到了人都是有阶级的，每个人都是有成分的，在当前尖锐的阶级斗争中，我们只能一边倒，没有第三条道路。"在这个过程中，他们也亲身体验到群众力量的伟大，以及要依靠群众、为了群众。比如，北京大学在黑桥工作的同学说道："刚开始这个地方是被坏人控制的，所以群众没有发动起来，工作无法开展；后来群众起来了，揭穿了坏人的阴谋，工作进展就很顺利了。"①

三、调动了青年学生参与社会主义革命和建设的积极性

新中国成立后，在党的带领下，中国的经济生活得到恢复，社会秩序越来越稳定，人们的生活步入常规，广大青年有了更多受教育的机会和施展才华的舞台，党的执政能力得到广大青年学生的认可和支持。同时，党通过对青年学生开展卓有成效的思想引领工作，帮助他们建立了新的观念，坚定了对社会主义的信心。这些都极大地调动了广大青年学生的积极性，他们纷纷表示，要在为人民服务、为社会主义服务的伟大

---

① 金凤. 首都八百教授学生参加郊区土地改革 热诚帮助农民翻身并改造自己［N］. 人民日报，1950-02-13（3）.

事业中发挥作用和做出贡献,把自身价值的实现和新中国的发展统一起来。对此,我们可以从青年学生积极参与国家各项建设的实际行动,来感受他们对于新中国建设的信心和决心。

河北工学院师生在给毛主席的信中说:"新中国成立后,中国人民终于扬眉吐气,品尝到了做主人的喜悦和激动。并且新中国成立后的一年来,国民经济逐渐得到恢复,土地改革运动开展得如火如荼,这些成果的取得,都是因为您英明的领导。作为新中国的学生,我们向您保证,一定好好学习,锻炼身体,努力培养自己成为社会主义建设的优秀人才,用实际行动回报您对我们的殷殷关切。"来自华北区高校毕业生纷纷写信表示:"现在我们已经从高校毕业,接下来就要投入工作岗位中去,在毕业之际,我们为能参与到国家大规模经济建设中去而感到无比自豪和激动,请毛主席放心,为了争取更长久的和平环境和创造更加美好的未来,我们已经做好了充分的准备,我们会用实际行动完成党和国家交给我们的各项任务,经受住各种实践斗争的考验。"① 清华大学学生在得知国家建设需要大量人才时,表示一定要认真学习,才能在国家最需要的岗位上贡献出自己的力量。有同学谈道:"当前国家的发展如此迅速,如果不努力,就难以跟上国家发展的步伐。"也有很多同学感觉很快就要奔赴工作岗位,学习的紧迫感更强了。②

全国各地大中学校毕业生纷纷走上工作岗位,积极投入国家各项经济建设中去。比如1955年暑假,全国仅中等专业学校的毕业生就达到了八万七千多名,他们心情激动地走上工作岗位,其中来自工科学校的学生,去了我国重点生产单位发挥他们的专业优势,也有学生被分到比

---

① 华北区二十三个高等学校全体毕业生 给毛泽东主席的信 [N]. 人民日报, 1952-08-22 (1).
② 清华大学同学读了基本建设的报道,决心加紧学习 [N]. 人民日报, 1952-12-16 (2).

较偏远的地方，如新疆、西藏和青海等地，但他们也毫无怨言，满怀期待地走向自己的工作岗位。① 1954年，还有很多来自全国大学和中等技校的学生积极参加生产实习活动，无论是参加的人数还是实习的内容和之前相比，都发生了巨大变化，人数上提升了一倍，内容较之以前也更加复杂。如北京各高校中有六千名毕业生经过生产实习，走上了国家的建设岗位，对国家的分配充满期待。像北京钢铁工业学院有一百二十多名毕业学生被分配到钢铁公司进行国家的建设，还有北京地质学院的学生牛家璧主攻探矿专业，得知被分配到了新疆，欣然表示："只要国家有需要，我就有责任有义务把工作做好。"② 天津市二十二所高等学校和中等专业学校的六千一百多名毕业生，开始分批参加国家建设工作。天津大学电力工程系发电厂配电网及联合输电系统专业学生曾做了一万两千瓦到二十万瓦的火力发电厂的设计和二十二万伏特的远距离输电线和高压区域网络等设计。③ 在这一次生产实习中，通过把学生的实习和厂矿等企业部门的生产工作任务进一步结合起来，学校和厂矿等企业部门的联系得到了进一步加强。

正是广大青年学生的积极参与，缓解了新中国建设人才严重缺乏的问题，他们在国家需要的各个领域和行业发挥了重要的作用，承担起了新中国经济、政治和文化建设的各项任务，为国民经济恢复和大规模的经济建设提供了源源不断的人才支撑。

---

① 中等专业学校毕业生参加建设［N］. 人民日报，1955-08-04（1）.
② 首都高等学校 六千多应届毕业生积极准备参加祖国建设［N］. 人民日报，1954-06-29（3）.
③ 一批毕业学生参加建设工作［N］. 人民日报，1955-08-01（1）.

<<< 第四章　新中国成立初期党对青年学生思想引领的经验、成效与不足

第三节　新中国成立初期党对青年学生思想引领的不足

新中国成立初期，通过党对青年学生的思想引领工作，帮助青年学生肃清了各种错误思想，建立起了革命的人生观，并积累了丰富的经验，取得了显著的成效，这也是思想引领工作的主要方面。但我们必须承认，由于受特定的历史条件和党当时认识水平的限制，党的思想引领工作也存在着一定缺点和不足，正如毛泽东所指出的："新中国成立初期的思想改造是必要的，也取得了显著的效果，但不得不承认，我们在做法上有些粗糙，伤害了一些人，这是不对的。"① 因此，认真总结和反思这些不足，一方面是对这一时期党的思想引领工作研究的必然要求，另一方面也是为做好新时代青年学生思想工作提供重要的经验借鉴。

一、教学内容和形式存在单一化倾向

新中国成立初期，虽然社会性质发生了变化，然而中国社会的矛盾依然是不同阶级之间的矛盾，政治运动频繁，尤其是在解放后的头三年，党对青年学生的思想引领和改造也主要通过政治运动的方法，在贯彻执行的过程中，存在着单一化的倾向，主要表现在以下三个方面。

一是政治课内容单一，对学生发展规律性认识不够。在讲授政治课时，重视进行唯物主义的学习和教育，强调政治可以帮助学生树立正确的政治方向和无产阶级世界观，但课堂中只允许讲授马克思主义的思想

---

① 毛泽东文集：第7卷［M］．北京：人民出版社，1999：226.

和观点，学生接受的内容相对比较单一，缺乏丰富性和多样性，不能从多种观点甚至是对立思想的比较鉴别中来认识和理解马克思主义理论。并且在对青年学生进行思想引领时，没有做到从青年学生全面发展角度考虑问题，过于强调马列主义的战斗性，要求政治课教师"应当具有政治上的尖锐性，对工人阶级的敌人毫不留情，对资产阶级思想毫不调和，坚决揭露即便是稍微离开马克思列宁主义的现象。"① 实际上，思想政治教育对政治虽然具有一定的依附作用，但学生的发展和成长有其自身的规律和特点，故不能完全把思想政治教育单纯地作为政治的附属品来对待。此外，1954年全面批判唯心主义运动开始后，高校对学生正常的言行缺乏正确的道德和美学评价标准，动辄对学生冠以"个人主义"和"小资产阶级"的称号进行批判。这说明党在这个问题上有时代的短视性和局限性的一面，从中带给我们的启示就是：在今后的思想教育和引领过程中，要将现实性和规律性相结合，把解决当前利益与长远利益结合起来。

二是解决学生思想问题的方式单一，主要是通过政治运动，从而造成学生思想负担过重，影响学生正常生活学习。通过政治运动的方式，对于实现认识与实践的统一，提高思想政治觉悟，具有积极作用。但在运动中对政治界限的把握不够得当，会对学生造成一定的负面影响。如在对大中学校学生开展向反动思想进行斗争时，采取何种形式是合适的，主要取决于学校的性质。一般地说，中小学的学生的年龄较小，他们的思想还很幼稚并未成型，所以，对于一般中小学生，应该根据他们的特点和接受程度，经常在课内课外进行具体生动的爱国主义教育。而在中小学生中所进行的这种思想教育，其重要的关键在于教师的思想改造。中小学校教师的思想得到改造，就完全可以正确地在课内课外对学

---

① [苏]弗·普·贝斯特雷赫. 如何进行"马克思列宁主义基础"课程的备课，讲课和课堂讨论 [J]. 高等教育通讯，1955（20）：971.

生进行思想教育，使学生的思想得到改造。但是，把思想斗争在中小学校里搞成全校性的学生运动，或在一个城市里搞成全市性的各中小学学生的运动，无疑是错误的。对于大学生而言，他们的接受程度比中学生更高些，因此，在他们中开展思想斗争是可行的，也是必要的，但前提是要在党的密切领导下开展，充分掌握学生的思想情况，坚持"思想问题，思想解决"的原则，有条不紊地开展。但是采取开展思想斗争这种形式，也要充分考虑学校条件是否具备，如果不具备的话，不应贸然地发动大规模的思想斗争，最好根据学校的具体情况制定合适的思想教育方式。①

三是把思想、学术问题政治化。在政治运动的影响下，在对学生进行思想教育的过程中，把思想、学术范围领域内的问题上升到政治高度进行批判和干涉。如通过三次大规模学术批判运动，让广大知识分子和青年学生区分了唯物主义与唯心主义，掌握了唯物辩证法原则，提高了青年学生和知识分子的马克思主义理论水平，对于知识分子用唯物主义观点研究中国历史，厘清学术界的混乱起到了重要的作用。然而从此开始却采用了简单粗暴的方法，对文艺思想界进行行政干预，发动群众起来对文艺作品的创作进行批判，学术批判被政治批判所取代，这样一来，学术问题被政治问题所掩盖，甚至是直接被当作政治问题来处置。对此陈哲夫在《20世纪中国思想史》中说道："学术批判运动方法太过简单粗暴，本应属于理论上的对错问题，拔高到政治上敌我的高度是不合适的。而且像《武训传》《红楼梦研究》等相关问题，属于学术问题范畴，甄别其中的对错需要有一定的理论和学术水平才行，正是因为识别有难度，认识犯错就在所难免，但它只属于思想认识范畴内的错误，

---

① 在中小学生中进行思想教育不要大搞运动——中国青年报评论摘要［N］. 人民日报，1952-01-19（3）.

无须进行大张旗鼓、尖酸刻薄地、无限上纲上线地讨伐。"[1] 在学校里，教师在经过改造后过于小心翼翼，不敢结合实际情况发挥，为了稳定，怕不对就不谈，苏联没有谈过的也不谈，思想问题一般与立场有关，学术问题与政治问题界限不清晰，让教师只敢充当官方意志的传声筒，常常只敢讲马克思、恩格斯、列宁、斯大林或其他名流讲过的话。[2] 教师不但自己不敢独立思考，许多学生在思想认识上的问题，都被简单地打上了阶级斗争的烙印，阶级分析变成了灵丹妙药。结果就是简单机械的教育方法扼杀了学生的创造力，让他们表现出对权威和纪律的盲目顺从。当然这绝不是说这一时期的思想教育和引领根本没有做过细致化的工作，只是从总体上看形成了简单灌输和强制接受的方式，缺乏对青年学生心理诉求和自身发展规律的关怀。

概括起来，导致上述单一化、政治化倾向的内在原因，主要有两点。一是受到历史革命中斗争的惯性思维影响。新民主主义革命时期，中国的主要矛盾决定了共产党面临着强大的敌人，斗争异常残酷，为获得革命的成功，必须强调党的集中统一领导，这种集中不仅体现在军事方面、政治方面要保证统一的认识和行动，还包括思想层面也要保持统一思想和统一认识。对于不同的思想认识和理论观点，总是保持着高度的敏感和警惕，容易将思想理论问题政治化，当然这在战争年代有它的必要性，然而伴随着新中国的诞生，党应该调整过去形成的阶级斗争和革命战争的思维方式与行为方式，但是由于惯性使然，在新中国成立初期，仍然采用了政治运动的革命思维方式。二是受到现实中严峻的形势和艰巨任务的影响。新中国成立初期，虽然共产党已经成为执掌政权的执政党，但是依然面临着巨大的挑战和威胁，反动势力不甘心失败，还

---

① 陈哲夫. 20世纪中国思想史［M］. 济南：山东人民出版社，2002：687.
② 陈大白. 北京高等教育文献资料选编：1949—1976［M］. 北京：首都师范大学出版社，2004：333.

想着卷土重来，采取各种方式破坏新生政权。虽然党通过各项社会改革和运动，削弱了反动势力，但在历史经验的长期影响下，党依然感觉到阶级斗争的严峻，危机随时会到来，对阶级敌人的严峻性和复杂性进行了夸大化的评判，致使实践中非政治性问题和人民内部矛盾，视为政治问题和敌我矛盾来看待，因此容易采用政治斗争和路线斗争的方式来解决现实中的问题，对新形势下广大人民群众思想的差异性、多样性的正常现象认识不足，也缺乏正确的处理方法和策略。正如毛泽东曾经所指出的："不同于革命时期，主要的力量都去进行阶级斗争了，人民内部的矛盾很少。而进入到社会主义建设时期，阶级之间的矛盾只剩一小部分，大部分的斗争都属于人民内部的，但是对这个问题显然我们没有足够的经验，需要我们认真研究和总结一下。"①

需要指出的是，民主革命任务结束后，党开始了向社会主义过渡，面对国内外形势的变化，以运动为主对青年学生进行思想引领的方式也有了变化，即从1953年年底到社会主义改造完成期间，学校里进行思想教育的主要方式是结合校内外的实践活动开展的。

二、教育目标要求过高和教育步骤急于求成的倾向

毛泽东曾指出："在现代，世界观只有无产阶级和资产阶级两家。"② 从中可以看出，当时的思维方式呈现出非此即彼的二元对立特点，这种思维方式形成了把学术、思想理论问题政治化看待的依据，在对青年学生进行思想教育和引领时，也容易把目标绝对化和单一化，造成思想引领的最终结果，要么是树立了无产阶级世界观，要么是教育和

---

① 薄一波. 若干重大决策与事件的回顾：上卷［M］. 北京：中共中央党校出版社，1991：587.
② 建国以来毛泽东文稿：第6册［M］. 北京：中央文献出版社，1992：385.

改造失败，确立了资产阶级观点，除此之外没有其他的观点，使得教育目标要求过高和绝对化。全国第一次宣传工作会议中指出："我们要向社会主义、共产主义前进，因此我们要在全国范围内进行马克思理论而非别的思想理论的教育，广大人民群众都要接受马列主义。"胡乔木也强调指出："当前我们思想工作的主要任务，是通过马克思列宁主义理论去表扬生活中的一切进步的东西，去批评一切落后的东西。"① 不难看出，新中国成立初期，党对马克思主义教育高度重视，但是没有对教育目标对象进行分层性的划分，而是作为一个统一的标准面向所有党内外的民众进行，不进行马列主义的教育和学习，就会有脱离政治的危险。对民众尤其是未来社会主义建设者和接班人进行思想教育和引领无疑是有必要的，但试图通过短时期的思想改造，就把人们的思想都转变为无产阶级世界观是难以实现的，因为每个人的思想很难被完全改造。周恩来指出："现在的一些知识分子不愿意学习马克思列宁主义，甚至开始诋毁马克思主义，值得我们重视。"② 在学校里对学生进行思想引领时，也出现了不根据每个学生的实际情况，提出过高教育要求的现象。如一些学校在对学生进行教育时，不考虑每个同学的实际情况，采取"一刀切"的做法，要求所有同学都必须做到优秀生和模范生的程度，给学生带来了沉重的压力和紧张感。此外，由于过度强调集体的重要性，要求一切活动都要齐头并进，因而学生的所有社会活动都被集中安排，包括学生自学的时间和内容也要听从安排，这样一来，加重了学生们的负担，使得他们不能充分利用这些时间来发挥自己的特长，也不利于培养学生们的独立工作能力。③

---

① 党的宣传工作会议概况和文献：1951—1992年［M］. 北京：中共中央党校出版社，1994：24.
② 周恩来统一战线文选［M］. 北京：人民出版社，1984：291.
③ 不少学校用搞运动的方式来推动教学［N］. 中国青年报，1956-06-26（3）.

<<< 第四章 新中国成立初期党对青年学生思想引领的经验、成效与不足

教育过程和教育步骤存在着急于求成的倾向。思想教育与引领必然是一个长期的过程，因为旧思想和旧习惯不是一时半刻形成的，而是在旧社会环境的长期影响下渐渐形成的。要清除这些旧的思想和习惯势力，甚至比打败最残暴的帝国主义还要艰难得多。对此，1950年11月，时任团中央副书记的蒋南翔指出："人民解放军在三年内把蒋介石反动派打败，并把他们从中国大陆彻底驱逐出去。但要把旧社会遗留下来的旧思想和坏习惯完全肃清，三年的时间是完全实现不了的。认真地说，这不仅仅是改变观念形态——简单地用一种'观念'去代替另一种'观念'的问题，而且还要改变物质环境，改变作用于人们头脑的客观世界，这是一个比较漫长而又艰难的过程。"[1] 而综观这一时期党对青年学生的思想引领，则呈现出急于求成的倾向，主要表现在以下三个方面。

一是过度追求教育结果的"纯度"，忽略了学生的真实诉求。这一时期，青年学生教育偏重于思想意识方面的教育，过度追求达到某种政治要求和教育结果的"纯度"，各高等、中等学校都有实施政治挂帅、思想显性、组织对标活动，不断推进青年学生教育往前发展。在进行成果评比和干部评价时，往往又以速度和数量作为考核政绩的指标，并对先进典型进行大肆地宣传，导致全国各地都在盲目地比速度、拼数量。尤其是在实行教育验收后，各学校为完成上级的任务，所制定的教育目标、教育制度和学习考试，都是围绕着验收指标来进行，从而忽视了青年学生的真正需求和学习的长远意义，甚至有的为了应付检查，弄虚作假、欺上瞒下，造成青年学生教育的被动和短视等不良后果。党在总结历史经验时曾指出："在教育事业的发展上，出现了急于求成、没有量

---

[1] 论学校中的思想政治教育 [N]. 人民日报，1950-11-12 (3).

力而行的情况，造成了几次大的波动，使得教育质量下降严重。"①

二是党在对青年学生思想进行引领时，主要是从教育要为工农服务，教育要为国家建设服务的目标来开展和进行的。当然，党出于当时国家对建设人才的迫切需要，提出这个方针无可厚非，具有一定的现实性和务实性，但在照顾时代需要的同时，也不可避免地产生了一些问题，就是在强调教育为工农服务、为国家建设服务的理解上存在偏差，过多地考虑眼前的利益，而忽视了思想改造和引领的长期性和复杂性。如果思想教育和引领缺乏长远设计和规划，过于急功近利，从长远发展眼光来看，不仅达不到服务工农需要的目的，反而还会脱离经济建设的需要阻碍经济建设的发展。

三是对学生思想改造产生了过急的偏向。一些学校在对学生思想改造时，没有遵循中央提出的有先有后、缓步进行的方针，而是采取了急功近利的做法。这部分学校不是从学生的特点、接受程度出发，采取有针对性的方法去改造，而是将思想改造作为一项突击任务，试图在短时间内把所有学生存在的反动思想立即消除，并通过抓典型的方式，迫使他们自我检讨，而检讨的又是"单纯技术观点""个人主义"等思想；还有类似"三查"的行动，对他们祖宗三代的问题，都要拿来进行批判，对那些中间和落后的同学，通过实行"打落后堡垒""围攻"的方法，要求他们短时间内就要解决思想落后的问题。

无论是教育目标要求过高，还是采取过急过快的方式都是不对的。因为出身于一般小资产阶级家庭的学生，他们的小资产阶级思想是在其家庭环境的长期影响下生长起来的，对待这种思想，企图用整党整风的方法来解决，既不现实也不正确。即便是出身剥削阶级的共产党员，他

---

① 关于建国以来党的若干历史问题的决议（注释本）[M].北京：人民出版社，1983：181.

思想上的改造也非短时间内就可以完成，而是要经过长期革命斗争的实践，才能逐渐把错误思想消除。因此对学生思想的改造，从方法上应该主要通过说服教育和学习来解决，当然在不占用上课时间的条件下，也可以利用节假日参加土地改革运动和社会劳动进行思想改造，但总的来说要靠学习，这是一个耐心教育的过程。如果在检讨时充满了杀气和紧张恐怖的气氛，把过去一切大小错误都硬归结到一个"主导思想根源"，连考试作弊也提高成为"落在地狱里的罪恶"，那么做出检讨的人未必是发自内心的认识到了自己的错误，可能是为了免受打压而做出的违心检讨，这非但达不到改造思想的目的，反而会引起被改造者的反感和抵触，增加了新的思想障碍。①

综上所述，对学生思想的改造，主要还是要通过开展新民主主义的学习，掌握一定的科学文化知识，对他们采取耐心说服教育的方法，帮助他们树立为人民服务的观点，提高自己的思想。因此从这一失误中我们吸取到的教训就是：思想教育和世界观的改造是一项长期复杂的工作，需要有足够的耐心，需要采取细致艰巨和潜移默化的方式才能实现。而任何急功近利、急于求成的方法都无法达到改造青年学生思想的目的，相反还会因违背思想教育的规律而背道而驰。

三、教育方法上存在着简单粗暴的做法

周恩来曾指出："企图通过简单粗暴的方法去转变一个人的思想，是无济于事的。"② 虽然党也曾多次提出，避免用简单粗暴的做法，但现实中这种现象依然存在。正如列宁所指出的："理论往往和实践并不

---

① 改造思想，急性不得［N］. 人民日报，1950-04-10（3）.
② 周恩来选集：下卷［M］. 北京：人民出版社，1984：178.

总是一致的,理论上解决的问题在实际中并未完全解决。"①

新中国成立初期,党对青年学生思想改造在教育方式方法上存在着简单粗暴的偏颇和失误,体现在部分学校通过搞运动和竞赛的方式来解决学生的思想问题和学习问题现象,对青年学生思想造成了强制性和压迫性。在民主革命时期,群众运动的确帮助中国共产党完成了许多艰难的任务,取得了良好的效果。但这毕竟是特殊时期的特殊办法,并不具有普遍适用性。随着国家建设高潮的到来,青年们热情高涨,不免急于求成,很多学校就采用了搞运动的方式来开展工作,让学生们在各种学习和课外活动中,为评优争荣誉开展各种比拼和竞赛。如郑州市文化补习学校的教师,向全市学校教师提出了一项提前完成教学计划的倡议。倡议中提出:240小时教完的算术,提前到150小时教完,120小时教完的代数,提前到100小时教完。其他还有些学校留级、不及格现象以及消减学生的丙等操行等。这些教师积极向文化科学进军,希望迅速提高教学质量,更好更快地为国家培养建设人才,这种心情是可以理解的,但是企图通过教学竞赛来达到这个目的则是不妥当的。甚至有一些学校仿效工厂的办法,在学生中建立各种监督岗,例如,卫生监督岗、文明监督岗、节约监督岗、纪律监督岗、总监督岗等。有的学校为了监督方便,监督岗还采用了秘密的形式。学习别人的经验来推进自己的工作,这种愿望是好的。但是把工厂建立监督岗的办法搬到学校里来是不合适的。因为同学之间在学习上是需要互相砥砺、互相琢磨的。但是学习是一种自觉的思想劳动,必须循序渐进,学习没有像生产上的操作规程一样的东西,可以适合于每一个人,也不能在一朝一夕之间,就见成效。同时,建立监督岗,还必然使一部分同学增加了社会工作负担。有的学校在一个三十人的小班里,除了团支部、班会、班长、课代表等组

---

① 列宁全集:第42卷[M].北京:人民出版社,1987:44.

织，还设立了四五个监督员，使学生工作的结构更加复杂、重叠，以致因人设事，影响同学的学习。① 学校的任务不能像工厂一样搞运动、搞竞赛的方式来进行，而是要通过改进教学方法、提升教学质量来提高的，企图速成，对不同程度、不同爱好的学生，在学习和政治思想教育中以至在社会活动中提出一般化的平均主义的要求，并使每个学生在集体压力下勉强跟随，紧张忙迫，这种做法显然是有害的。② 总结这一时期经验时，刘少奇曾指出："群众路线不是要追求形式上的轰轰烈烈，而是要深入群众做好细致的思想和沟通工作，说服和教育群众。"邓小平也强调："企图通过大搞群众运动的方法解决群众的思想问题是任何时候都不会奏效的。"③

从这一时期党对青年学生思想改造和引领的方法失误中，我们应当吸取的是：在做学生思想工作前，要对他们的实际情况了解清楚，做到具体问题具体分析，防止简单的照搬照抄的做法。学生的思想改造和引领是一个长期复杂的过程，必须要在大量的温声细语中潜移默化地影响和教育中实现，尤其对于具有独立思考能力、情感细腻、自尊心又比较强的青年学生而言，简单粗暴的方法是难以实现预期效果的。

---

① 学校里不宜建立监督岗 [N]. 中国青年报, 1956-05-12 (2).
② 陈鹤翔. 不要在教学中搞劳动竞赛 [N]. 中国青年报, 1956-04-23 (2).
③ 邓小平文选: 第2卷 [M]. 北京: 人民出版社, 1994: 336.

第五章

新中国成立初期党对青年学生思想引领的当代启示

当前世情、国情、党情和青年学生思想特点都发生了深刻的变化，党对青年学生的思想引领工作也因这些变化面临着巨大的挑战。新形势下，提升青年学生对中国特色社会主义理论、道路和制度的认同，需要在认清当前青年学生思想引领工作面临的形势与挑战的基础上，积极地吸收和借鉴新中国成立初期思想引领工作的经验与教训。这对于开拓青年学生思想引领工作的新局面，激励广大青年学生投身于中华民族伟大复兴的事业中去，具有重要的启示意义。

第一节 新时代青年学生思想引领面临的挑战

一、全球化给青年学生思想引领带来的挑战

当前，增强主流意识形态的主导地位，应当对当前意识形态所面临的政治环境有清醒的认识和判断，否则所重视的意识形态引导和教育都将流于形式。全球化使各种思潮相互交织激荡，给我国的经济文化带来了冲击，也给青年学生思想引领工作带来了巨大的挑战。

新时代中国国际地位和影响力的提升，虽然为我们获得了更多的话语权，但同时也让美国认为中国的发展正在动摇它世界霸主的地位，因此对中国策略中有了更多的警惕和敌意，在全球范围内拉拢别的国家孤立中国，不断制造事端挑起矛盾，试图阻碍中国实现中华民族伟大复兴的进程，把我国视为意识形态渗透的首要对象，并凭借着雄厚的经济实力和技术优势不断地对我国进行非马克思主义意识形态的扩张，大肆鼓吹和宣扬西方的民主法治制度和生活方式的优越性和先进性，贬损和污蔑中国的制度和文明。而学校是意识形态的主阵地，聚集了各类思想和价值观念，更是西方敌对势力对青年学生进行分化和瓦解的重要领域，一些学生能够通过吸收新思想不断地成长进步，但也有部分学生由于认知局限和思考方法的不成熟，推崇西方的理念和价值，贬损中国的制度和文明，导致对党的领导和社会主义道路、制度不自信。同时各种思想观念、社会热点和学生利益诉求在学校交叉重叠，给西方敌对势力和别有用心的人提供了可乘之机，学生很容易被蛊惑，对马克思主义认同度下降，甚至导致一些学生丧失社会主义信念。比如，留学生许可馨、季子越等在微博上公开发表辱骂国家和民族的言论等，造成了非常恶劣的影响。这些客观上增加了青年学生思想引领的复杂性和艰巨性，为此，党和国家必须要下大力气做好青年学生思想引领工作，才能守护好党和国家意识形态的主阵地。

二、社会转型给青年学生思想引领带来的挑战

当前我国社会主要矛盾已经发生变化，各种社会问题和各类社会矛盾交错叠加，一些错误的观念不断侵蚀和冲击着青年学生的理想信念，使青年学生的思想认知和价值判断出现偏差，对主流意识形态的宣传和教育形成了强烈的冲击。当前全面深化改革客观上也会对人们的利益格

局产生剧烈的冲击,特别是利益关系多样化带来的思想和价值观念的多元化。新中国成立初期,广大人民群众包括青年学生缺乏多种多样利益要求的基础,人们的利益需求相对比较单一和雷同,所以有了"党教干啥就干啥,打起背包就出发"这样的认识和认同。很显然,当前市场经济条件下均衡的利益格局已经被多样化的利益形态所取代,他们因利益诉求存在着差异,因此,在衡量是非得失、荣辱善恶等方面问题时有自己的标准,对党政方针、政策的理解和认同也有差别,况且改革本身就是对原有社会群体利益的调整,不是平均地分配利益,势必会造成很多的矛盾与问题,如贫富差距问题、贪污腐败问题、收入跟职业地位不匹配问题等,都会使人们产生不公正感和被剥夺感。因此,党和国家要高度重视因现代化转型给青年学生思想带来的冲击,引导他们正确认识社会变革所带来的矛盾、困难和问题,不要因为这些问题就否定社会发展进步的主流,也不要因此就失去奋斗的动力,削弱对党的认同;要针对青年学生关心关注的问题,告诉他们党和国家怎么保障公平正义,贪污腐败问题如何整治,收入分配怎么改革,就业问题如何保障等,引导学生理性思考,使他们的思想从"动乱"走向"稳定",团结和凝聚他们投身于社会主义现代化过程中去。

三、新媒体给青年学生思想引领带来的挑战

当前信息技术的发展日新月异,以网络、移动通信为代表的新兴媒体在学校被普遍应用,尤其是以微信、微博、短视频等为代表的新媒体,因为交互性高、自主性强的功能受到广大青年学生的喜爱,同时也深刻地改变着广大青年学生的思维方式、人际交互方式乃至行为习惯,给新时代的青年学生思想引领工作带来了巨大的挑战:一方面,新媒体的出现使原来的传播权力不断地消解和分散,呈现出"去中心化"的

特点和态势，这样任何信息包括垃圾信息都可以通过新媒体得以传播，一些非主流的思想潮流正在通过自媒体向学校渗透，这对于信息鉴别能力比较欠缺的青年学生思想理念产生了巨大的冲击，导致学生出现价值观模糊、政治立场摇摆乃至行为失范的现象等。如据新浪微博数据统计情况来看，"拜金""审丑""出位""仇富"等非传统的价值内容占据了很大的空间，在这些内容中，有的是通过新媒体发布信息炫耀优越的物质生活、宣扬享乐主义；有的发布一些有悖于传统价值观的行为反而得到一些人的同情和支持，表明了青年学生价值观出现了模糊的倾向，这种倾向使青年学生的反馈具有不确定性，也容易使青年学生群体出现"求异"效应，甚至导致青年学生行为失范、道德沦丧等严重的后果。而且在价值观不够清晰的情况下，青年学生对权威很容易蔑视，对一切说教和知识权威都不屑一顾，对理论权威本能地抵触，这使得主流意识形态的传播和引导变得非常困难，效果也会大打折扣。另一方面，当代青年大学生作为网络土著，极为依赖网络资源。在他们享受网络获取资源便利的同时，也引发了诸多思想问题。如他们喜欢一些"短平快"的信息，不善于去思考。一些文章从标题上吸引眼球，以戏谑的形式和肤浅的内容，迎合学生们轻松愉悦的需求；还有一些另有图谋的人打着还原和解读历史真相的幌子，用学术来包装故意曲解和歪曲历史人物，让不明真相的学生信以为真，对正面宣传的内容却不屑一顾。这些信息都会深刻地影响青年学生的思想认识和思想判断。因此，需要我们从国内外意识形态斗争的大局中，从思想上高度重视，在内容上融会贯通，在价值观建设上多做文章，也要在尊重和了解学生需求的基础上，针对网上错误不实的言论敢于亮剑，把握好主流和方向，在意识形态上引导学生树立正确的价值观；同时，对学生从网络上获得的错误信息要及时进行驳斥和解答，只有真懂才能做到真信。

四、政治意识复杂化、政治参与多样化给思想引领带来的挑战

当前社会主义现代化的征程已经开启,这一目标实现的重要体现就是政治文明的进步与发展。而一个国家政治的文明和进步是需要公民积极有序地参与公共政治事务来推动的。青年学生是社会发展和变革的主力军,他们的政治参与情况是国家政治文明发展的重要参考。从这个意义上讲,做好青年学生政治参与引领工作对于培养未来公民的政治意识问题至关重要。

新中国成立初期,青年学生对于国家和社会的发展具有较高的政治热情和政治觉悟,1955年,邓小平提出:"正在成长的青年一代必须要重视马克思列宁主义的学习,以此来提高自身的政治觉悟。"[1] 可以看出,这一时期青年学生的政治热情是全社会政治热情的重要参考依据,他们在党的领导和动员下,对国家政治事务的参与表现出极高的热情,当然这一时期的参与具有明显的时代特征,主要是为了实现国家和社会的整体利益,主要表现在从上而下的制度安排下的服从参与和参与服从,有着较强的参与路径依赖。新时代条件下,青年学生的政治参与形式与内容具有新的特征和表现。

首先,青年学生的政治意识有所淡化。随着国家的经济体制从计划经济向市场经济转型后,对社会反应最为敏锐的青年学生群体,他们的关切点也从原来的政治生活转移到了经济利益方面,更多地关注物质利益和社会地位的获得。市场主义逻辑冲击下以金钱论英雄、一切向钱看,日趋习以为常,对政治的关注度下降,部分青年学生是由于社会原因抑或是被动的参与政治行为,而并不是因为要达到政治目的。还有更

---

[1] 共青团中央,中央文献研究室. 毛泽东邓小平江泽民论青少年和青少年工作(增订本)[M]. 北京:中国青年出版社,2003:134.

重要的原因是，当前青年学生现实诉求得不到满足和实现的时候，如面对沉重的就业压力、房价压力等，他们既无心也无力去过问政治。曾经的理想热情被现实淹没吞噬，与国家民族的命运、人民的幸福相比，他们更希望获得一份安稳的工作，拥有稳定的收入。据研究，就业和买房使大学生承受的不仅是经济上的压力，还有巨大的心理负担，这样的现实情况迫切需要我们的关注。

其次，青年学生的政治参与方式呈现出无序化的倾向。政治参与是推进政治发展与运行不可或缺的环节，组织引领青年学生进行有序的政治参与，对于帮助他们坚定正确的理想信念至关重要。事实上，现实中的政治参与会受到很多因素的影响和制约，比如，参与者的教育程度、社会的舆论、群体的意识等，有可能任何一个因素都会使政治参与无法达到预期效果。当前我们迎来了强起来的时代，人们的物质生活和整体的政治环境都有了极大的改善，但距离人们对美好生活的向往还有不小的距离，尤其是对处在转型关键期的当下中国，青年学生利益表达渠道和体制机制还不够畅通和完善，青年学生的利益得不到切实的保障。同时，有序畅通的参与路径比较缺乏，导致青年的政治参与表现出一定程度的无序化和失范化的现象。比如，部分学生在没有经过法律批准和缺乏有效组织的情况下，通过临时集聚的方式实现政治参与，引发群体性事件。而当前，对处在转型关键期的中国要实现社会主义现代化强国的目标，离不开青年学生对国家和社会事务的积极参与，这也是政党建设和国家发展的重要战略。因此，扭转青年学生政治参与无序化倾向，引导他们进行合理有序的参与是一项紧迫的任务。

再次，青年学生的政治参与方式呈现出失范化的倾向。新媒体时代下，青年学生在手机网民中占据绝大多数，上网频率高，使用手机时间长，手机网络成了青年学生获取政治信息的重要工具，据统计，有62.8%的青年学生是在手机网络上获取政治信息的。在网络政治参与过程中，青年学生政治意识的形成和表达都深受网络信息的影响，青年学生经常使用的微博、微信、论坛、抖音等自媒体工具，但目前由于网络存在着相关法律法规滞后和缺失的灰色地带，青年学生的认知出现了一定程度的偏差、规范意识薄弱，致使青年学生在政治意识表达方面产生了"失范"的现象。如在一些法律法规还相对不完善的模糊地带，青年学生存在着破坏现有秩序以及网络暴力的现象，并以此为乐。因此，网络在为青年学生提供全新的政治意识表达空间的同时，也在解构和重构着青年学生的政治意识表达。为此，必须要加强网络制度和环境的建设和改善，引领青年学生健康有序参与。

最后，青年学生的政治参与方式呈现出暴力化的倾向。政治参与行为是法定行为，必须要在政策和法律允许的范围内进行。新中国成立初期，广大青年学生在党和国家的动员机制下，在法律框架范围内以高度的政治热情参与政治活动，因此这种参与是认同基础上的自觉服从参与。而随着我国政治经济领域改革的逐渐深入，广大青年学生的政治参与中出现了不同程度的暴力现象，损害了别人的合法权益，破坏了社会的整体秩序。如2012年9月，在西安、青岛、长沙等数十个城市的反日游行示威活动中发生的焚烧或打砸日系车、破坏社会公物等过激行为。还有2019年6月以来发生的香港暴力事件，一些香港学生肆意践踏法律，恶意破坏社会秩序，扰乱香港市民正常的生活，搞得香港乌烟瘴气、动荡不安，突破"一国两制"的底线。此外，在网络政治参与的过程中，存在着对自己厌恶的人进行诽谤、不尊重其隐私等网络暴力行为。

<<< 第五章 新中国成立初期党对青年学生思想引领的当代启示

第二节 新中国成立初期党对青年学生思想引领的启示

新中国成立初期,党审时度势,采取了一系列切实有效的措施对青年学生进行了思想引领工作,并取得了显著的成效,积累了丰富的经验,当然也有一些时代性的局限和不足,这些经验和教训,对于新时代青年学生思想引领工作具有重要的现实意义,更对新形势下党、青年组织及学校等机构有效地开展青年学生思想政治教育工作有着深远的借鉴价值和启示意义。

一、坚持马克思主义在意识形态领域的指导地位

恩格斯曾指出:"我们党有个很大的优点,就是有一个新的科学的世界观作为理论的基础。"[1] 坚持马克思主义的指导思想,是做好青年学生思想引领工作的重要出发点和根本任务,也是应对国内外复杂多变局势的现实要求。习近平总书记在十九大报告中明确指出:"发展中国特色社会主义文化,就是以马克思主义为指导,牢牢掌握意识形态工作领导权。"[2] 中国革命和建设的经验表明,坚持马克思主义的指导思想,是中国革命取得成功的重要思想保障。

新中国成立初期,党对青年学生思想引领的最重要的经验,就是坚持马克思主义在思想领域中的指导地位,从国内外意识形态斗争的局势出发,采取各种方法对广大青年学生进行马克思主义意识形态教育,并

---

[1] 马克思恩格斯选集:第2卷[M].北京:人民出版社,1995:39-40.
[2] 习近平.决胜全面建成小康社会 夺取新时代中国特色社会主义伟大胜利——在中国共产党第十九次全国代表大会上的报告[M].北京:人民出版社,2017:41.

取得了显著的效果。这是党对当时政治环境所作出的判断：新中国成立时新生政权还很不稳定，人民战争并没有彻底结束，国民党还有上百万军队在西南、华南等地进行顽固抵抗；国内还存在着各种反动势力伺机卷土重来；国际上以美国为首的帝国主义对中国采取遏制的策略，从军事、经济、外交上孤立中国，并发动朝鲜战争威胁着中国新生政权。动荡的局势加上各种意识形态的宣传，对于稳定民心、巩固新生政权无疑是极大的挑战。正是基于这种局势的认识和清醒的判断，党在对青年学生进行思想引领时，毫不犹豫地强调对青年学生进行马克思主义意识形态的教育和灌输，成为新中国成立初期党开展思想政治教育的重要思想保障。历史经验启示我们，在对青年学生进行思想引领时，必须坚持马克思主义的指导地位，否则就会有迷失政治方向的危险。

新形势下，我们应当对国际国内政治环境依然保持清醒的认识，在开展青年学生思想引领工作时坚持马克思主义指导思想不松懈。十九大报告中，习近平总书记从"三个事关"指出了加强高校意识形态建设的极端重要性，在此后很多重要的宣传、教育工作会议上，习近平总书记都强调，必须要把意识形态工作提到重要高度和位置，全面做好立德树人工作，为新时代的发展提供精神支撑和人才保障。可以看出，党以中国特色社会主义事业的建设为基础，对广大青年学生的思想引领提出了一系列重要的论述，强调了各类学校尤其是高等学校在巩固马克思主义意识形态指导地位方面肩负的重要任务，为学校思想教育的发展提供了基本遵循，为青年学生的思想引领指明了正确的方向。新中国成立初期的经验和新形势下国内外发展情况表明，面对越来越复杂的形势和多元化思潮，迫切需要把大家的思想凝聚起来，寻求最大的公约数，把不同思想观念和价值主张的人从思想上凝聚起来。

新中国成立初期，马克思主义意识形态在中国社会转型中发挥了重要作用。新形势下，全球化、市场化和民主化带来的多元价值观念，对青年学生的价值观产生了重要的影响，而青年学生作为重要而又特殊的社会群体，他们的价值观取向既是对社会主义核心价值观现状的一种反映，也是对未来社会核心价值观的一种指引。当前青年学生的价值取向正在从单一化向多元化和多层次转化，加之他们的思想观念还不够成熟，社会实践经验也不够丰富，因此，他们的价值观正处于发展、逐步成型和趋于定型的时期，这一时期的价值观形成很容易受到周围环境或者事物的影响而产生困惑、出现各种问题。如部分同学受自身认识水平的制约，对新时代的新成果和新的表述缺乏清晰的认知，对马克思主义的认同还存在摇摆和犹疑；有的学生存在理想迷茫、信仰缺失等情况，没有正确的是非、善恶判断标准，不懂得坚持什么，放弃什么，缺乏正确的道德标准和价值取向；还有些学生受到西方不良思潮和网络文化的侵蚀，对于西方思潮文化不敢进行驳斥，盲目地接受，对国家、民族、正义和真理等问题认识得不够清晰，以及存在价值功利化、实用化，价值目标更多关注个人利益和眼前利益的倾向，对集体利益和长远利益关注不够等。这些现象迫切需要党必须用社会主义核心价值观对其进行引领，努力培养青年学生成为社会主义核心价值观的积极践行者。

二、遵循思想政治教育工作规律与学生的成长规律

2016年12月7日，习近平总书记在全国高校思想政治工作会议上强调，做好高校思想政治工作，要因事而化、因时而进、因势而新。要遵循思想政治工作规律，遵循教书育人规律，遵循学生成长规律，不断提高工作能力和水平。[1]

新中国成立初期，党对青年学生的思想引领工作能取得显著成效，

---

[1] 习近平在全国高校思想政治工作会议上强调：把思想政治工作贯穿教育教学全过程 开创我国高等教育事业发展新局面[N]. 人民日报，2016-12-09（1）.

其中很重要的经验是能够结合青年学生的特点和成长的规律，并根据不断发展和变化的形势，及时调整和完善思想政治教育的内容和方法，使思想教育和引领既具有针对性也具有时效性，为新中国的建设培养了大量合格人才。1956年7月，时任教育部部长杨秀峰指出："当前我们高等教育中最大的问题，是试图用一个模子去培养学生，忽略了学生的个体差异和兴趣爱好，难以培养出创造型和研究型的人才。"[1] 同年8月，高等教育部召开了座谈会，围绕培养学生独立思考能力这一核心问题进行了专门探讨，同时还研究了高等学校应该坚持"全面发展"的问题。可以说新中国成立初期，党对青年学生的思想引领的成功，正是在遵循思想政治教育规律与学生成长规律的基础上取得的，这一做法不仅得到了师生和各职能部门的认可和理解，而且在实践中取得了显著效果。

当前高等、中等学校的思想政治教育工作，在对学生关心关注的实际问题方面还存在着解决不到位的问题，在塑造青年学生健康个性、提升整体综合素质，实现青年学生全面发展等方面还亟待提高。因此，学校需要借鉴新中国成立初期的成功经验，继续遵循思想政治教育工作规律，坚持社会主义的办学理念，在培养学生树立坚定的理想信念上下功夫，筑牢学生的精神之基。遵循教书育人规律，不断地提升教师的思想道德素质和专业水平，尤其是直接负责引领青年学生思想的思政课教师，要全面贯彻落实全国思政座谈会上的讲话，引导学生探索人生的意义与价值，培育和健全完善的人格，更好地实现人生的价值。遵循学生成长规律，需要在青年学生成长的关键期，帮助他们扣好人生的第一粒扣子。因此，需要做到：一是学校制度的设定和实践的每一个环节和步骤，都要坚持以生为本，关注他们的思想动态、了解他们的诉求。比

---

[1] 中华人民共和国教育大事记：（1949—1982）[M]. 北京：教育科学出版社，1984：254.

如，在受全球化、市场化、网络化的影响和冲击下，一部分青年学生对西方的价值和文化比较推崇，认为西方的文明、价值是世界上最美好的代名词，具有普世价值，坚持追求个人利益和自我价值的实现，对国家、民族的利益以及集体的利益不关心，甚至比较冷漠，这种现象是思想教育和引领中不可回避的问题，只有通过建立青年学生满足机制、认同机制，即满足青年学生当下合理的期待和诉求，通过正确的价值观予以引领和回应，才能促进青年学生对党和国家、民族的认同与理解。二是要考虑到青年学生的差异性和个体多样性的特征。根据他们的阶段性特点，有的放矢地给予引导和教育，使教育既具有思想性、政治性，又具有亲和力、针对性。当前青年学生大多数都是95后、00后，思想比较活跃、开放，作为网络原住民的一代，更易受到互联网鱼龙混杂信息的影响，这就需要学校在充分尊重学生成长发展规律的基础上，顺应时代的发展，不断地优化，积极主动地应对。一方面要积极净化网络环境，因为网络承载了大部分的信息，网络环境的净化为开展思想政治教育提供了重要的媒体信息环境；另一方面要积极营造良好的舆论环境，加强理论宣传和社会主义核心价值观教育，注重对学生进行意识形态安全教育，使舆论在引领青年学生积极向上、认同党和国家政治制度，坚定政治立场和方向等方面发挥积极作用。

三、创新和完善新时代背景下思想引领的手段和方法

新中国成立初期，党在社会转型背景下结合当时的实际，采取了多种方式方法对青年学生进行了思想引领，并取得了显著的效果。如前所述，新时代背景下国内外环境和相应的主客观条件都发生了巨大变化，因此，结合新时代的发展要求，积极创新和完善新时代背景下思想引领的方法和手段，是提高党对青年学生思想引领实效性的内在要求。正如

邓小平所说："时间不同了，条件不同了，对象不同了，因此解决问题的方法手段也不同了。"① 所以，在充分借鉴新中国成立初期思想引领成功经验的基础上，不断创新和完善新时代思想引领的方法和手段，是新中国成立初期的思想引领工作带给我们的重要启示。

（一）充分发挥网络对青年学生的思想引领作用

新中国成立初期，党对青年学生进行宣传和教育主要是通过课堂授课、广播、电视、报刊等手段，同时还广泛利用照片、挂图、举办展览以及播放优秀电影等形式给学生直观、形象的教育，多种媒介和手段的综合运用，增强了青年学生的参与意识，提高了他们学习的积极性和趣味性，提升了思想引领的针对性和实效性，这些媒介和手段的功能随着新媒体时代的到来，相当一部分被互联网所覆盖，网络俨然已经成为新时代条件下思想引领的重要载体。当前，意识形态斗争越来越以网络作为主要的平台，对青年思想领域的争夺越来越取决于网络意识形态建设的成效。西方社会凭借其技术上的优势，把西方的价值观念渗透给我国青年，企图占领青年人的思想阵地，对党的思想基础造成了外部冲击。对此，习近平总书记强调指出："我们要本着对社会负责、对人民负责的态度，依法加强网络空间治理，加强网络内容建设，做强网上正面宣传，培育积极健康、向上向善的网络文化，用社会主义核心价值观和人类优秀文明成果滋养人心、滋养社会，做到正能量充沛、主旋律高昂，为广大网民特别是青少年营造一个风清气正的网络空间。"② 因此，新形势下我们应该充分利用网络信息技术，为青年学生思想引领工作创建新的阵地，不断创新完善思想引领的内容和方式，提升思想引领的吸引力和感染力，积极构建新媒体时代思想引领的话语权。

---

① 邓小平文选：第2卷［M］. 北京：人民出版社，1994：119.
② 习近平关于青少年和共青团工作论述摘编［M］. 北京：中央文献出版社，2017：36.

首先，教育主体应该用平等、自由的方式与受教育者进行信息的交流与对话，以增强教育的亲和力。新媒体创造了一个平等自由的学习和交流环境，外部的强制力量被削弱，学生们可以自主地选择他们想要学习的内容，从过去的单纯接受和消费信息转向现在的生产和传播信息，这一变化使传统教育者的权威性和主导性被削弱。同时新媒体也容易激发学生的求知欲和好奇心，对别人的思想表现出过分怀疑或者批判的态度，这要求引导者要科学地把握网络传播时代的特征和趋势，了解网络空间的话语形式、特点和规律，注重引导学生比较和鉴别各种价值观点和道德取向。在思想引领过程中坚持平等对话，尊重和了解学生的真实诉求，使引领的方式和内容贴近学生的需求，从而更好地实现引领的效果。

其次，及时对网络信息进行筛选和解读，引导和重塑青年学生价值观，以增强对青年学生的引领力。新媒体时代海量的信息和多元社会思潮充斥于网络，这些信息内容良莠不齐，让经验不足的青年学生很难做到乱云飞渡仍从容，客观上对思想引领工作也带来了干扰。因此，这就要求党在对青年学生进行思想引领时，不断净化网络空间，为学生鉴别信息提供必要的指导，真正成为他们思想上的引路人。此外，新媒体传播产生了和传统生活不一样的交往与生活环境，因此也产生了塑造青年学生价值观的现实需求。传统的价值观塑造是通过面对面传播建立起来的，思想引领的对象大多都是熟识的人，通过熟人的监督和社会制约机制，传统的道德得以维护和发展。但新媒体传播的匿名性特点，真实生活中的道德约束在网络中被消解，而适用于网络空间中的道德规范还没有完全建立起来，网络空间的道德与现实中的道德之间产生冲突与撕裂，造成网民在网上的行为缺乏必要的道德约束，因而出现大量网络失范、暴力、无序等行为。为此，需要在秉持传统优秀道德规范的基础上，坚持以社会主义核心价值观为指导，积极借鉴西方道德伦理中的积极成分，引领和重塑青年学生的价值观。

最后，要积极构建新媒体时代下思想引领的话语权。青年学生们热衷于在开放、宽松的网络环境中进行交流思考，传统面对面的引领话语格局已经被打破，如网络上青年人经常对传统和权威进行解构、甚至恶搞等行为，背后是对传统权威的抗拒和示威，这种情绪在网络中相互传染和影响，势必会增加引领的难度，因此，必须及时构建新媒体时代引领的话语权，在思想引领中采用青年学生喜欢的互动式和参与式的方式，建立起新型的能彰显青年学生主体地位的话语模式，才能缩小思想引领主客体间的差距，使思想引领的目标得以实现。

要构建起新时代思想引领的话语体系，必须要从思想引领的主客体双方入手。从客体方面来看，要深刻了解新媒体时代青年学生的心理特点，他们一般表现为好奇和求知心理，容易被稀少和反常态的信息所吸引，有从众与求异心理，这种心理特点要求在进行思想引领时，突出思想价值，避免形式上的程式化、内容上的概念化，充分挖掘思想引领内容本身的价值。同时还有移情与逆反心理，所谓移情就是思想引领主客体之间产生共鸣，产生良好的心理互动和构建融洽的关系，而逆反心理就是对信息采取回避、排斥甚至是歪曲和怀疑，这样就达不到思想引领的效果。从思想引领的主体方面来看，在构建新媒体时代思想引领话语权时要坚持以下四个原则：一是政治性原则。因为对青年学生进行思想引领的最终目的是要提升他们的政治觉悟，增强其对于党和国家方针政策的认知认同，因此，在新媒体时代条件下开展思想引领，必须要把握这一原则，并把它作为所有工作的指向和评判标准。在新形势下，坚持政治性原则就是要把社会主义核心价值观的培育和践行作为主线，占据学生的思想阵地，坚决抵制一切试图对青年学生进行错误引导的言论和内容，以先进的、积极向上的思想内容引领青年、凝聚青年。二是人文关怀的原则。即思想引领者提供的内容要具有人文关怀，充分利用中华民族优秀的传统文化和优良的美德对青年学生进行引领,特别是结合学生实际,开展爱国、敬业、诚信等价值观塑造工作,不断提升青年学生的文化素养和培育其人文情怀。三是创新性原则。包括内容方法和技术手段的创新,在新媒体条件下开展思想引领工作,要求思想引领的主体熟练掌握应用新媒体技术,力求发挥新媒体技术的最大功能,提供视频、文字、图片等多种形式的内容,创建线上线下互动形式,以更加新颖的形式和更加丰富的内容吸引青年学生,从而实现引领的目的。四是亲和力原则。亲和力原则要求在思想引领的过程中注重信息的交互,循序渐进地推进思想引领工作,防止传统的"填鸭式"说教,而且思想引领所运用的话语要贴近学生实际,生动鲜活易于被学生接受。值得一提的是,亲和力原则要注意把握好度,不是一味地迎合学生,尤其是一些文化现象和社会话题,如果没有研讨的价值则无须持续追捧,只需把它作为交流的一个纽带和讨论的切入点即可,因为思想引领中的引领决定了我们提供给学生的内容必须要有超前性和科学性。

综上所述,新媒体背景下,提升党对青年学生思想引领工作的成效,应该要充分利用网络信息技术,创新和完善思想引领的内容和方式,创建平等自由的交流空间,构建新媒体时代思想引领的话语权,更好地服务于青年学生的成长,增强他们对主流意识形态的认同。

(二) 改进思想政治理论课对青年学生思想引领的路径方式

新中国成立以来,党和国家一直高度重视思想政治理论课建设,并把它视为青年学生"三观"培养和塑造的关键课程。新中国成立初期,党和国家根据国内外形势的发展变化,对政治课的任务、目标和内容进行了研究制定,并在课程设置、教学方式方法以及师资培训等方面做了新的尝试,确立了思想政治理论课的雏形。新时代,党和国家依然认为,思想政治理论课肩负着社会主义意识形态建设的重大责任,发挥着促进青年学生思想道德发展的主渠道作用。习近平总书记指出:"大学生正处在人生成长的关键时期,知识体系搭建尚未完成,价值观塑造尚未成型,情感心理尚未成熟,需要加以正确引导。"① 思想政治理论课可以帮助学生解决在成长过程中的困惑、迷茫和颓废等问题,破解成长中的困境,以未来可预期的理想信念为当下提供奋斗的动力,避免少数学生"三观"发生重大变化甚至是彻底地改变,为青年学生更好地成长提供思想道德基础。

2019年3月18日,习近平总书记在全国思想政治理论课座谈会上提出:"办好学校思政课,事关中国特色社会主义事业后继有人,是培养一代又一代社会主义建设者和接班人的重要保障。"② 邓希泉指出,思想政治理论课能很好地解决青年学生自我同一性发展的问题。他提到,青年发展最重要的表现就是形成了稳定的明确的自我同一性,建立在政治认同和社会认同基础上的自我认同,直接影响着青年学生自我同一性发展的水平。新时代条件下,青年学生的成长困惑和青年的迷茫,很大程度上是因为自我同一性失调、模糊以及变动不居,还有一部分是由于政治认同和社会认同不成熟,而思想政治理论课的任务,就是帮助学生建立起对社会主流意识形态的认同和自我的认同,从而使青年学生形成完整系统的自我同一性。③ 而要达到和实现这样的目标,需要改进思想政治理论课教学的手段和方法。

首先,重塑思想政治理论课的形象。在很多人的理解和概念中,思想政治理论课内容比较高大不够接地气,缺乏火辣辣的现实生活,理论概念抽象不够鲜活,比较冰冷缺乏温度,虽然有高深的理论,但是缺乏

---

① 习近平关于青少年和共青团工作论述摘编[M].北京:中央文献出版社,2017:37.
② 把思政课办得越来越好[N].人民日报,2019-03-19(1).
③ 邓希泉.青年发展的理论创新与现实愿景[M].北京:中国青年出版社,2017:114.

直指社会问题的思想武器，看起来很高大上，但实际价值并不高。因此提升思想政治理论课的效果和质量，要打破思政课"内容高大不接地气、概念抽象冷冰冰、理论高深无大用"的刻板印象，使思政课接地气，贴近青年学生的实际、贴近火热的生活、贴近青年学生的发展规律，重塑解决实际问题，务实管用的新形象。

其次，始终让思政课冒着热气跟同学们见面，保持思政课的新鲜感，打破思政课"内容陈腐、方法单一、语言单调"的教学窘境。青年学生天然喜欢新奇的事物，有探索和求新求变的特质，对老套陈旧的东西天然地排斥和厌烦。因此，要从内容和方式方法上不断地创新，遵循统一性和多样性相统一的原则，及时了解和关注社会的焦点、热点和学生的困惑点，跟学生的思想动态和喜好保持同频共振，真正解决学生关心关切的问题，在获得感中促进思想道德的发展。

再次，尊重学生的主体性地位，改变教师满堂灌、独角戏的角色定位。思政课要注重学生的参与，这就要求思政课教师在进行教学设计时要关注学生的需求，而不只是党政需要，教学过程必须是师生互动，在思想的启发和困惑的解答回应中实现思政课的教学目的，改变学生们单纯的路人甲或者吃瓜群众的角色和心理定位，让学生在思政课的每一个环节、每一项内容中都充分参与，提升思政课的获得感和参与感。

最后，注重思政课的思想性和理论性。虽然思政课要追求鲜活、有热度，但思政课的思想性和理论性依然是讲好思政课的内在要义，对思政课的改革和创新，其目的在于进一步提升它的思想性和理论性，手段和方式的创新最终也是要服务于思政课内容的。马克思曾指出："理论只要说服人，就能掌握群众；而理论只要彻底，就能说服人。"[1] 因此，思政课老师要实现以理服人，必须做到以内容为主，采取一定的方式和

---

[1] 马克思恩格斯全集：第3卷 [M]. 北京：人民出版社，2002：207.

手段，让学生真正懂得中国共产党为什么"能"？马克思主义为什么"行"？中国特色社会主义为什么"好"？

除此之外，发挥思政课对青年学生的思想引领作用，创新思政课方式方法，还要实现几个融合：即线上教学与线下教学的融合，增强思政课的时代性和创新性，使思政课教学形式更加活泼，符合青年学生的需要；第一课堂和第二课堂的融合，充分利用学校和所在地区的红色教育资源，拓宽思政课教学的实践路径，让学生有更多的参与感；思政课和专业课的融合，充分挖掘专业课程中蕴含的思政课教育资源，使各类课程与思政课同向同行，形成协同效应，实现"三全育人"的效果。

四、充分发挥学校共青团和社会实践对青年学生的思想引领作用

（一）充分发挥学校共青团对青年学生的思想引领作用

新中国成立初期，党就非常重视发挥青年团作为党的助手和后备军的作用，青年团在党的领导下，根据青年的特点，始终代表和维护青年的利益，以先进的思想引领和教育青年，不仅带领青年学生为巩固新生政权而战斗，动员广大青年投身到社会改革运动中去，而且组织青年学生宣传学习过渡时期总路线，加强对青年学生进行共产主义道德的培养和教育，为新中国培养和塑造了大量合格的建设者和接班人，为新时代背景下青年学生思想引领工作提供了重要的经验借鉴。

共青团的根本任务是用先进思想教育引领广大青年，占领青年的思想阵地，抢占意识形态领域的主导权和话语权，保证广大青年与党中央大政方针保持一致，为执政党提供思想保障和青年群众基础。新时代背景下，学校是共青团思想引领的重要阵地，共青团只有掌握了学生思想的话语权，才能拥有意识形态领域的主动权。新时代背景下它具有政治

性、先进性、时代性和系统性的特点。首先，共青团思想引领具有政治性，脱离了政治，思想引领工作就会偏离航向出现偏差，因此，应该把政治引领摆在首要位置。《2019年共青团青年发展工作要点》中明确指出，在对青少年进行思想政治引领的实践过程中，一定要把政治性作为群团组织的关键，放在首要位置。因此，学校共青团在对青年学生思想进行引领时，必须要把握好党团之间独特的政治关系，对党的路线方针政策做好贯彻落实，坚持主旋律，关键时刻立场明确坚定。其次，共青团作为党的先进青年组织，要提高它对于青年的动员组织能力，必须要通过先进的思想理念武装青年的头脑，对社会发展趋势要有前瞻性判断，走在时代的前列，使广大青年学生成为时代先锋。再次，新时代背景下，共青团对青年学生的思想引领的内容、方向和目标任务上具有显著的时代性特征。使广大青年学生把个人价值的实现和国家民族的发展融为一体，在"大众创业、万众创新"中发挥主力军的作用。最后，思想引领工作是一项需要有机配合、统筹协调的持续性工作，从引领的内容上，包含了马克思主义理论、党的大政方针、国内外时事、爱国主义、历史主义、国际主义等丰富的内容；从引领的方法上，包括了课堂讲授、课外实践等多种形式。同时，思想引领工作还需要共青团组织、家庭、社会之间相互配合，整合资源形成合力。

学校共青团工作在学校党委和上级领导下，根据学生特点和需求，整合有效资源，发挥组织动员优势，对青年学生思想进行教育和引领，增强了学生的"四个自信"和对党的信心，坚定了走社会主义道路的信念，取得了显著成效。但是我们也应该看到，随着社会环境的变化，青年学生呈现出了新的特点，学校共青团在思想引领中面临着新情况、新问题，亟待改变和解决。一是思想引领的整体目标与青年学生个体追求的矛盾。学校共青团引领的整体目标，是让学生坚定走社会主义道路的理想信念，积极投身于中华民族伟大复兴中去。然而现阶段这一整体目标与不同阶段青年的不同利益诉求和个体目标并不相适应。在进行引领时,共青团通常采用宏大叙事的理论说教,而能够触动学生内心的面对面的沟通和交流不够充分,交流所使用的事例和语言不够生动鲜活,思想引领工作成了空洞抽象的理论灌输,因为缺乏对青年利益的照顾难以触动青年学生的灵魂。二是思想引领的方式与青年学生需求之间存在矛盾。共青团通常采用会议传达、思想动员、政治口号等方式,自上而下地传达政治意志,然而这一方式随着时代主题、思想导向和青年实际生活的变化,难以获得青年的认同。如运用政治口号号召的方式虽能对青年起到振奋和凝聚人心的作用,但是这一方式有时过于理想化和笼统化,容易让青年感到困惑,导致青年的认同度下降。三是新媒体的广泛应用使共青团工作阵地滞后,现阶段青年学生的学习和生活已经普遍地网络化和信息化,网络成为他们获取信息的主要渠道,而共青团开展思想引领的线上、线下工作还不到位。一些共青团虽然建立了微博、微信等公众号,但信息内容比较单一,无法满足青年学生多样化的需求,因此,必须要充分挖掘利用新媒体技术手段,结合社会意识形态的需要和青年学生的实际需求,充分利用新媒体技术提高对学生的吸引力和感染力,并作为战略阵地去占领。

面对这种情况,在思想引领功能过程中,需要加强对青年群体思想发展的深度理解,寻求理想与现实之间的切入点。一方面,充分发挥先进思想的影响力和感召力,抵御西方思想和各种错误思想对青年学生的侵蚀,坚定社会主义理想信念;另一方面,当前广大青年学生面临着成长和发展的巨大压力,为他们建立各种保障机制,提供各种有效的服务,保障他们健康成长和全面发展,而且服务的成效直接影响着共青团对青年的吸引力和凝聚力,也是党和国家引领青年学生的应有之义。一言以蔽之,深刻认识学校共青团思想引领工作的重要性和时代意义,必须把思想引领工作放在共青团的首要位置,并作为各项工作的出发点和落脚点。在引领时做到尊重学生、满足学生、服务学生，同时又要走在时代的前列，引领青年学生奋发向上，保证思想引领目标的实现。

(二) 综合运用社会实践发挥对青年学生的正向引导作用

马克思说过，实践决定了认识的发展，是认识的唯一来源和动力。社会实践可以让学生接触社会、了解社会、开阔视野，进一步巩固和加深所学的理论知识，是对青年学生思想引领的重要路径。新中国成立初期，党和政府就善于运用社会实践活动对学生进行思想教育和引领，明确指出学校思想政治教育工作不要只限于校内的政治理论课学习，还要到广阔的社会中接受实践的锻炼，通过在实践中和工农大众打成一片，才能增进对广大人民群众的感情，树立为人民服务的意识。这一做法在新时代条件下依然具有重要的现实价值和意义。

新时代条件下，学校依然肩负着培养社会主义建设者和接班人的任务，其人才培养目标不只是单一的指标，而是具有丰富内涵的体系。2012年，团中央书记处第一书记陆昊同志作了题为《学生骨干要努力成长为青年马克思主义者》的讲话，讲话从专业知识、知识构成、综合素质、道德品质以及坚定理想信念等五个层级，指出了培养学生的目标。这一目标体系是对人才培养目标的全面总结和概括，对于我们认识社会实践在学校育人工作中的作用具有重要的意义。从个体发展角度出发，社会实践是对教育规律的正确把握，充分表明了青年学生在教育中的主体地位。并且教育过程本身就是学生不断社会化的过程，具有明确的目标。而传统教育模式存在着理论与实践脱节的现象，以及用成绩衡量一切的错误观念，违背了教育的初衷与目的，也削弱了教育的功能，忽视了受教育者主体能动性的作用，故无法与现实相适应。新中国成立以来，社会实践在人才培养中的作用越来越重要，这在党和国家的一系列文件中得以充分体现，如2004年8月，中共中央颁布的《关于进一步加强和改进学生思想政治教育意见》，明确指出了社会实践在学生思想政治教育工作中发挥的重要作用；《国家中长期教育改革和发展规划纲要（2010—2020年）》也明确指出了，要促进学生全面发展，提高学生服务国家、服务人民的社会责任感，培养他们勇于探索的创新精神和善于解决问题的实践能力；2012年1月10日，教育部等部门作出的《关于进一步加强高校实践育人工作的若干意见》，对高校实践育人工作做了全面的说明和部署。社会实践在思想引领过程中，具有重要的推动作用，从认识形成的发展过程来看，认识来源于实践，然后再指导实践，在指导实践过程中进一步发展与完善形成再认识，然后再实践，如此循环往复以至无穷。根据这一模式，社会实践对于促进青年学生深化理解党的路线方针政策，坚定社会主义理想和信念，增强历史责任感和社会使命感具有不可替代的作用，主要表现在三个方面。

首先，可以促进青年学生思想道德的养成，坚定信仰和信念。实践和认识的相互促进是在一个显性的过程中进行的，而道德认知和信仰、信念的坚定完善是在一个隐性的过程中完成的，是从价值观中引申而来的，所形成的过程和理论学习不尽相同，因为道德认知的进展和信仰、信念的完善不是简单地总结规律、实践运用就能完成的，它直接受世界观的影响，是在行为养成过程中不断形成的，大部分时候需要进行价值判断，因此，我们要充分认识到思想政治教育和道德养成中理论与实践相结合的重要性，既要重视系统的知识教育，又要注重学生的社会实践，而且这种统一不仅要保持认识和行动上的同步，而且要言行一致、内外一致。正如毛泽东所说："作为生活在特定社会中的个人，他的思想不可能直接从天上掉下来，只能在社会实践中形成。"[1] 说明了学生

---

[1] 毛泽东著作选读：下册 [M]．北京：人民出版社，1986：839．

不可能在无意识情况下自发地获得丰富的知识技能，无论是道德观念、道德习惯的形成，还是科学化、系统化的认识分析方法的获得，都需要在实践应用中才能实现。

其次，实践教育可以与学校教育形成合力，弥补课堂教育的不足。学生的认知过程一般都要经历"亲其师、信其道、践其行"三个阶段。作为教育者在教育过程中既要言传又要身教，即运用语言来授业解惑，用行为来示范，这里的行为示范不是通过课堂环境下的模拟来培养，而是真正的身体力行，让学生在实践中感受其力量。学校不是保险箱，也会受到社会环境和风气的影响，这种风气有好的，也有坏的，对于不好的影响如果不加以引导的话，学生的行为就会出现偏差。而减少不良风气对学生带来的影响，就要尽可能地让学生在实践中去感知，符合历史潮流的真善美的东西终究会被保留，而不符合社会要求的假恶丑的东西必将被抛弃，进而塑造正确的价值观，自觉地把理论知识和认同的信念融合起来。

最后，为青年学生了解社会提供了渠道。正如马克思所说，实践是认识形成的唯一来源，也是认识的根本动力。广大青年学生走出校园，走向更加广阔的社会舞台，对社会中的真善美和假恶丑有了直观的认识和了解，无论是黑暗的社会现象激起的愤怒，还是光明所激发的动力，都会使青年学生将自身命运与社会发展的脉搏紧密相连，带着这种认知积极投身于社会主义现代化建设中去。同时在实践中，青年学生还可以把学校所学的知识和社会现实进行对比，进一步巩固和印证所学的知识，突破自身的局限性，在改造客观世界的过程中更好地完善主观世界，把服务人民、报答社会的感性情感转化为建设祖国、立志成才的理性实践行动，实现真正的知行合一。

综上所述，当前党对青年学生的思想引领工作面对着诸多挑战，认真总结和吸收新中国成立初期党对青年学生思想引领的经验，对于新时代继续坚持马克思主义在意识形态领域的指导地位，遵循教书育人规律和学生成长成才规律，创新和完善思想引领的方法和手段，发挥学校共青团和社会实践对青年学生的正向引领作用具有重要的现实意义。

结　语

　　思想引领是中国共产党巩固执政地位和维护全国团结统一的重要思想基础，也是中国共产党思想建设工作的重要目标。通过思想引领，最大程度地凝聚全党全国人民的力量，齐心协力建设现代化的社会主义强国。坚持党的思想引领，最关键的是要实现对广大青年学生的思想引领。他们不仅是党的后备力量，也是走向社会后各行各业的中坚力量。因此，发挥思想对青年学生的引领和推动作用，关系到党和国家发展事业的兴衰成败。中国共产党在各个历史时期，都高度重视对广大青年学生的思想引领。在中国特色社会主义进入新时代的历史背景下，对新中国成立初期党的思想引领工作进行研究具有十分重要的理论和实践价值，可以使我们站在历史的高度去审视党对青年学生的思想引领工作，为当下的实践提供借鉴和指导。

　　回顾新中国成立初的七年，我们可以看出中国共产党在坚持马克思、恩格斯、列宁等经典作家青年思想的理论基础上，充分吸取新民主主义革命时期和苏联对青年学生思想引领的成功经验，以新中国成立初期的经济、政治、文化和国际环境为出发点，坚持思想引领的教育方针和原则，从课程设置、政治运动、社会实践、其他形式四个维度，构建了逻辑清晰、系统完整的思想引领实践路径，通过对广大青年学生进行思想引领，为实现新中国成立初期的社会变革和稳定奠定了思想基础和青年群众基础，在帮助学生确立马克思主义世界观，增强对共产党和新生政权的认同，以及参与社会主义革命和建设的积极性等方面取得了显著成效。广大青年学生坚信"革命理想大于天""我们是共产主义接班人"，全国人民上下同心，高唱社会主义好，于是才有了对这一时期党的思想引领工作的诸多好评。当然，中国共产党对于在新的历史条件下，如何科学执政和建设新中国，受到党已有经验和当时认识水平的制约，在对青年学生进行思想引领时也出现了一定的偏差和失误，不过党都对其进行了及时的纠正和总结。

因此，总结这一时期党对青年学生的思想引领工作，既有成绩，也有不足，但总的来说，成效是占主要方面的，为新时代做好青年学生思想引领工作留下了宝贵的历史经验和财富。如今，当我们把目光再次聚焦到新中国成立初期，会发现青年学生对中国共产党以及中国共产党执掌的中央政府心怀期待、信心满满，因此，"到国家最需要的地方去，到条件最艰苦的地方去"成为这一时代青年学生的最强音。这种现状对于谋求实现国家治理体系和治理能力现代化的中国共产党而言，无疑具有重大的吸引力，因为只有赢得青年的认可和支持，才能更好地维系统治的长治久安和政治制度的稳定。因此，在新时代条件下，面对国内外意识形态斗争的复杂局势，要坚持马克思主义在意识形态领域的指导地位，牢牢掌握意识形态工作的领导权和主动权。在思想引领的实践路径上，充分发挥思政课对青年学生思想引领的主渠道作用，努力实现三个融合。一是教书与育人的融合。各级各类学校要致力于构建一支有理想信念、有道德情操、有扎实学识、有仁爱之心的教师队伍，这支队伍要成为先进思想文化的传播者、党执政的坚定支持者和青年学生全面发展的引路人；二是思政课和专业课的融合。思政课是青年学生尤其是大学生思想政治教育的专门课程，而其他专业课程也蕴含着丰富的思想政治教育资源，学校要充分发挥各门各类课程协同育人的功能，全面落实立德树人的根本任务；三是内容与形式的融合。在思政课教育教学中，实现从被动向主动学习的转变，从注重知识讲授向注重能力培养，厚植爱国主义情怀，增强做中国人的骨气和底气。同时，要坚持以学生为中心，创新课堂教学方式方法，提升思政课教学的感染力和实效性。在思想引领的工作方式方法上。一是充分利用网络信息技术，积极构建新媒体时代思想引领的话语权，实现"课内课外、网上网下、校内校外"多维互动，使广大青年学生成为网络思想文化建设的主体；二是要不断创新活动课程载体，改"单一"为"交互"，改"大众"为"分众"，使思想引领工作喜闻乐见、润物无声、亲切清新，更加贴近实际、贴近生活、贴近学生，增强思想教育活动的吸引力；三是综合运用社会实践发挥对青年学生思想的正向引导作用，让广大青年学生在广阔的社会实践中接受锻炼，促进青年学生思想道德的养成，弥补课堂教育的不足，进一步了解世情、国情和党情，坚定走中国特色社会主义道路的信念。在思想引领的目标上，用习近平新时代中国特色社会主义思想武装青年学生的头脑，从经济、政治、文化等方面着力解决他们的思想问题与实际困难，激发他们成长成才的内在动力，做好"三进"工作，要深入推进习近平新时代中国特色社会主义思想进教材、进课堂、进头脑，让真理光芒照亮青年学生成长的道路，努力培养他们成为社会主义核心价值观的坚定信仰者、积极宣传者和模范践行者。

总之，通过探讨新时代青年学生思想引领工作的创新发展之策，为青年学生的成长成才提供保障与支持，不断满足青年学生对未来美好生活的向往与期待，既是借鉴和吸收新中国成立初期党对青年学生思想引领经验的应有之义，也是为实现中华民族的伟大复兴提供智力支撑和人才保障的必然要求。

参考文献

(一) 马克思主义经典著作及党的重要文献

[1] 马克思恩格斯全集（第3、23卷）[M]. 北京：人民出版社, 1972.

[2] 马克思恩格斯全集（第1卷）[M]. 北京：人民出版社, 1995.

[3] 马克思恩格斯全集（第3卷）[M]. 北京：人民出版社, 2002.

[4] 马克思恩格斯全集（第2卷）[M]. 北京：人民出版社, 2005.

[5] 马克思恩格斯全集（第1、2、16、22卷）[M]. 北京：人民出版社, 2015.

[6] 马克思恩格斯选集（第4卷）[M]. 北京：人民出版社, 1972.

[7] 马克思恩格斯选集（第1、2卷）[M]. 北京：人民出版社, 1995.

[8] 马克思恩格斯文集（第5卷）[M]. 北京：人民出版社, 2009.

[9] 列宁全集（第5、39卷）[M]. 北京：人民出版社, 1986.

[10] 列宁全集（第42卷）[M]. 北京：人民出版社，1987.

[11] 列宁全集（第27卷）[M]. 北京：人民出版社，1990.

[12] 列宁全集（第7、9、14卷）[M]. 北京：人民出版社，2017.

[13] 列宁全集（第28、38、39卷）[M]. 北京：人民出版社，2017.

[14] 列宁选集（第1—4卷）[M]. 北京：人民出版社，1995.

[15] 斯大林全集（第11、12卷）[M]. 北京：人民出版社，1955.

[16] 斯大林全集（第6、13卷）[M]. 北京：人民出版社，1956.

[17] 斯大林全集（第7卷）[M]. 北京：人民出版社，1958.

[18] 斯大林选集（上、下卷）[M]. 北京：人民出版社，1979.

[19] 毛泽东选集（第1—4卷）[M]. 北京：人民出版社，1991.

[20] 毛泽东文集（第2卷）[M]. 北京：人民出版社，1993.

[21] 毛泽东文集（第6—8卷）[M]. 北京：人民出版社，1999.

[22] 毛泽东著作选读（下册）[M]. 北京：人民出版社，1986.

[23] 周恩来选集（上、下卷）[M]. 北京：人民出版社，1984.

[24] 周恩来教育文选 [M]. 北京：教育科学出版社，1984.

[25] 周恩来统一战线文选 [M]. 北京：人民出版社，1984.

[26] 邓小平文选（第1、2卷）[M]. 北京：人民出版社，1994.

[27] 邓小平文选（第3卷）[M]. 北京：人民出版社，2001.

[28] 陈云文选（第1—3卷）[M]. 北京：人民出版社，1984，1986.

[29] 建国以来刘少奇文稿（第1—4册）[M]. 北京：中央文献出版社，2005.

[30] 建国以来刘少奇文稿（第5—7册）[M]. 北京：中央文献出

版社，2008.

［31］建国以来毛泽东文稿（第6册）［M］．北京：中央文献出版社，1992.

［32］中华人民共和国史稿（第1卷）1949—1956［M］．北京：人民出版社，2016.

［33］中国共产党历史（第2卷）1949—1978［M］．北京：中共党史出版社，2011.

［34］建党以来重要文献选编（1921—1949）［M］．北京：中央文献出版社，2011.

［35］建国以来重要文献选编（1949—1965）第1-20册［M］．北京：中央文献出版，2011.

［36］薄一波．若干重大决策与事件的回顾（上卷）［M］．北京：中共中央党校出版社，1991.

［37］中国高等教育学会，清华大学．蒋南翔文集（上卷）［M］．北京：清华大学出版社，1998.

［38］中央教育科学研究所．董纯才教育文选［M］．北京：教育科学出版社，2005.

［39］革命领袖论青年和青年工作［M］．北京：中国青年出版社，1983.

［40］中国共青团．马克思恩格斯列宁斯大林论青年［M］．北京：中国青年出版社，1980.

［41］中央文献研究室．毛泽东邓小平江泽民论青少年和青少年工作［M］．北京：中央文献出版社，2000.

［42］中共中央文件选集（1949.10—1966.5）第1—24册［M］．北京：人民出版社，2013.

［43］中共中央宣传部．党的宣传工作文件选编（第1—4册）

[M]. 北京：新华出版社，1984.

[44] 中华人民共和国文化部办公厅编印. 文化工作文件资料汇编（1949—1959）[M]. 北京：中华人民共和国文化部办公厅，1982.

[45] 中共中央宣传部办公厅. 党的宣传工作会议概况和文献（1951—1992）[M]. 北京：中共中央党校出版社，1994.

[46] 马克思恩格斯列宁斯大林论青年[M]. 北京：中国青年出版社，1982.

[47] 共青团中央青运史档案馆. 中国青年工作编年纪事（1949.10—2012.5）[M]. 北京：中国青年出版社，2012.

[48] 共青团中央青运史档案馆. 中国青年运动史重要通览[M]. 北京：中国青年出版社，2015.

[49] 共青团中央，中共中央文献研究室. 毛泽东邓小平江泽民论青少年和青少年工作（增订本）[M]. 北京：中国青年出版社，2003.

[50] 中国教育年鉴编辑部. 中国教育年鉴（1949—1981）[M]. 北京：中国大百科全书出版社，1984.

[51] 高等教育部办公厅编印. 高等教育文献法令汇编（第2辑）[M]. 1955.

[52] 高等教育部办公厅编印. 高等教育文献法令汇编（第3辑）[M]. 1956.

[53] 高等教育部办公厅编印. 高等教育文献法令汇编（1949—1952）[M]. 1958.

[54] 中华人民共和国教育大事记（1949—1982）[M]. 北京：教育科学出版社，1984.

[55] 中华人民共和国建国以来高等教育重要文献选编（上）[M]. 上海：华东师范大学出版社，1982.

[56] 习近平关于青少年和共青团工作论述摘编[M]. 北京：中央

文献出版社，2017.

[57] 习近平谈治国理政（第1—2卷）[M]．北京：外文出版社，2014，2017.

[58] 习近平．决胜全面建成小康社会 夺取新时代中国特色社会主义伟大胜利——在中国共产党第十九次全国代表大会上的报告 [M]．北京：人民出版社，2017.

（二）学术著作

[1] 教育部社会科学司组．普通高校思想政治教育课程文献选编（1949—2008）[M]．北京：中国人民大学出版社，2008.

[2] 中央教育科学研究所．中华人民共和国教育大事记（1949—1982）[M]．北京：教育科学出版社，1984.

[3] 中央教育科学研究所．中国现代教育大事记（1919—1949）[M]．北京：教育科学出版社，1988.

[4] 何东昌．中华人民共和国重要教育文献（1949—1975）[M]．海口：海南出版社，1998.

[5] 段忠桥．建国以来普通高校马克思主义理论课和思想品德教育课课程设置及教学内容历史沿革资料汇编 [M]．北京：高等教育出版社，2004.

[6] 谈松华．中国高等学校思想政治教育史纲 [M]．北京：高等教育出版社，1992.

[7] 陈大白．北京高等教育文献资料选编（1949—1976）[M]．北京：首都师范大学出版社，2004.

[8] 刘英杰．中国教育大事典（1949—1990）[M]．杭州：浙江教育出版社，1993.

[9] 金铁宽．中华人民共和国教育大事记 [M]．济南：山东教育

出版社，1995.

［10］郑洸，罗成全. 中国青年运动六十年（1919—1979）［M］. 北京：中国青年出版社，1990.

［11］刘保全. 毛泽东的青年观［M］. 长沙：湖南人民出版，1998.

［12］崔玉俐. 周恩来的青年观［M］. 长沙：湖南人民出版，1998.

［13］柳建辉. 任弼时与中国青年［M］. 辽宁：辽宁人民出版社，1994.

［14］郑洸，叶学丽. 中国共产党与中国共青团关系史略［M］. 北京：中共党史出版社，2015.

［15］邓希泉. 青年发展的理论创新与现实愿景［M］. 北京：中国青年出版社，2017.

［16］李玉琦. 中国共青团史稿［M］. 北京：中国青年出版社，2009.

［17］文红玉. 新中国成立初期中国共产党政治认同建设研究［M］. 北京：人民出版社，2019.

［18］贺平. 新中国初期高校思想政治理论课研究［M］. 郑州：郑州大学出版社，2018.

［19］翟昌民. 回首建国初——从新民主主义向社会主义过渡的回顾与思考［M］. 北京：中央党校出版社，2005.

［20］郭晓平. 中国共青团史［M］. 武汉：华中师范大学出版社，1992.

［21］张华. 中国共产主义青年团职能研究［M］. 北京：人民出版社，2013.

［22］周强. 当代中国青年运动［M］. 北京：中国青年出版社，2003.

［23］石云霞. 新中国成立以来中国共产党思想理论教育历史研究

[M]．北京：中国社会科学出版社，2007．

［24］董渭川．新中国的新教育［M］．北京：中华书局，1951．

［25］何东昌．中华人民共和国重要教育文献（1949—1975）［M］．海口：海南出版社，1998．

［26］夏伟东．中国共产党思想道德建设史略［M］．济南：山东人民出版社，2006．

［27］陈映芳．"青年"与中国的社会变迁［M］．北京：科学文献出版社，2007．

［28］王树荫．中国共产党思想政治教育史［M］．北京：中国人民大学出版社，2010．

［29］李立志．变迁与重建——1949—1956年的中国社会［M］．南昌：江西人民出版社，2002．

［30］王员．建国初期党的思想政治教育及其基本经验［M］．北京：社会科学文献出版社，2013．

［31］刘颖．除旧布新——新中国成立初期中共对高等教育的接管与改造［M］．北京：人民出版社，2010．

［32］杨贤江．青年修养与青年教育：杨贤江文选［M］．天津：天津人民出版社，1982．

［33］卢汉龙．社会转型与青年发展［M］．上海：上海社会科学院出版社，2003．

［34］苏联共青团中央．列宁共青团［M］．北京：中国青年出版社，1959．

［35］程玉海，田保国，林建华，等．青年共产国际史［M］．北京：中国人民大学出版社，1992．

［36］詹万生，邢启光，刘亚民，等．马克思主义青年观［M］．石家庄：河北人民出版社，1988．

[37] 沈壮海. 思想政治教育发展报告 [M]. 北京：高等教育出版社，2009，2010，2011.

[38] 杨雄. 中国青年发展演变研究 [M]. 上海：上海文化出版社，2008.

[39] 刘书林. 社会思潮与青年教育研究 [M]. 北京：高等教育出版社，2010.

[40] 骆郁廷. 当代大学生思想政治教育 [M]. 北京：中国人民大学出版社，2010.

[41] 傅忠道. 青年教育新论 [M]. 北京：中国青年出版社，1999.

[42] 方巍. 青年社会学——社会学视野中的青年与社会 [M]. 杭州：浙江人民出版社，2006.

[43] 黄希庭，郑涌. 当代中国青年价值观研究 [M]. 北京：北京人民教育出版社，2005.

[44] 江广平. 青年与国际政治 [M]. 北京：中央编译出版社，2008.

[45] 刘济良. 青年价值观教育研究 [M]. 广州：广东教育出版社，2003.

[46] 石国亮. 青年国际政治研究的新范式——意识形态视野中的青年和青年组织 [M]. 北京：人民出版社，2007.

[47] 郑永廷，江传月. 主导德育论：大学生思想政治教育一元主导与多样发展研究 [M]. 北京：人民出版社，2008.

[48] 黄志坚. 青年学新论 [M]. 北京：中国青年出版社，2004.

[49] 金国华. 青年学 [M]. 北京：中国青年出版社，1999.

[50] 徐海波. 中国社会转型与意识形态问题 [M]. 北京：中国社会科学出版社，2003.

[51] 刘华蓉. 大众传媒与政治 [M]. 北京：北京大学出版社，

2001．

[52] 张昆．大众媒介的政治社会化功能［M］．武汉：武汉大学出版社，2003．

[53] 潘知常，林玮．大众传播与大众文化［M］．上海：上海人民出版社，2002．

[54] 郑杭生．社会学概论新修（第3版）［M］．北京：中国人民大学出版社，2003．

[55] 肖东波．中国共产党理论建设史（1949—1956）［M］．北京：中共党史出版社，2006．

[56] 张黎群．胡耀邦传（第1卷）［M］．北京：人民出版社，2005．

[57] 骆郁廷．精神动力论［M］．武汉：武汉大学出版社，2003．

[58] 曾小华．文化、制度与社会变革［M］．北京：中国经济出版社，2004．

[59] 庞松．毛泽东时代的中国［M］．北京：中共党史出版社，2003．

[60] 许庆朴，张福记．近现代中国社会［M］．济南：齐鲁书社，2002．

[61] 师吉金．构建与嬗变——中国共产党与当代中国社会之变迁（1949—1957）［M］．济南：济南出版社，2004．

[62] 吴林根，石作斌．中国共产党干部教育研究［M］．哈尔滨：黑龙江人民出版社，2001．

[63] 于昆．变迁与重构：新中国成立初期社会心态研究（1949—1956）［M］．北京：中国社会科学出版，2014．

[64] 周晓虹．传统与变迁——江浙农民的社会心理及其近代以来的嬗变［M］．上海：上海三联书店，1998．

[65] 李定. 中国资本主义工商业的社会主义改造 [M]. 北京：当代中国出版社，1997.

[66] 梅荣政. 马克思主义中国化史 [M]. 北京：中国社会科学出版社，2010.

（三）中文译著

[1] [罗] F. 马赫列尔. 青年问题与青年学 [M]. 陆象涂，译. 北京：社会科学文献出版社，1986.

[2] [美] 安东尼·贝尔著. 意识形态的终结——五十年代政治观念衰微之考察 [M]. 张国清，译. 南京：江苏人民出版社，2001.

[3] [美] 塞缪尔·P. 亨廷顿. 变化社会中的政治秩序 [M]. 王冠华，刘为，译. 北京：三联书店，1989.

[4] [法] 马克夸克. 合法性与政治 [M]. 佟心平，王远飞，译. 北京：中央编译出版社，2002.

[5] [法] 卡罗尔. 毛泽东的中国 [M]. 刘立仁，贺季生，译. 贵阳：贵州人民出版社，1988.

[6] [法] 史景迁. 天安门：知识分子与中国革命 [M]. 尹庆军，译. 北京：中央编译出版社，1998.

[7] [美] 费正清. 美国与中国 [M]. 张理京，译. 北京：世界知识出版社，2000.

[8] [美] 费正清. 伟大的中国革命 [M]. 刘尊棋，译. 北京：世界知识出版社，2000.

[9] [美] 费正清，J. R. 麦克法夸尔. 剑桥中华人民共和国史 [M]. 谢亮生，译. 北京：中国社会科学出版社，1990.

[10] [美] 埃德加·斯诺. 大河彼岸 [M]. 新民，译. 北京：新华出版社，1984.

[11] [美] 克洛巴乔娃. 教师与学校青年团组织 [M]. 清河, 译. 北京: 中国青年出版社, 1953.

(四) 中文期刊

[1] 邓希泉. 新中国70年青年发展历程与多维迭代研究 [J]. 中国青年社会科学, 2019 (11).

[2] 邓希泉. 政治性——党的青年工作的第一属性研究年 [J]. 北京青年研究, 2019 (10).

[3] 叶子鹏, 宋佾超. 党的青年政策的历史演进、表现形式及发展展望 [J]. 中国青年研究, 2020 (2).

[4] 胡献忠. 读懂中国青年运动: 概念、逻辑与模式 [J]. 中国青年研究, 2019 (5).

[5] 黄伟. 习近平青年观的科学内涵及新时代价值 [J]. 山东理工大学学报 (社会科学版), 2019 (6).

[6] 张瑞, 赵君, 张忠祥. 习近平关于青年教育的重要论述研究综述 [J]. 广西社会科学, 2019 (10).

[7] 孔德永. 当代我国主流意识形态认同建构的有效途径 [J]. 马克思主义研究, 2012 (6).

[8] 马伟鹦. 从历史的回顾认识当代青年在社会主义建设中的任务——纪念五四运动68周年 [J]. 广西民族学院学报 (哲学社会科学版), 1987 (2).

[9] 任园, 赵文. 口号变革: 共青团青年动员的考察 [J]. 山东青年政治学院学报, 2012 (6).

[10] 李静. 中国共产党与中国青年运动关系略论 [J]. 青年探索, 2014 (6).

[11] 胡传健. 毛泽东青年思想略论 [J]. 安徽大学学报 (哲学社

会科学版)，1993（4）．

［12］胡献忠．任弼时关于青年工作的若干理论及其现实意义［J］．中国青年研究 2014（2）．

［13］杜捷．邓小平青年工作基本思想初探［J］．青海社会科学，1997（S1）．

［14］胡献忠．新中国 70 年党的青年工作变迁逻辑［J］．中国青年社会科学，2019（3）．

［15］郑维伟．青年团与政治动员：上海私营厂民主改革的案例分析［J］．二十一世纪双月刊，2013（4）．

［16］刘伟进．二十世纪五十年代初参军参干运动研究——以北京市青年学生和工人为例［J］．中共党史研究，2015（9）．

［17］胡献忠，郗杰英．中国共产党与中国青年关系论略［J］．中国青年研究，2013（6）．

［18］闵小益．中国共产党和青年运动［J］．上海管理干部学院学报，2011（5）．

［19］刘新玲，顾方园．共青团青年动员发展轨迹解析［J］．当代青年研究，2012（12）．

［20］张艳红．20 世纪 50 年代城市青年思想道德教育始末［J］．教育评论，2012（1）．

［21］杨晓慧．习近平青年价值观教育思想论要［J］．马克思主义研究，2017（11）．

［22］赵爱玲．十八大以来习近平青年思想政治教育思想研究［J］．社会主义核心价值观研究，2017（5）．

［23］杨林香．中国共产党培育青年的历史经验［J］．福建师范大学学报，2011（3）．

［24］方海兴．建国初期的工农教育［J］．党史研究与教学，1998

(2).

[25] 王艳. 毛泽东对青年培养的实践途径探析 [J]. 山西高等学校社会科学学报, 2010 (8).

[26] 叶陈钦. 社会主义改造时期青年在国家建设中的历史作用 [J]. 山西青年职业学院学报, 2015 (1).

[27] 胡献忠. 建国以来共青团培育青少年价值观的经验、反思与启示 [J]. 中国青年研究, 2015 (12).

[28] 肖志伟. 新中国成立初期毛泽东的青年工作思想与实践 [J]. 湘潭大学学报（哲学社会科学版）, 2014 (3).

[29] 马广荣. 建国初期的中国社会性质及其特征 [J]. 延安大学学报, 2002 (1).

[30] 张杰. 建国后中国社会结构的两次变迁与中国共产党执政思维的转变 [J]. 理论学刊, 2006 (4).

[31] 朱效梅. 建国初期高校思想政治教育考察 [J]. 学校党建与思想政治教育, 2004 (7).

[32] 李立志. 建国初期的社会问题及其治理 [J]. 教学与研究, 2002 (11).

[33] 杨奎松. 建国前后中共对资产阶级政策的演变 [J]. 近代史研究, 2006 (2).

[34] 陈益元. 建国初期中共政权建设与农村社会变迁 [J]. 史学集刊, 2005 (1).

[35] 孔国庆. 论建国初期大学生思想的彷徨及新旧碰撞 [J]. 广西大学学报, 2006 (4).

[36] 张才良. 建国初期党的思想政治工作方法探微 [J]. 甘肃社会科学, 2008 (2).

[37] 张才良. 建国初期党的思想政治工作及其重要经验 [J]. 贵

州师范大学学报，2006（6）.

［38］牟德刚. 建国初期的马克思主义理论教育及其启示［J］. 东岳论丛，2007（6）.

［39］黎见春. 建国初期意识形态建设的经验和历史启示［J］. 兰州学刊，2006（5）.

［40］黎见春，王军. 建国初期社会的转型与党对意识形态的整合［J］. 三峡大学学报，2002（1）.

［41］刘明. 论社会变迁中的政治信仰认同［J］. 思想理论教育，2007（10）.

［42］王先俊. 建国初期的社会变迁与党对思想文化的整合［J］. 当代中国史研究，2003（3）.

［43］余龙进，何亚平. 建国初期（1949—1956）的爱国主义及爱国主义教育［J］. 杭州师范大学学报，2008（4）.

［44］黄兢. 建国初期中国共产党政治动员评析［J］. 广州社会主义学院学报，2004（4）.

［45］王瑞芳. 建国初期中共克服"李四喜思想"的成功经验［J］. 当代中国史研究，2006（4）.

［46］刘文广. 1949—1956年工商资本家的心理变化及其原因［J］. 世纪桥，2006（10）.

［47］师吉金. 1949—1956年中国民族资产阶级心理之变迁［J］. 安徽师范大学学报，2004（1）.

［48］杨建中. 政治动员：中国共产党的政治优势［J］. 中共山西省委党校学报，2003（1）.

［49］邱忠信. 建国初期党对知识分子思想政治教育的政策和特点［J］. 社会科学战线，2006（4）.

［50］谢莹. 建国初期知识分子思想改造学习运动始末［J］. 党的

文献，1997（5）.

[51] 赵子林. 建国初期知识分子思想状况与党的知识分子政策的回顾与思考［J］. 兰州学刊，2007（1）.

[52] 叶丽，高军. 中国共产党青年知识分子理论的历史考察［J］. 思想政治教育研究，2013（2）.

[53] 张春枝，于欧. 试论中国共产党青年观的发展历程［J］. 学校党建与思想教育，2015（5）.

[54] 张梅，谭群英. 中国共产党90年青年政策的变迁［J］. 武汉理工大学学报（社会科学版），2012（2）.

[55] 于俊如，杨君. 建党90年来中国青年运动的基本历程与基本经验［J］. 中国青年研究，2011（7）.

[56] 田杰. 回顾与展望：中国青年运动80年［J］. 中国青年研究，2002（2）.

[57] 胡献忠，郗杰英. 中国共产党与青年、青年运动关系研究［J］. 中国青年研究，2013（6）.

[58] 马鑫. 中国共产党培养青年的基本思想［J］. 中共云南省委党校学报，2014（3）.

[59] 巩永丹，胡颖. 马克思主义青年观中国化的历史进程及经验启示［J］. 山东青年政治学院学报，2013（1）.

[60] 李玉琦. 建国以来青运史研究的历史与反思［J］. 中国青年政治学院学报，1999（4）.

[61] 杨岳，郗杰英，曾锐. 执政党青年组织工作方式研究［J］. 当代青年研究，2010（1）.

[62] 韩华. 建国初期大学生思想政治教育的历史考察及其启示［J］. 思想教育研究，2010（8）.

[63] 张为波. 建国初期毛泽东论青年的先锋和桥梁作用［J］. 毛

泽东思想研究，1991（6）.

[64] 艾医卫. 科学理解和提升党的思想引领力 [J]. 中国领导科学，2018（3）.

[65] 张凌林. 入心化行：新时代增强党的思想引领力的基本维度 [J]. 中共云南省委党校学报，2019（8）.

[66] 骆郁廷. 新时代如何提升党的思想引领力 [J]. 人民论坛，2019（4）.

[67] 双传学. 提升党的思想引领力的内在逻辑与时代回应 [J]. 社会科学文摘，2019（7）.

[68] 刘伟，郑卫东，陈健. 新时代高校党员教师思想引领力提升路径探析 [J]. 高教论坛，2019（12）.

[69] 黄相怀. 论增强党的思想引领力 [J]. 中共杭州市委党校学报，2018（2）.

[70] 刘波. 政治领导力 思想引领力 群众组织力 社会号召力 建设新的伟大工程须统筹增强"四力" [J]. 人民论坛，2018（11）.

[71] 戴焰军. 不断增强党的思想引领力是实现党的全面领导的内在要求 [J]. 中国党政干部论坛，2018（3）.

[72] 奚洁人. 牵住"牛鼻子"增强思想引领力 [J]. 解放日报，2018（9）.

（五）学位论文

[1] 俞海洛. 当代中国大学生思想史研究（1949—1988）[D]. 杭州：浙江大学，2005.

[2] 张春枝. 中国共产党青年观研究 [D]. 武汉：武汉大学，2013.

[3] 周耀宏. 中国共产党新民主主义革命时期思想理论教育研究 [D]. 武汉：武汉大学，2011.

[4] 张慧. 习近平青年观研究 [D]. 长春：吉林大学，2019.

[5] 王红霞. 建国初期中国共产党干部教育转型研究（1949—1956）[D]. 上海：华东师范大学，2008.

[6] 易春秋. 建国十七年中学思想政治教育研究 [D]. 北京：中共中央党校，2005.

[7] 侯松涛. 援朝运动中的社会动员 [D]. 北京：中共中央党校，2006.

[8] 杨立宪. 中国化马克思主义青年观研究 [D]. 北京：中共中央党校，2013.

[9] 赵艳霞. 建国初期高校学生思想政治教育 [D]. 成都：西南交通大学，2008.

[10] 王员. 建国初期的思想政治教育及其基本经验 [D]. 南昌：江西师范大学，2010.

[11] 武颖. 马克思、恩格斯青年思想研究 [D]. 北京：北京交通大学，2016.

[12] 马琳琳. 共青团工作及其在新时代的创新发展研究 [D]. 长春：东北师范大学，2019.

[13] 樊雪芳. 新中国成立后中学思想政治课改革探索 [D]. 广州：广州大学，2006.

[14] 郭春华. 建国初期中国共产党思想政治教育工作评述（1949—1957）[D]. 南昌：江西师范大学，2009.

[15] 覃政力. 新中国成立初期广州市青年工作研究 [D]. 广州：华南理工大学，2018.

（六）报刊

[1] 费孝通. 我这一年 [N]. 人民日报，1950-01-03（5）.

[2] 清华大学师生参加郊区土改 [N]. 人民日报，1950-01-27（4）.

[3] 金凤. 首都八百教授学生参加郊区土地改革 热诚帮助农民翻身并改造自己 [N]. 人民日报，1950-02-13（3）.

[4] 钱副部长在学联执委扩大会议报告 改革旧教育建设新教育 [N]. 人民日报，1950-2-26（3）.

[5] 改造思想，急性不得 [N]. 人民日报，1950-04-10（3）.

[6] 华北人民革命大学 教育改造大批知识青年 [N]. 人民日报，1950-05-08（3）.

[7] 提高政治及业务水平，做好教育工作！各地大中小学教师积极开展学习 [N]. 人民日报，1950-06-09（3）.

[8] 武汉中等以上学校师生 展开土改问题学习运动 现正进一步联系个人思想 [N]. 人民日报，1950-07-02（2）.

[9] 董纯才. 为培养社会主义社会全面发展的成员而努力 [N]. 人民日报，1950-08-08（3）.

[10] 论学校中的思想政治教育 [N]. 人民日报，1950-11-12（3）.

[11] 北京市学校抗美援朝运动进入新阶段 大中学生向群众展开时事宣传 师大等校已经出动受到群众普遍欢迎 [N]. 人民日报，1950-11-13（2）.

[12] 北京市第八中学的抗美援朝运动是怎样开展的 [N]. 人民日报，1950-11-23（3）.

[13] 南京各中学教员在教学中密切结合抗美援朝时事教育，有效地启发了学生们的爱国思想 [N]. 人民日报，1950-11-27（3）.

[14] 清华燕大学生下厂下乡宣传后 抗美热情更加巩固 总结经验,准备进一步扩大抗美援朝运动[N]. 人民日报, 1950-12-02 (2).

[15] 北京上海等地青年学生青年工人 热烈响应参加国防建设号召 纷纷报名要求保送参加军事干部学校[N]. 人民日报, 1950-12-04 (1).

[16] 京津中南等地青年学生青年工人 纷纷准备参加军事干部学校 誓为祖国建设强大的陆海空军[N]. 人民日报, 1950-12-08 (2).

[17] 应该重视和办好中等教育[N]. 人民日报, 1951-04-05 (1).

[18] 第一次全国中等教育会议胜利闭幕 确定了中等教育的方针和任务[N]. 人民日报, 1951-04-04 (1).

[19] 中央人民政府政务院关于改善各级学校学生健康状况的决定[N]. 人民日报, 1951-08-10 (3).

[20] 目前学生运动中的几个问题——在中华全国学生第十五届代表大会上的报告[N]. 人民日报, 1951-09-12 (3).

[21] 开展高等学校教师政治学习运动![N]. 人民日报, 1951-11-07 (6).

[22] 开展高等学校教师政治学习运动! 金克木教授的学习态度是正确的[N]. 人民日报, 1951-11-07 (6).

[23] 高等学校教师要改造思想才能够改进教学的工作[N]. 人民日报, 1951-11-14 (2).

[24] "三反"运动中的北京高等学校学生[N]. 人民日报, 1952-03-27 (3).

[25] 中国人民大学马列主义教研室 进行时事学习丰富教学内容[N]. 人民日报, 1952-05-24 (2).

[26] 全国高等学校在今年暑期中将有三万四千多人毕业参加建设[N]. 人民日报, 1953-07-14 (1).

[27] 北京、天津等地高等学校 一万三千多名毕业生走上建设工作岗位［N］.人民日报,1953-08-27（3）.

[28] 第一次全国高等师范教育会议开幕［N］.人民日报,1953-09-30（3）.

[29] 北京市已有三十五万多职工和各高等学校师生 开始学习国家过渡时期总路线［N］.人民日报,1953-11-29（3）.

[30] 中国新民主主义青年团中央委员会 关于学习和宣传国家在过渡时期总路线的指示［N］.人民日报,1953-12-16（3）.

[31] 全国中学教育会议胜利闭幕 根据总路线确定中学教育方针任务［N］.人民日报,1954-02-02（3）.

[32] 首都各高等学校学生 积极参加义务劳动［N］.人民日报,1954-04-26（3）.

[33] 首都高等学校 六千多应届毕业生积极准备参加祖国建设［N］.人民日报,1954-06-29（3）.

[34] 努力培养青年一代的共产主义道德品质［N］.人民日报,1954-11-14（1）.

[35] 中等专业学校毕业生参加建设［N］.人民日报,1955-08-04（1）.

[36] 项南.为社会主义建设培养新人［N］.人民日报,1955-09-29（3）.

[37] 习近平在全国高校思想政治工作会议上强调：把思想政治工作贯穿教育教学全过程 开创我国高等教育事业发展新局面［N］.人民日报,2016-12-09（1）.

[38] 把思政课办得越来越好［N］.人民日报,2019-03-19（1）.

[39] 习近平.在纪念毛泽东同志诞辰120周年座谈会上的讲话［N］.人民日报,2013-12-26（2）.

[40] 利用暑假参加治淮工程把所得的工资捐购武器 [N]. 中国青年报, 1951-07-27 (3).

[41] 做祖国需要做的事——这就是我们的志愿 [N]. 中国青年报, 1952-06-27 (3).

[42] 各地大中学学生积极学习国家总路线 [N]. 中国青年报, 1953-12-1 (2).

[43] 我们学习的崇高目的就是为着社会主义 [N]. 中国青年报, 1954-02-02 (3).

[44] 在进一步学习总路线中学校团的工作 [N]. 中国青年报, 1954-03-09 (3).

[45] 董纯才. 劳动教育座谈会上的讲话 [N]. 中国青年报, 1954-04-06 (1).

[46] 培养青年共产主义的道德 反对资产阶级思想的侵蚀 [N]. 中国青年报, 1954-11-02 (1).

[47] 努力贯彻提高学校教育质量的方针 [N]. 中国青年报, 1954-11-18 (1).

[48] 在学校中进行共产主义道德教育工作中的体会 [N]. 中国青年报, 1955-02-26 (2).

[49] 青年团组织积极执行党的指示 在三反五反运动中取得成绩 [N]. 中国青年报, 1955-05-03 (2).

[50] 嗅觉不灵的结果 [N]. 中国青年报, 1955-11-19 (3).

[51] 影响了班集体的形成 [N]. 中国青年报, 1955-12-03 (3).

[52] 隆重纪念（一二·九）（一二·一）[N]. 中国青年报, 1955-12-08 (1).

[53] 学校里不宜建立监督岗 [N]. 中国青年报, 1956-05-12 (2).

[54] 生产实习中学校青年团的工作 [N]. 中国青年报，1956-12-23（2）.

[55] 津两地各专科以上院校一年来的政治课工作报告 [N]. 光明日报，1950-06-02（2）.

（七）档案

[1] 大学生政治思想情况通报 [A]. 天津：天津市档案馆，X0048-C-000289-008.

[2] 华东军政委员会教育部代电 为批复规定将中等学校政治课程一律进行土改教学 [A]. 山东：山东省档案馆，A029-01-377.

[3] 青年团员要和封建宗法思想作斗争 [A]. 天津：天津市档案馆，X0048-C-000305-017.

[4] 关于向本届初中毕业生进行思想教育的工作计划 [A]. 天津：天津市档案馆，401206800-X0198-C-000729-013.

后　记

本书是在我的博士论文基础上经修改扩展和增加最新观点后形成的。在此，谨对成书过程中给予我支持和关照的领导、师长、亲人朋友们表示衷心感谢。

感谢我的博士生导师李朝阳教授。本书的完成离不开导师李朝阳教授的无私教诲。李老师要求做研究不能就事论事，要紧密结合当时社会的经济、政治、文化特点及国际发展形势，从历史考察的角度，用历史的研究方法构思本书，把党对青年学生的思想引领研究置于新中国成立初期的视野中，去剖析党对青年学生思想引领的时代环境、实践路径和基本经验；对材料的积累不能只局限于思想政治教育类的书籍，不仅要广泛涉猎党史、国史、改革开放史，还要了解政治学、社会学和心理学的相关理论与知识，增强研究的深度和拓宽研究的视域。李老师深厚的学术积淀和宽广的眼界给了我很多的启发和感悟。因此本书从选题、研究思路、提纲拟定、内容撰写及后期无数次的修改完善，无不凝结着李老师的悉心指导。但我深知个人能力有限，最终的成果距离李老师的期待还有差距，本书的完成也只是学术生涯的开始而非终结，而李老师兢兢业业的治学态度、严谨求实的学术作风，高尚的品格使我终身受益。在此还要感谢天津师范大学马克思主义学院的孔德永教授、贾丽民教授、王桂艳教授、张铁勇教授，历史学院的李学智教授、闫书钦教授，南开大学的刘景泉教授、武东生教授、寇清杰教授，在本书构思、写作、评阅等过程中给予的多方面指导和帮助，如果说这本著作在论文的基础上有所提高的话，则与诸位的帮助是分不开的，在此表示衷心感谢。

感谢天津美术学院的各位领导和思政课部的领导同事。本书最终的修订成形是在美院完成的，这得益于天津美术学院良好的科研和学术氛围，正是在诸位领导和同事的关怀、帮助支持下，我才能全身心投入到本书的写作中。

原单位的领导和同事也给予了我全面的培养和由衷的关怀。在此，我要感谢天津师范大学马克思主义学院孙慧敏教授，原天津师范大学津沽学院马海涛老师，他们在我文章写作和工作中给予了很大的帮助，提出了很多建设性意见；感谢我的师姐张晓芳，师兄孙兴昌、刘国利，在本书写作过程中，经常向他们请教，他们总是不厌其烦地解答我的各种疑问。如果没有他们的帮助，我的研究、写作之路将更长、更难。另外，感谢我的爱人和父母，在写作期间帮我承担起了照顾孩子和分担家务的重任，使我能投入到本书的写作。

最后，我还要感谢本书的编辑老师，他们在本书出版的过程中不辞辛劳，针对书稿中存在的问题与我反复沟通、交流，高度认真负责、敬业的态度令我感动，再次致以深深的谢意。

新中国成立初期青年学生思想引领问题至关重要，研究应大有用武之地，但本书只能算是对其进行的初步探讨。本人在书稿写作过程中尽管十分用心，但仍难免有力不从心之感，书中如有不足和瑕疵，还望读者和师友们批评指正。

杨美丽

2021 年 7 月 16 日于天津美术学院